新媒体与公共传播实验教材丛书

公益传播

周如南 编著

西安交通大学出版社
XI'AN JIAOTONG UNIVERSITY PRESS

国家一级出版社
全国百佳图书出版单位

图书在版编目(CIP)数据

公益传播/周如南编著. —西安:西安交通大学出版社,2018.5
 ISBN 978-7-5693-0634-7

Ⅰ.①公… Ⅱ.①周… Ⅲ.①慈善事业-传播媒介-研究 Ⅳ.①C913.7 ②G206.2

中国版本图书馆 CIP 数据核字(2018)第 111671 号

书　　名	公益传播
编　　著	周如南
责任编辑	赵怀瀛
出版发行	西安交通大学出版社 (西安市兴庆南路 10 号　邮政编码 710049)
网　　址	http://www.xjtupress.com
电　　话	(029)82668357　82667874(发行中心) (029)82668315(总编办)
传　　真	(029)82668280
印　　刷	陕西东威印务有限公司
开　　本	787mm×1092mm　1/16　印张 13.625　字数 335 千字
版次印次	2019 年 4 月第 1 版　2019 年 4 月第 1 次印刷
书　　号	ISBN 978-7-5693-0634-7
定　　价	35.00 元

读者购书、书店添货,如发现印装质量问题,请与本社发行中心联系、调换。
订购热线:(029)82665248　(029)82665249
投稿热线:(029)82668133　(029)82665375
读者信箱:xj_rwjg@126.com

版权所有　侵权必究

新媒体与公共传播实验教材丛书

编写委员会

丛 书 主 编：张志安
丛书副主编：张　宁
编委会成员：李艳红　杨小彦　黄　毅　吴　丹
　　　　　　陶建杰　钟智锦　卢家银　邓理峰
　　　　　　龚彦方　周如南　廖宏勇　周懿瑾
　　　　　　林淑金　张少科　苏　芸　刘　琛

总 序
Preface

媒介融合和移动互联时代,新闻传播业态正在发生变革,新闻生态系统和行业正在重构,这给新闻传播教育带来了巨大挑战。现在,新闻传播专业学生毕业后进入专业媒体就业的比例越来越低,过去新闻传播教育对口依赖的传媒产业正在结构性重组。

立足新语境,新闻传播教育的改革,既要立足于新闻传播,更要广泛地面向公共传播,实现从新闻传播向公共传播的范式转型。这意味着我们不仅要为专业媒体机构培养专业的编辑和记者人才,同时也要为包括政府、企业、社会组织等在内的更广泛的公共传播业培养懂得信息采集和生产的公共传播人才。

新媒体传播下人才的核心素养到底是什么?大家的共识是:区别于文学的讲故事手法和社会学的调查方法,新媒体语境下的故事叙事和传播,要使故事和大众更好地连接在一起,用多媒体的叙事方式去呈现和表达故事,而且能够从纷繁复杂的现实中抽剥出和公共利益相关的重要议题。

新闻传播学的讲故事能力,是区别于社会学和文学的。简单来说,新媒体传播下人才的核心能力,就是广泛收集、挖掘、整合、提炼和生成信息的能力,能融合使用音视频等多种媒体形式来表达、呈现故事的能力。过去我们提倡讲故事,现在还要提倡编辑故事、创意故事和表现故事。比如,现在新闻"加工业"正在兴起,很多新媒体虽然没有实地去做调查,没有写原创报道,但是他们用自己的价值视角,整合、生成和分析所再生产的内容同样具有价值。很多微信公众号的爆款内容,虽然经常免不了用"标题党"的手法,但其内容和形态有其独特之处,其对用户痛点的把握、对资讯再加工的视角,都值得学习和借鉴。因此,未来的新闻业,不仅需要讲故事,还要挖掘故事、制作故事、设计故事,从这个角度看,视觉化素养对新闻传播者来说会变得更加重要。

另外,新媒体传播人才的核心能力还包括促进公共对话和形成价值共识的意识。习近平总书记对用新闻舆论工作来为传统的新闻宣传工作服务提出更高要求,即懂舆论就要懂网民情绪和态度,懂网民的社会心态,懂得如何把新闻传播的内容跟公众情绪和社会认同有效地连接在一起。因此,能够设置议程,懂得把握场景,善于促进对话,维护优质内容和特定社群之间的连接关系,这是社会化生产和协同化生产的能力。

新媒体环境下,人才的核心能力有变化的地方,也有不变的地方,变化的是观念、技术和传播方式,不变的是对复杂中国的深刻认知,是呈现和讲好这个国家故事的能力。在新的形势下,新闻传播实务教学的改革方向是什么?

第一是实务和方法结合。过去新闻实务课讲采写编评的技巧比较多,现在大家都觉得按照传统教科书的内容来讲授肯定不行了,只讲新闻实务的技巧或者著名记者的成功案例也不行了。老师们的自我知识更新要跟得上媒体发展和变化,新闻传播实务教学过程中要更加强调方法论和认识论,要和社会科学的多种方法甚至大数据挖掘等文理交叉的方法有效结合。

美国新闻教育的一项调查显示,新媒体时代的核心能力中,批判性思维和写作能力非常重要。笔者教授了十年的"深度报道"课,深感实务教学需要突破和创新,过去上这门课更多讲授卓越记者的成功案例和默会知识,现在上这门课更像是社会复杂问题的方法论课程,需要越来越多地把社会研究的方法和新闻实践结合起来。这样,学生就更加懂得分析复杂问题,懂得对各种现象建立基本判断,而不仅仅是深度报道的调查突破和写作技能。

第二是实践和实验打通。传统的新闻实务课,多为实践课或实训课,而新媒体时代,实验教学也需要不断强化。中山大学传播与设计学院建立了用户行为实验室、大数据传播实验室、纪实摄影和VR实验室、媒体交互设计实验室等,初步形成了内容采集、用户洞察和视觉呈现三大实验室模块。在实践和实验教学并重的探索中,内容产品需要技术和可视化呈现,数据挖掘的方法也变得特别重要。未来的新闻传播实务课,应考虑在实践和实训基础上,更加注重实验课程开发、教材编撰和教学创新。

第三是技术和人文并重。技术在新媒体人才培养中占据越来越大的比例,但必须有人文思考、有人文理念,我们要警惕对技术的盲目追逐或过度炫耀。在一些大型活动的报道中,我们看到媒体人既在报道新闻,也在热衷报道自己使用的设备。对此,我们需要反思的是,他们的报道让我们知道了多少未知的事实?是否让我们对社会有了更深刻的理解?我们的某些时政报道有可能是"内圈"传播:一方面,传播给原来关注时政的人群看,但却没有吸引年轻人去关注;另一方面,给媒体同行自己看,满足大家自娱自乐的需要。面对技术革命,我们更加需要培养学生对人文精神的追求、对人文价值的反思。中山大学传播与设计学院在教学改革发展中,提出了"人文新媒体,融创传播学"的办学理念,就是希望始终强调人文理念对技术变革的引领、融合创新对传播研究的支撑。

这套"新媒体与公共传播实验教材丛书",就是基于以上思考和探索的成果。其中的《政治传播》《企业传播》《传播管理》《健康传播》《公益传播》等,试图体现理论与实践并重的特点,回应新媒体时代公共传播的重大问题和能力要求;《新媒体信息架构设计》《新媒体下的消费者行为》《用户体验与交互设计方法》《数字新闻》《数字出版物教程》等,具有鲜明的实践和实验教学特点,满足新媒体传播人才培养过程中对用户行为、设计表达、数字叙事等能力的培养要求。期待这套教材的出版,能为中国新闻传播教育从新闻传播向公共传播的转型提供有益支撑,能为新媒体语境下的新闻传播实务教育改革,尤其是实验教学创新提供加速动力。

张志安
中山大学传播与设计学院院长
中国新闻史学会应用新闻传播研究会会长

目 录 Contents

第一章　公益传播概述 ……………………………………………… (1)
　第一节　公益传播相关概念 ……………………………………… (2)
　第二节　公益传播的研究范围 …………………………………… (3)
　第三节　公益传播的基本理论 …………………………………… (15)

第二章　公益传播的发展演进 ………………………………………… (35)
　第一节　传统媒体时代的公益传播 ……………………………… (36)
　第二节　新媒体时代的公益传播 ………………………………… (38)
　第三节　公益传播发展的新形态 ………………………………… (44)
　第四节　公益传播发展的局限性 ………………………………… (53)

第三章　公益传播与公民媒体 ………………………………………… (63)
　第一节　公民参与 ………………………………………………… (64)
　第二节　社会运动 ………………………………………………… (66)
　第三节　公民新闻 ………………………………………………… (67)
　第四节　技术赋权 ………………………………………………… (69)
　第五节　公益传播媒介 …………………………………………… (72)

第四章　公益组织的品牌运营 ………………………………………… (87)
　第一节　品牌相关概念概述 ……………………………………… (88)
　第二节　媒体公共关系 …………………………………………… (109)
　第三节　媒体危机管理 …………………………………………… (114)

— 1 —

第五章 公益传播项目研究 ……………………………………… (133)
第一节 公益慈善组织传播存在的主要问题 ……………………… (134)
第二节 过往文献回顾及研究方法 ………………………………… (135)
第三节 报告结果 …………………………………………………… (144)
第四节 结论与研究不足 …………………………………………… (164)
第五节 附录问卷及访谈整理 ……………………………………… (167)

参考文献 ………………………………………………………………… (201)

后　记 …………………………………………………………………… (205)

» 第一章

公益传播概述

中国自古以来有着公益慈善的传统,"积德行善""扶贫济世",但公益传播——年轻的传播学的分支,在中国则尤其方兴未艾。公益传播可能未被公众所熟知,但有一些传播活动是常见的:众筹劝募、环保呼吁、抗震救灾,这些都与公益传播有关。那么,公益是什么?公益传播又是什么?公益传播研究什么?用什么方法去研究公益传播?本章试图解答这些问题。

第一节 公益传播相关概念

一、公益的含义

公益一词从源头考,它是一个地道的舶来词语,外国学者常以 public welfare 指代公益,表示的是与社会公众有关的福祉和利益。对公益的含义,保罗·阿普尔比认为,公共利益不是私人利益的加总,也不是消去私人利益的各种加号和减号之后剩下的和[①]。"公益"一词最初由日本传入中国,五四运动之后才出现,表示的是"社会的公共利益",最早的出处见于鲁迅先生的文章《准风月谈·外国也有》:"只有外国人说我们不问公益,只知自利,爱金钱,却还是没法辩解。"[②]公益的发展是在保护弱势群体,促进社会公平,缓和社会矛盾,它能够提高政府效率,促进政府向服务型政府转变。发展公益事业对增强公民的社会责任感、提升公民的整体道德素养有着重要作用。公益发展有助于国家实现构建和谐社会的重要目标。

二、公益传播的含义

公益传播,是以政府、组织、媒体乃至个人等不同传播主题围绕为社会全体成员或大多数人的利益服务,基于社会公益事业发展而展开,并通过不同媒介渠道向大众传递行为方式与价值理念,其旨在为广大受众传递积极向上、仁爱济世的精神,以期能在现实层面巩固或者重塑受众既有观念并对其实现操作与表现释放正能量与正导向的信息传播活动[③]。

学者马晓荔、张健康在 2005 年提出,公益传播是指具有公益成分,以谋求社会公众利益为出发点,关注、理解、支持、参与和推动公益行动、公益事业,推动文化事业发展和社会进步的非营利性传播活动[④]。媒介技术的不断发展也促进着公共讨论的发展,对公民参与公益事业与公共生活起到了积极的影响,公益传播越来越成为传播学领域中重要的研究对象。公益传播的本质也是这样,把理念和价值通过互联网传递出去,倡导形成一个基于价值观认同的社区和社群,这个社群足够大的时候就会产生很大的力量。

公益传播不仅能够为媒介带来以公众利益和普世价值为基础的社会影响力,还可以为普世价值的传递提供高效的平台,从而使得媒介的理念与品牌价值与普世价值连接在一起。学者王炎龙等人认为公益传播的特点是在传播主题与社会背景的共同影响下展开的,并从媒体公益传播、企业公益营销、政府公益管理和民间公益参与维度方面展开分析。

在社会矛盾日益加深、贫富差距进一步拉大并处在经济社会结构转型的中国,公益传播在社会发展与和谐进步的过程中具有举足轻重的作用。公益传播所倡导的积极人生价值观和符

---

① 王颖.我国网络媒介中的公益传播现象研究[D].成都:成都理工大学,2010.
② 百科词条.http://baike.so.com/doc/5397762-5635111.html.(公益概念)
③ 王勃.基于微博平台的公益传播研究[D].西安:陕西师范大学,2013.
④ 马晓荔,张健康.公益传播现状及发展前景[J].当代传播,2005(3):23-25.

合人性的道德规范就犹如一条承载人类共同感情和记忆的纽带,有一种文化整合的作用①。

三、公益传播的新模式

1. 基于信条的提升方式

我们都知道,信条可以给人以形象、个性、身份。听一个人说什么话,我们就不难想象他是个什么样的人,包括他是如何穿戴,是如何生活的,他的喜好是什么。因此,我们可以用一个简明扼要、不合常规的信条来标榜公益组织的品牌,让这一信条赋予公众明显无误的身份。

2. 基于缺憾的提升方式

这种方式是以缺憾补偿法则为其依据,品牌应当帮助目标客户抵消令其感到困扰的内心缺憾。主要的操作方式是:让公益组织品牌有的放矢地传递目标客户最渴望拥有的那种性格。一个品牌如能赋予其目标客户某种强烈的性格,它便提供了一个颇为诱人的购买动机。

当然,不应该过分补偿消费者的内心缺憾,因为心理学研究已经证明,一种至善至美的品牌恰恰让消费者感到承受不起。消费者会感到自己无法达到品牌传递的高质量要求,提升的成功与否,往往取决于品牌形象意蕴能在多大程度上弥补消费者的内心缺憾。根据国际品牌网数据分析,补偿缺憾提升品牌形象的模式对年轻人最为有效,年轻人还在寻找一种稳定的身份,因而对具有显著形象意义的品牌反应特别敏锐。

3. 明星推广方式

追星族对明星的狂热崇拜在普通人看来是难以理解的,如果公益组织的品牌也能像明星一样在消费者心中有这样的地位,那么企业品牌的影响力将会非常大。如何把自己的品牌打造成明星式的品牌,我们可以借助好莱坞明星成名的经历,利用电影来让亿万观众对各类明星熟知。例如"嫣然天使基金会"与"壹基金",这两个公益组织的创始人都是明星,但是也正是由于他们特殊的明星身份与明星效应,这些组织才会得到如此迅速地发展。

第二节 公益传播的研究范围

公益传播的研究范围主要集中在公益传播的渠道和传播效果方面。在传播渠道中,主要有大众传播渠道、人际传播渠道、网络传播渠道和其他传播渠道,前三者传播渠道的形式在当下的公益传播中具有重要的作用,并且其中网络传播渠道的范围和受众越来越广泛。在传播效果中,从认知层面、心理和态度层面以及行动层面三个角度来体现公益传播效果的发展路径。

一、公益传播效果

传播效果具有双重含义:一是指带有说服动机的传播行为在受传者身上引起的心理、态度和行为的变化;二是指大众传播媒介的活动对受传者和社会所产生的一切影响和结果的总体。它们两者共同构成了微观过程分析,以及对它的综合、宏观过程的考察。

传播效果分为三个层面:引起人们知识量的增加和知识构成的变化,属于认知层面上的效果;作用于观念或价值体系而引起情绪或感情的变化,属于心理和态度层面上的效果;这些变化通过人们的言行表现出来,成为行动层面上的效果。

---

① 张晓黎.公益组织传播方式与传播效果研究——以中国红十字会为例[D].上海:上海外国语大学,2014.

对于受众而言,这三个层面可以进行严格的区分,同时也是测量其满意程度的三个递进标准。认知的效果即对人们记忆系统的影响,指引起人们知识构成的变化和知识量的增加;态度的效果即作用于人们的看法、观念和价值观层面引起情感的变化;行动层面是基于前两个层面的基础之上所引发的行为变化。

以"免费午餐"公益项目传播效果为例,首先从微观受众角度出发,按照认知、态度、行为三个层面进行观察。认知层面从"免费午餐"的媒介传播角度出发,包括这几年来官方网站新闻讯息里记载媒体报道和各大主流视频网站的微电影宣传,从线上到线下,从虚拟到现实,全方位地扩大"免费午餐"的正面影响;态度层面主要从"免费午餐"主要传播手段新浪微博开始,通过有效的微博转发及评论次数,分析受众对"免费午餐"知晓情况,由不解到信任再到参与等一系列态度转变;行为层面是指受众对"免费午餐"活动的实际参与,将认同转化为行动,促进"免费午餐"的发展壮大,同时推动了国家相关政策的执行。

二、公益传播渠道

在传播学领域中,与传播渠道相关的最早的研究者是传播学的奠基人哈罗德·拉斯韦尔。在他发表的《社会传播的结构与功能》一文中,提出了传播过程以及五个基本要素:谁、说什么、对谁说、通过什么渠道和取得什么效果,用一句话概括说就是,"Who says what in which channel to whom with what effects"[①],这句话概括了人类传播的全部过程。"5W"模式从传播者、传播内容、传播渠道、传播对象和传播效果五个方式阐释了传播的作用。

传播渠道可以分为大众传播渠道、组织传播渠道、人际传播渠道、网络传播渠道及其他,但是公益传播的过程中,主要是大众传播渠道、人际传播渠道和网络传播渠道的作用最突出,所以从这三个方面进行分别讲述。

1. 大众传播

大众传播是指专业化的媒介组织运用先进的传播技术和产业化手段,以社会上一般大众为对象而进行的大规模的信息生产和传播活动[②]。我们的时代是一个大众传播的时代,大众传播渗透到社会生活的每个角落,公益组织的一切活动也离不开大众传播。作为最重要的信息系统,大众传播应该成为公益组织最重视的公共关系工具之一。现代社会有八大大众传播媒介,它们分别是图书、报纸、杂志、电影、广播、电视、音像制品和网络,它们特征各异,但都是大众传播媒介的重要组成部分,对现代社会产生巨大而普遍的影响。但网络时代的到来,裹挟着自媒体传播的热潮,给传播带来了前所未有的新内涵、新生态与新特征,本书将用单独一节予以讨论网络传播,因此此节所讨论的内容不包括网络。

(1)大众传播媒介的种类。

①书籍。

根据联合国教科文组织对书籍的定义,书籍是指在一个国家出版并使公众可以得到、不计算封面封皮页数在内、不少于49页的非定期的印刷出版物。书籍对信息内容的处理较有深度,可以对某一专题作深入的介绍和探讨,可用于提供公益组织自身的专门知识与形象描述,方便有需要的公众,资料性强,保存价值高。但书籍的出版周期较长,对内容的专业性要求较高,传播影响面较窄。

---

① 周裕琼.5W模式下的企业传播技巧[J].广告与传播,2007(3).
② 郭庆光.传播学教程[M].北京:中国人民大学出版社,2011:98.

②报纸。

报纸是公众经常接触的大众传播媒介,以刊载新闻和评论为主,发行量大,覆盖面广,有固定读者,传播效果稳定。报纸可以提供深度报道,大版面的使用可以增强议程设置的作用,且保存方便,易于翻阅和传阅。报纸的权威性可以增强社会组织活动、项目等信息的可信度,使得公众更容易接受公益组织的信息传递。但由于报纸时效性较强,信息保存时间较短,容易过时,读者往往不会反复阅读。

③杂志。

杂志是定期出版的、具有特定范围和相当容量的印刷媒体。在信息传播上,杂志具有深度、广度、专业性和权威性,信息保存时间长,可以为公益组织提供全面的深度报道和专题报道,且内容专一、读者固定,信息可以有效地到达目标受众。杂志一般印刷精美,图文并茂,因此杂志对读者的吸引力较强。但由于出版周期相对较长,杂志并不适宜做时效性较强的传播。

④电影。

电影是一门利用、借鉴和综合了科技、戏剧、绘画、文学、音乐等多种手段的独特的艺术。电影极具感染力和表现力,能牵动公众的情绪,达到良好的传播效果。随着数字电影和"微电影"的兴起,制作电影的成本和技术要求大大降低,电影开始为公益组织所广泛运用,成为叙述组织故事、传播组织理念、推广组织项目的一个有力工具。

⑤广播。

广播是以声音传递信息的电子媒介,传播迅速,覆盖面广,对受众几乎没有文化程度的要求,可以适用于公益组织各类型的服务对象,且播出时间和收听时间基本同步,适宜传播时效性强的信息。广播对听众状态的要求较低,听众可以一边收听一边进行其他活动,非常方便。但广播所传递的信息稍纵即逝,如不录音,无法保存,听众的注意力易分散,因此广播所传递的信息不容易被听众理解和记忆。

⑥电视。

电视是集文字、声音、图像于一体,综合听觉和视觉效果的传播工具,现场感强。电视节目可容纳丰富多元、生动有趣的信息,形式多样,非常受公众的欢迎,因此电视具有非常广泛的受众,传播迅速,传播效果好,具有强大的影响力。但是电视节目的制作要求较高,对于公益组织而言,利用电视做传播的成本相对昂贵。

⑦音像制品。

音像制品是利用录像技术和设备制作的录有节目内容的视听出版物,而数字光盘技术的运用,使音像制品得到长足的发展,形成了容量大、体积小、成本低、检索方便、容易复制和保存等优点。公益组织可利用音像制品进行组织活动记录、资料归档等工作,亦可向受众发行、赠送以作为组织信息传播的工具。

(2)大众传播的传播特征。

①大众传播的传播者具有专业性。

大众传播是有组织的传播活动。大众传播的传播者是从事信息生产和传播的专业化媒介组织。这些组织包括报社、出版社、广播台、电视台以及以大量发行为目的的各种音像制作公司,从业者都是经过专业训练的职业信息传播人员。从这个角度上看,大众传播的传播者具有一定的专业性和权威性,因此大众传播往往有自己的传播理念和信息选择标准。

②大众传播运用先进的传播技术。

大众传播是运用先进的传播技术和产业化手段大量生产、复制和传播信息的活动。大众传播的出现和发展,离不开印刷媒体以及电子传播技术的进步。高速轮转机的发明使报刊等印刷物的大量出版成为现实,电子通信技术使广播、电视成为远距离大量传输信息的媒介。现在,激光排版、电脑编辑、卫星通信、数字化多媒体技术等进一步扩大了大众传播的规模、速度和效率[①]。

③大众传播的对象是社会上的一般大众。

大众传播是面向社会大众的,它满足社会上大多数人的信息需求。每一种大众传播媒介都有其忠实、稳定且广泛的受众。无论性别、年龄、职业、文化水平如何,任何人只要接触到大众传播的信息,便是大众传播的受众。大众传播跨阶层,跨群体,受众人数多,传播面积大,影响非常广泛,因此大众传播的效果也比较稳定。

④大众传播具有很强的单向性。

大众传播过程中,传播者与接收者之间的信息传播活动,其反馈大多是事后的,缺乏即时性和直接性。大众传播的单向性主要表现在两个方面:一是传媒组织单方面提供信息,受众只能在提供的范围内进行选择和接触,具有一定的被动性;二是没有灵活有效的反馈渠道,受众对媒介组织的活动缺乏直接的反作用能力[②]。因此大众传播的互动机制是比较弱的。

(3)公益组织公共关系的大众传播媒介选择。

从历史上来看,报纸和杂志等印刷媒介比较有权威性和影响力、说服力,而广播和电视等电子媒介在传播速度上和范围上具有优势,但具有较高的专业技术要求,因此成本更高。事实上,随着现代大众传播媒介的发展,如报纸通过电子排版和改进印刷技术使传播速度大为提高,电视通过增加播出时间将报道做深做细,不同媒介传播优势之间的距离渐渐缩短了。公益组织在选择大众传播媒介的时候要综合考虑到受众和传播效果的问题。

从受众上来看,收入和知识水平较高的受众喜欢印刷媒介,收入和知识水平较低的受众喜欢电子媒介。要达到较好的传播效果,建议同时使用两种以上的大众传播媒介进行传播,尤其是印刷媒介和电子媒介交叉使用,这样的好处是不同的传播媒介的优弱势得以互补,同时覆盖了不同的受众阶层。印刷媒介和电子媒介两者都有固定的受众存在,社会组织要有受众意识,懂得受众心理。

表1-1是对不同的信息如何选择大众传播媒介的建议,在实际选择过程中要根据具体情况,如传播内容、传播目的、目标受众、经济预算等要素选择。

表1-1 公益组织信息传播与大众传播媒介选择

信息种类	第一选择媒介和理由	第二选择媒介和理由
公共信息	报纸——深度、详细,可重复阅读,易于保存	电视、广播——传播面广,速度快
宣传信息	电视——传播面广,形象感人	广播、报纸——传播范围大,内容详细
协调信息	杂志——适于详细说明、解释,针对性强,专业性强	报纸、电视——解释性强,受众层次广
服务信息	报纸——解释性强,信息可以回馈	电视、杂志——传播速度快,专业性强,信息可以回馈

---

① 郭庆光.传播学教程[M].北京:中国人民大学出版社,2011:99.
② 郭庆光.传播学教程[M].北京:中国人民大学出版社,2011:100.

(4)公益组织与大众传媒合作关系的形成。

第一,公益组织应该与大众传媒建立良好互动。良好的互动是合作关系的基础。公益组织要尽量尊重大众传媒的传播理念和信息选择标准,提供真实的信息,以平等的姿态相处,保持长期的友好往来。

第二,公益组织应该向大众传媒积极提供信息。公益组织要建立固定的信息发布渠道,设置专人来负责与大众传媒的联络,积极主动地提供信息,尽可能方便大众传媒对组织信息进行及时、深度的传播。

第三,公益组织应该主动进行议程设置。作为信息源,公益组织要善于策划新闻报道主题,主动邀请媒体到组织或活动现场采访,进行事件传播。

第四,公益组织应该把握利用大众传媒进行公共关系的时机。公益组织要熟知大众传媒的运作特点,灵活选择和利用适合当时传播情境和受众的媒介。

2. 网络传播

随着网络的飞速发展和普及,网络传播异军突起,并且越来越受到重视。网络传播是以计算机网络为基础,借助数字技术和多媒体技术,使人类能够便捷地进行社会信息的传播活动[1]。网络传播是革新性的,它开放、快速,具备交互功能,受众反馈迅速,信息内容包罗万象,不仅兼有传统媒体的优点,而且突破了人际传播一对一或一对多的局限,在总体上形成了一种多对多的网状传播模式,为各类媒介的融合提供了便利。截至2018年6月,中国网民规模达8.02亿,手机网民规模达7.88亿,互联网普及率为57.7%。网络积累了相当庞大的用户基础。随着移动互联网的迅猛崛起,网络传播将日益发展蓬勃。

(1)网络传播媒介的种类。

①异步传播。

异步传播是指受众可以选择在任何自己愿意的时间接触传播者传递的信息。在网络传播中,异步传播的媒介主要包括电子邮件、电子论坛、博客、播客、社交网站、微信公众平台等。受众根据自己的时间安排去获取目前或早前的信息,信息的保留不会受到实时的限制,受众既不需要为接收信息而作出时间上的迁就,也不会错过需要获取的信息;传播者也可以在受众"不在场"时传递信息,而不需要寻找或等待。传统媒体时代,印刷媒体也属于异步传播的媒介,然而在浩如烟海的纸质媒体中找回需要的信息十分不便,且印刷媒体所承载的信息量也是有限的。网络则克服了这个弊端,不仅给受众提供了异步接收海量信息的能力,且为人们在较适宜的时间收发信息、查找信息提供了更好的条件,使传播系统的控制权的一部分由传播者转移到接收者,因此也提高了网络传播的普适性。

②同步传播。

同步传播是指受众必须实时接收传播者传递的信息。在网络传播中,同步传播的媒介主要包括网络即时通讯(网络电话、网络视频会议等)、即时信息发布(滚动新闻、同步直播等)等。这使得信息传播几乎完全克服了时间和空间的限制,使得传播方(传播地)与接收方的"无缝链接"成为了现实。人们之间所进行的异地信息交流活动能以极高的速度进行,信息实时获取。传统媒体时代,电子媒体也属于同步传播的媒介。虽然它们在传递和收集信息的过程中可以把彼时彼地转化为此时此地,但在传播的时候,受众只能被动地接受广播、电视所安排的信息,而不能对这

---

[1] 严三九.网络传播概论[M].北京:化学工业出版社,2012:4.

些信息进行实时反馈。网络创造的即时通讯的虚拟空间,不仅可以让声音、图像、视频等同步抵达受众,传受双方还可以根据这些信息进行实时的互动和反馈,这种双向性提高了网络传播的效率。

(2)网络传播的传播特征。

①开放性。

网络的开放性是指它可以进行各种类型的信息服务,这些信息可以来自各种类型的提供者,可以给各种类型的用户使用,可以经过各种类型的网络服务机构,而且,这种连接是没有障碍的[1]。理论上,只要拥有可以连接互联网的设备,任何人都可以获取信息和进行信息传播。应该说,网络赋予了更多人传播信息的权限,使信息更自由地流通。

②广容性。

网络采用了比传统信息处理方式更为先进的数字化的记录和传输方式,拥有超级信息资源存储量。传统媒体容纳信息的量是有限的,印刷媒体受版面限制,电子媒体受时段限制,而网络传播的信息容量却几乎无限。在传统媒体上由于容量限制而削减素材的问题,网络可以很好地解决。网络每日吞吐无限量的信息,是容量最大的传播介质。

③连续性。

网络传播的连续性表现在其对信息结构的链式处理上。网络传播可采用超链接的方式,受众读一个文本时可以链接到许多其他相关信息中,在使用搜索引擎时输入关键词查询,也可立刻看到相关条目的详细内容。各类信息可以在网络上得到更为充分、连贯的表现。在那些信息资源浩瀚齐全、分类清晰、易于查询的网站,网络传播的连续性更加显著。

④共享性。

共享性是指只要用户连接了网络,基本上就可以突破时空的限制,分享到网络上几乎所有公开的信息资源,也可以检索市场信息、科技信息、政治信息、社会信息等各类资料。网络拓展了人们选择、利用和共享信息资源的程度与范围,这也意味着网络传播具有成本低、扩散快、复制易的特点,信息的传播规模往往在传播活动之初呈几何倍数增长。

⑤交互性。

交互性是指网络中的信息交流方式表现为实时交互操作的方式。一方面,交互性体现为人与机器的互动,电脑或移动设备以日益人性化的界面、对话框、提示语的交流方式,实现与使用者的互动;另一方面,交互性体现为人通过机器与他人的交流互动[2]。这种交互性大大提高了网络中社会交往的水平,使得网络成为一种具有动态特色的交流系统。

⑥多元性。

广播、电视等传统媒体多数只能运用一种或两种信息表现形式,比较单调;而网络传播的多元性表现在媒体形式的多样性上,网络与"多媒体"息息相关,它将文字、声音、图像、动画、视讯等多种媒体表现形式综合起来,以数字信号的形式再现,这种再现是对传播源的形象、声音、图形等原始信号的直接模拟,解决了传统媒体深度与广度难以兼顾、动静难以两全的难题,提供沉浸式的体验,减少信息表现力的失真。

⑦平台性。

准确来说,网络媒介应该是"媒介平台",它不仅仅是信息传播的中介,更是一个可以使信

---

[1] 郭良.网络创世纪——从阿帕网到互联网[M].北京:中国人民大学出版社,1998:170.
[2] 杜骏飞.网络传播概论[M].福州:福建人民出版社,2010:103.

息即时兑现转化成行为的平台。比如：公众看到公益组织的募捐，可以马上用电子钱币进行捐赠；看到活动信息，可以立即完成报名；看到公益服务或产品资讯，可以马上下订单。一些在阅读信息时产生的暂时性冲动在网络媒介上可以立刻转化成实际行动。

⑧双向性。

在网络传播中，虽然传播的基本结构没有改变，但各个环节的互动关系增强了。传播双方易位频繁，在网络空间，传受双方往往都是双重身份的人，既传且受，既受且传①。一方面，信息的接收者可以根据自身的需求主动搜索信息，传播者的主动变成接收者的主动，传播者的推出变为接收者的拉取；另一方面，传受双方的信息分享、互动交流与相互反馈，使得双方都成为了网络信息资源的生产者与消费者。

⑨个性化。

对于受众而言，网络传播具有前所未有的高度定制化的特点。网络可以给用户提供"个人媒体"，真正向用户提供对信息和通讯的管理权。网络在更大意义上是关注个体的，这就意味着受众小众化的、特别的信息需求与口味可以被精准地考虑。网络传播总体覆盖面宽广的同时，各项内容分类变得越来越具有针对性。网络传播的个性化一定程度上可以帮助受众减少过量的信息。

⑩去中心化。

网络传播的去中心化主要表现在三个方面：一是技术逻辑的无中心化；二是传播主体的消解；三是网民去中心化的思维意识②。网络技术消除了传统媒介对传播的垄断；网络主体的虚拟性带来了多元、分散的传播主体，使得网络传播呈现相对自由、开放、个人主义的状态，权威的主导被消解；理论上网民具有平等发言的机会，传播的信息不再特定与强硬，而可能是独特、个性甚至另类的。

⑪非线性。

受众接受电视、广播等电子媒介传播信息时，只能按照时间流向来接收信息；接受印刷媒体传播信息时，只能向前阅读或向后阅读。而网络的信息却是无边无际的，受众在接受网络信息时思维呈现跳跃与分散的非线性特征。网民获取信息的途径可以无穷无尽地发散，可以向各个方向无限延伸，没有数量与时空的限制。这样发散的结构可能会导致受众被诱惑到任何一条信息中而无法重新返回一开始接收到的信息里。网民获取信息时注意力是分散、游离的。

(3) 利用网络媒体进行公益组织公共关系传播的原则。

①网络传播建设的根本理念是信息与服务。

事实上，公益组织传播的终极目的就是要回应组织的目标与使命，树立组织的品牌形象，促进社会服务的达成，解决社会问题。因此，无论是传播手段还是传播内容，公益组织网络传播的建设理念都是向公众提供组织与服务信息，为公众了解组织、支持组织提供途径，为各利益相关方提供与组织沟通以及接受组织服务的渠道。

②网络传播要注意信息服务的广度与深度。

网络传播最大的优势在于信息传播的迅速与广泛，在把握这个优势、确保信息时效性的同时，公益组织要对信息进行既有广度、又有深度有说服力的说明与诠释，这会增加信息的权威

---

① 叶琼丰.时空隧道——网络时代话传播[M].上海：复旦大学出版社,2001:60.
② 杜骏飞.网络传播概论[M].福州：福建人民出版社,2010:113.

性,凸显组织的专业性。如果信息没有深入细致地被表达,在网络传播的发酵过程中可能会造成失真,轻则降低传播效果,重则导致公关危机。

③网络传播要注意信息服务的速度与质量。

如果传播速度跟不上,即等于失去了使用网络传播的意义。传播迅速、反应及时是组织把握住传播时机的表现之一。而信息的质量则直接影响到受众对组织的印象,直接关系到组织的形象。内容翔实、言之有物的传播内容一方面可以使受众更好地了解组织的工作,另一方面可以显示组织的专业能力与服务水平,赢得受众的好感与支持。

④公益组织要加强网络传播中与受众的互动。

网络传播的优势之一就是交流反馈的即时性与交流空间的低限制性。公益组织要充分利用网络传播的这种优势,建立供公众畅所欲言的交流平台,及时与公众进行持续互动与联系。一方面可以直接接收受众的反馈,指导工作的改进;另一方面可以与受众建立双向沟通的桥梁以及情感上的关联,使得组织与公众之间的联系更为紧密。

3. 线下活动

(1)公益组织线下活动的种类。

线下活动是公益组织开展服务的主要形式,也是又一类型的传播方式,利用人际传播和群体传播,公益组织直接向目标受众展开交流和沟通,近距离产生直接的传播效果。一般来说,公益组织的线下活动按目的的不同可以分为三类:以服务为目的的线下活动有各类主题的公益活动,包括支教、义卖、游学、徒步、培训、讲座、工作坊等多种的形式。以传播为目的的线下活动有展示会、开放日、主题活动日(周)、典礼和各类开幕、成立仪式。以交流为目的的线下活动有茶话会、各类年会、春节团拜会、研讨会、读书会、分享会等。另外,还有一些为特定目标而设置的线下活动,如纪念日、表彰会、报告会等。

(2)线下活动的自媒体传播。

①自媒体种类。

线下活动的信息传播需要一定的载体,当活动正在进行时,在传播上起主导作用的应该是人际传播和群体传播,而大众传播和网络传播一般发生在活动前后,而不是活动途中。那么,在时间上与空间上考虑,如何增强对活动参与者实时实地的信息传播,是公益组织自媒体可以解决的问题。与上文不同,这里的自媒体是指应用于活动现场或组织所在处的信息媒介,可供组织用于展示,具有实物性、实地性与实时性等特点。公益组织线下活动可使用的自媒体大致可分为四类:口头传播媒体、印刷媒体、展示性媒体和可携带式媒体。

口头传播媒体主要指组织活动中的发布和咨询人或设施,如活动联系人、解说员、活动咨询处、招待处等,当场解答受众问题、协助受众理解信息,这种传播方式直截了当,权威性强,反馈及时,而往往被看成能代表组织的形象,起到公共关系的作用。印刷媒体是指面向特定组织或公众发放的纸质资料,如书籍、年度报告等,由机构编辑,常被作为大众传播媒介的信息来源和组织资料的正式展示而得到重视,具有一定的传播效果。展示性媒体是指公益组织制作的幻灯片、视频等多媒体资料,供前来组织参观访问或参加活动的人员观看,内容多为介绍性的信息或资料,如组织历史、组织架构、组织使命、组织成果等展示,起到组织形象宣传的作用。携带式媒体是指组织发放给公众随意拿取、携带保存的组织资料,如宣传册、纪念册、光盘等,由组织编辑制作,应长期放置于组织对外接待的地方。

②自媒体的公共关系作用。

公益组织线下活动中使用的自媒体,其公共关系作用表现在为公众获取组织信息提供方便和对外宣传、树立组织形象两个方面。对于具有一定保存价值的服务性信息,公益组织要积极使用和制作自媒体,方便公众随时获取与翻看,加深对组织的印象。细致周到、迅速方便的信息提供往往能体现公益组织的专业形象和服务水准,精心设计、简洁美观的组织材料也会为组织形象加分,有时候这比大众传播与网络传播更为有效。

(3)公益组织线下活动的公共关系作用。

由于公益组织线下活动采用的是面对面的人际传播和群体传播,受众可以通过亲自参与活动来直接感受和认知传播内容,受众的反馈也能直接收集。因此线下活动的传播效果可以直接根据现场情况评估,这中间少了很多时间上和空间上的距离,使得传播活动的过程和效果可以直接被观察和调整。

线下活动给予了公益组织这样的机会:在指定的时间、指定的地点,一群有着相同目的和阶层特征的人进行信息交流。在此过程中,受众不是被动地接受公益组织所传播的信息,而是通过倾听、询问、互相介绍和交流等人际传播的方式接受信息。语言、动作、表情等是此过程中的主要媒介。这种口语化、富有情感的媒介使得传播过程具有人情味。在某些时候线下活动的传播还包含娱乐性和趣味性,这一切都增加了受众对信息的兴趣和接受度,增强了传播的效果。

(4)利用线下活动进行公益组织公共关系传播的原则。

①明确目标受众。

利用线下活动传播与大众传播相比,线下活动的受众通常来自于特定的一个或几个阶层,有着相同的目的,因此线下活动的传播是一种受众明确的小范围传播。目标受众的明确可以指导线下活动类型的选择与设计。要达到理想的传播效果,让传播内容精准到达受众,线下活动的设计就要综合考虑受众的特点,比如年龄、职业、文化程度等,以对传播方式、传播内容、信息载体等进行专门的细化与设计。

②联合其他团体。

一个大型、复杂、传播效果出众的线下活动,往往需要多领域专业能力的综合运作。一个组织的力量总是单薄的,公益组织与多样化的团体联动与合作才能让线下活动卷入更多的受众,发挥更大的动员力和影响力。政府、企业、其他公益组织等都可以成为运营活动的合作者,吸引多层次、多领域的活动参与人员,这不仅有利于活动的顺利举办,更有利于传播者与接收者的信息互动以及不同接收者之间的信息交流,增强传播效果。

③注意时间地点。

活动进行的时机与场地也很重要。公众节假日、特定主题日、双休日等是举办活动的好时机。在节假日与双休日受众有比较充足的时间参与组织的活动,并且吸引潜在受众的机会也会增加;在特定的主题日则具备事件传播的机会,增加传播话题,比如妇女节、儿童节、环保日等。对于实施活动的场地也要进行适当的选择,在公共场所比如广场、社区等可以吸引很多公众参与,传播范围较广;使用特定的会场比如礼堂、报告厅等可以加强传播主题的专业性;使用机构场所可以增进与受众之间的亲密度。

④评估传播效果。

就线下活动而言,传播效果是可以直接观察到的。面对面地与受众接触就是一个评估初

公益传播

步传播效果的最佳时机。在活动进行的同时要注意观察受众的反应,灵活调整传播内容,并通过交谈、询问、答疑等方式随时增强信息传播的力度,结束后要及时总结经验,完善活动传播方式,为下一次活动的展开提供借鉴。活动准备清单见表1-2①。

表1-2 活动准备清单

活动前一周	活动前一天	活动当天	活动一周后
组织工作的一个要点就是要确保重要的细节不会被遗漏,其中一个最容易的方法就是提前作一个清单,即使有了新的想法,也要有充分的时间来制定和执行计划			
完整的媒体工具,包括演讲、输出系统、照片,并让媒体记者知道活动的时间安排	按照要求准备好各种媒体工具	与新闻媒体代表见面,发布新闻	给出席过的媒体发反馈邮件
提前发布新闻			
找出新闻媒体需要的特殊设备,根据需要进行安排;订购新闻媒体需要的设备并为这些媒体准备专门工作区域;检查好灯光、音响、电器插座等	为媒体工作人员专门准备好工作区域,检查所有配置	再次检查媒体所需设备是否正常可用	
起草最终来宾接待名单			
准备来宾资料袋,包括节目单或议程、宣传册等相关文件		将印有标志的文件袋发给来宾	
准备媒体、来宾和主办方标志	建立相应设施和标志制作	检查标志	
明确安排分工,计划具体,有统一商定的应急计划;打扫场地卫生,安排装饰物,不要忘记标志和展示品等	检查就餐环境,确保就餐地点清洁;检查地面、座位等所有设施	检查食物准备情况、送餐及用餐服务	
完成演讲稿和足够数量的工具包、文件包	为不能参加的新闻媒体准备好各种文件		

---

① 道·纽森,等.公共关系本质[M].于朝晖,等,译.上海:复旦大学出版社,2011:365-366.

续表 1-2

活动前一周	活动前一天	活动当天	活动一周后
为每个贵宾分配对应助手	与贵宾助手确认行程	确保贵宾需求得到满足	发邮件表示感谢
准备好演讲所需的引用文字和介绍材料	确认一些特殊的材料能够及时取得	确保需要做演说的人员拿到自己要用的材料	
清楚准确地分配个人任务和责任			
明确各种安全措施,做好应对紧急情况的计划,确保参与活动的所有人都知道如何实行应急计划			
为媒体和来宾准备留言板,取得当地航班时刻表、出租车时刻表、酒店和餐馆的信息,包括时间和电话号码			
为来宾确定最终的交通工具和住宿地点,如果地点比较偏远的话,也要为媒体安排车和住宿			
清楚准确地分配个人任务和责任			

4. 人际传播

人际传播是指两个或两个以上的人之间借助语言和非语言符号互通信息、交流思想感情的活动[1]。在公共关系里,人际传播不是指作为一般个体的人与人之间的信息交流,而是指代表组织利益和要求的组成成员与个体公众、群体公众之间的信息互动[2]。人际传播是公益组织公共关系活动重要的环节,主要包括不借助媒介的直接传播和借助媒介的间接传播。

(1)人际传播媒介的种类。

①直接传播。

人际传播中的直接传播即面对面沟通。传播者和受众之间无须经过传播媒介,通过口头

---

[1] 邵培仁.传播学[M].北京:高等教育出版社,2000:34.
[2] 薛可,余明阳.公共关系学[M].北京:科学出版社,2010:248.

语言、类语言、肢体语言等面对面地进行信息交流。面对面沟通往往是人际传播效果的决定性形式,因为传播者可以与受众近距离传递信息,所传播的内容一般直接被对方接受,阻碍因素较少,传播效果较好。对于公益组织而言,直接传播在募集资助、提供服务、内部管理等方面都起着关键作用。但面对面沟通的传播机会较为距离所制约,因此直接传播的深度佳而广度不足。

②间接传播。

随着现代社会各种传播媒介的出现,人际传播可以借此进行远距离的信息传递,这大大拓展了人际传播的范围。目前常用的间接传播媒介有电话、手机、传真、信函、电子邮件、社交媒体等。间接传播媒介的成本低、速度快、信息容量大、传播效果好。有些间接传播媒介具有沟通上的私密性,而有些媒介更兼具大量复制转发的功能,在增强信息交流、信息共享和一致性沟通,以及提高反馈质量和周转速度上起到巨大作用。但相比直接传播,间接传播的深度和精确度会因媒介的参与而受到一定的影响。

(2)人际传播的传播特征。

①双向交流,反馈及时。

首先,在人际传播的过程中,参与者同时充当着传播者和接收者的角色,并且信息的传受是一来一往的,传播者与接收者的角色在不断变换,双方都可以根据对方的反应而对自己的传播行为进行调整。人际传播建立在双方互动与反馈的基础上,缺少任何一方的积极反馈,对话都难以进行。

②符号多样,渠道多种。

人际传播所使用的传播符号是非常多样的。尤其在面对面的传播中,语言、眼神、表情、动作、服装等都可以用来表达意义,而且往往非语言最能显示真实的信息,在传播中显得更加重要。多样化的传播符号直接参与了传播过程,因而信息接收者可以通过多种渠道多种方面去获取信息,这些都影响着接收者对信息的理解。

③情境传播,外界影响。

人际传播总是发生在特定的时间和地点,在特定的背景中进行,这些情境因素对传播效果会产生一定的干扰和影响。因此在人际传播过程中需要时刻考虑外界环境的变化,保证交流沟通时的信息畅通。

④自发自主,平等互动。

由于人际传播的双方都是由一定的社会关系连接起来的,所以人际传播建立在双方自愿的基础上,是一种基于人际关系的信息互通和情感交流,是一种自发的、非强制的传播活动。

⑤私密性强,互动高频。

人际传播通常是一对一的,即有相对明确、范围固定的传受双方,参与者的卷入度较高,互动性强,私密性强,信息的交流与互动高频并且能有效地影响或改变对方的态度或行为,从而达到良好的传播效果。

⑥社会心理,存在障碍。

在人际传播中,参与者的社会性差异和心理性差异可能会对传播产生障碍。文化规范、社会角色期望、权力地位差别、心理关系等都会对传播效果产生影响。进行人际传播的双方要充分考虑这些差异,在理解和友好的基础上进行沟通。

⑦网络时代,呈新特征。

网络与移动终端的出现革新了人际传播的方式和渠道,赋予了人际传播新的特征。在网络人际传播中,参与者的昵称、头像、签名等身份标识使自己符号化,方便持续地参加网络人际传播。网络传播符号更加丰富,照片、视频、语音、网络表情等丰富的符号逐步接近现实中的人际传播,更加人性化。网络人际传播也具有超时空性和时间自由选择性,不仅可以随时随地进行,而且组织可以根据需要选择反馈与传播时间不同的媒介,实现自由的同步传播或异步传播,传递更加丰富的信息。

(3)人际传播的公共关系作用。

公益组织利用人际传播来进行公共关系活动主要有两个目的:一是面向组织内部成员进行沟通,以达到相互理解,增加组织成员对组织的认同感,提高组织一体化程度和工作效率;二是面向组织外部公众进行沟通,以达到信息互通和意见获取,提高组织事务的透明度,建立良好的合作与协助。人际传播针对性与私密性强,传播双向,反馈及时,有利于传受双方形成一致的态度与良好的关系。人际传播适用于与组织联系密切的少数受众,以使得组织与这部分受众之间的沟通更加紧密,发展更为有效的合作与协助。

(4)利用人际传播进行公益组织公共关系传播的原则。

①平等尊重的原则。

大众传播一般而言是单向的,因此,大众传播的受众往往被看成是被动的。与大众传播相反,人际传播具有双向性,信息的传播者与接收者基于自愿进行频繁的互动,传播地位平等。在公共关系上,公益组织要体现这种传播的平等,无论是对组织内部成员还是对组织外部成员,都要充分体现对信息接收者的尊重和情绪照顾。

②合作的原则。

合作的原则是指在开展公益组织公共关系活动时,要明确公共关系的目的是通过相互了解、互通有无来达到一定程度的共同认识。人际传播的目标就是对内做到组织整体认识上的一致,以提高内部的团结和工作效率,对外做到相互理解,以寻求更高水准的合作。

③平衡管理的原则。

平衡管理的原则就是指作为公共服务的提供者,公益组织要通过人际传播建立一个良好的、紧密的对外合作关系网,既要实现公益组织自身的服务目标和组织使命,同时也要润滑与组织各个利益相关方之间的关系。事实上,通过适时的传播来平衡处理与各利益相关方的关系是组织快速发展、达成愿景的重要条件。

第三节 公益传播的基本理论

尽管公益传播的提出与应用历史不足百年,但其作为传播学的分支,同样融合了来自政治学、社会学、人类学、经济学等众多学科的知识。其中,公民社会理论是公益传播概念的价值土壤。社会矛盾在风险社会中日益凸显,任何一个社会问题都无法只依靠政府、市场或社会的其中一方来解决。因此,公益传播的研究视角通常都是围绕三元分析框架而展开的。

一、公民社会理论

公民社会与和谐社会是一种相互促进与相互影响的良性互动关系,公民社会在构建社会主义和谐社会的过程中扮演着重要的角色。健全而成熟的公民社会,在促进社会整合,激发全社会的创造活力,协调各方面的利益关系,化解社会矛盾,维护社会公平与正义,促进社会安定与有序发展等方面发挥着重要的作用。公民社会的形成从西方到东方,中间经历了上百年的历史,从意识的出现到理论的建立,众多学者为之做出了巨大的贡献,并在其中留下了浓墨重彩的一笔。

关于"公民社会"的理论研究经历一段曲折的发展时期,要想厘清之间的过程先要弄明白"公民"与"公民意识"的概念。

1. 什么是公民?

"公民"一词包含了一种与国家并存而且至少不是在国家直接控制之下的社会的观念,作为政治学意义的"公民社会"与社会学意义的"公民社会"是相互关联、相互促进和相互统一的①。"公民"是一个相对于法律,尤其是一国宪法的概念,在我国,现行宪法第三十三条规定:"凡具有中华人民共和国国籍的人都是中华人民共和国公民。"

2. 什么是公民意识?

关于"公民意识"的概念界定众说纷纭,著名学者朱学勤指出:"公民意识是近代宪政的产物,它有两层含义:当民众直接面对政府权力运作时,它是民众对于这一权力公共性质的认可和监督;当民众侧身面对公共领域时,它是公共利益的自觉维护与积极参与。"②公民意识的出现加速了公民社会的建立,并在其中起到了积极的作用,随着经济全球化时代的到来,市场经济的不断完善,法制的不断健全,公民作为平等的权利主体地位的确立,特别是政治体制改革的不断深入,将对公民意识的形成产生积极的影响。

3. 什么是公民社会?

公民社会是市场经济下社会分化的一种产物,"公民社会"在中国是一个西来的概念,对应于英文是 civil society。在古代,公民社会概念是指与野蛮的自然社会相对的人类社会、文明社会。亚里士多德最早提出"politike koinonia",用以指称"政治共同体或城邦国家"③。"公民社会"的概念在翻译上逐渐从"市民社会"为主演变为以"公民社会"为主,在对象范围上逐渐从现代都市扩展到整个国家共同体④。

据日本学者植村邦彦考证,英语中的 civil society 一词最早出现于 1598 年,来自法语 societe civile,而法语的这个词汇来自亚里士多德的著作《政治学》的拉丁文译本。后来的学者从不同的角度论及公民社会:黑格尔就公民社会留下了大量论述,马克思则在批判继承黑格尔相关思想的基础上提出了公民社会理论;葛兰西、哈贝马斯进一步丰富和发展了马克思主义公民社会理论,并形成了完整的理论体系。

公民社会,在学术界有各种各样的定义和看法,不过,总体来看有两种:一是建立在国家和社会二分法的基础上,"独立于国家但又受到法律保护的社会生活领域及与之相关联的一系列社会价值或原则";二是建立在国家-经济-公民社会三分法的基础上,"介于国家和家庭或个人之间的一个社会相互作用领域及与之相关的价值或原则"⑤。大力发展公民公益组织,以转移职能和购买服务为重点,推动政府与公益组织的深度合作,让公益组织成为提供社会服务和公共服务的主力军,同时倡导以公益事件和社会交往成为精神文明建设的主阵地。

---

① 郜爱红. 我国公民社会的兴起与公民意识的培育[J]. 中国特色社会主义研究, 2004(6).
② 朱学勤. 书斋里的革命[M]. 长春:长春出版社, 1999:363.
③ 拉丁文的 civis/公民、civitas/公民权/公民社会、civilis/公民的,来源于希腊文的 polites、politeia 和 politike。公元前 1 世纪,西塞罗将亚里士多德的"politike koinonia"概念转译为拉丁文的 societas civilis,以后在英文中写作 eivil society。
④ 高丙中. "公民社会"概念与中国现实[J]. 思想战线, 2012(1):38.
⑤ 何增科. "公民社会与第三部门"研究引论[J]. 马克思主义与现实, 2000(1).

4.中国环境下的公民社会

公民理论在国内的研究始于改革开放以后。20世纪90年代,中国开始探讨政治体制改革,改革长期以来我国政治体制中存在的不合理因素,最具代表性的改革措施就是政府权力的下放,将属于社会的权力回归社会。"中国公民社会乃是指社会成员按照契约性规则,以自愿为前提和以自治为基础进行经济活动、社会活动的私域,以及进行议政参政活动的非官方共域。"①

中国学者对"公民社会"理论的研究是深深植根于我国经济的发展和文化传承的土壤里的。何增科在其著作中对"公民社会"进行定义:是国家和家庭之间的一个中介性的社团领域,在这一领域由同国家相分离的组织所占据,这些组织在同国家的关系上享有自主权并由社会成员自愿结合而成,以保护或增进他们的利益或价值"②。2006年,《中国社会科学》发表俞可平的一篇论文,提到公民社会的组成要素是各种非政府和非企业的公民组织。在文中将公民社会"当做是国家或政府系统,以及市场或企业系统之外的所有民间组织或民间关系的总和,它是官方政治领域和市场经济领域之外的民间公共领域"③。

随着互联网的发展,"公民意识"与互联网的结合成为了当下最活跃的表现形式。网络的作用在于不仅使社会公众事件通过这个平台曝光,同时也推动着国家政策的实施和执行。互联网因其自身的特点和优势,在很多方面弥补了传统大众在建构公民社会方面的不足并使之趋于完善,微博就是其中具有代表性的存在。

从2009年创建到现在,微博通过议题的设置和话题的建立,形成舆论,最后促使相关部门的关注和执行。不管社交网站的形式如何演变,微博在公民社会中所起到的关键性作用是不容忽视的。从"孙志刚事件"到"小悦悦事件",网络议题从线上走到了线下,从虚拟空间流转到现实中,推动着国家立法的完善,也改良着人民群众对于微小事件的意识。《中国互联网舆情分析报告(2010)》显示,中国正在成为世界上少有的一个舆论超强磁场,某个突发事件在网上刚曝光,即可迅速引爆全国舆论,把地区性、局限性和带有某种偶然性的问题,变成全民"围观"的公共话题,甚至变成需要中央政府出手干预的公共事件。很多突出的事件只要涉及官员、警察、城管、司法、房价、物价等敏感因素,极易引发铺天盖地的舆论声浪。

从公民社会理论和第三部门理论融合的角度看,现代公民社会是处于政府和企业之间的一种大众组织,是所有民间组织或民间关系的总和。它包括非政府组织(NGO),公民的志愿性社团、协会,社区组织,利益团体等各种公民组织,而公益组织在其中扮演着重要的角色。2008年汶川大地震之后,中国社会的志愿服务、志愿捐献出现了井喷现象,徐永光谓之"中国公民社会元年"④;灾后的重建工作,几乎可以看到大量的民间组织和数以万计的志愿者,媒体称为"中国NGO第一次集体亮相"。公民社会理论与中国经济体制发展的有效结合,是具有特色的一种发展模式,在促进社会和谐方面发挥了巨大的作用。

二、公众倡导

在现代汉语词典中,倡导的含义是指"率先提议或首倡";在百度百科的解释中,倡导是指"倡

---

① 邓正来.国家与社会——中国市民社会研究[M].北京:北京大学出版社,2008.
② 何增科.公民社会与第三部门[M].北京:社会科学文献出版社,2000:64.
③ 俞可平.中国公民社会:概念、分类与制度环境[J].中国社会科学,2006(1).
④ 徐永光.中国公民社会元年[J].NPO纵横,2008(4).

言和引导",出自《古道歇棚记》:"里贤王尚钱倡导古道保护,里庶响应。"①公众倡导的含义是指全民参与和引导某一项目,通过不懈努力达到最终目的,梁启超在《再驳某报之土地国有论》中说道"吾以为如欧美学者所倡道之社会主义,举生产机关悉为国有者,最足以达此目的"便是此意。

公众倡导的方式涉及口头传播、书面传播、人际传播和群体传播。在传统媒体的公益时代,公众群体主要是以贴大字报,派发小册子,或者以最原始的口头传播进行公益组织理念的传达,这一阶段主要侧重于人与人之间面对面的倡导方式,这种最初的倡导方式所产生的效果是最直接的,也具有反馈性;在新媒体时代,主要通过网络传播和大众传播渠道进行推广,虽然工具使用的方式众多,但是所收到的效果却不是很明显。

公众倡导最广泛的领域主要是环境保护,但是在这方面所遇到的问题也是最多的。在国内,很多环境NGO发起的公众倡导型环保项目,虽然旨在提升公民整体环境意识,但其推进却并不容易,有些甚至无疾而终。以前,对我国环保NGO所做的事情用一句话概括,那就是"植树、观鸟、捡垃圾",虽然项目一直在推进,参与的志愿者众多,产生的社会影响力也比较大,但是在公众倡导的过程中依旧出现问题。中国人民大学社会学教授周孝正说,公众倡导型环保项目成效有限,甚至无疾而终并不奇怪,因为"构建资源节约型社会与消费主义两条路线是对立的,经济与节能环保始终在博弈"②。

公共倡导在中国的兴起,既与近年来环境和社会冲突加剧,公民权利意识觉醒和行动力加强有关,也与互联网作为新技术手段提供新的表达空间有关。在现行社会架构中,国内的NGO呈现出强服务、弱倡导的状态。尽管很多组织都定位为联系政府和群众的桥梁和纽带,是政府的朋友、伙伴、助手,但是NGO普遍采用项目制,从人力资源、工作计划、工作成果等方面在项目框架中进行,也相应抑制了部分社会功能的发育,弱化了倡导功能③。

2017年3月28日,主题为"精准扶贫,稳健发展"的"中国扶贫基金会2016年度捐赠人大会"在北京举行,国务院扶贫办副主任洪天云参加会议并讲话。洪天云副主任在讲话中指出,社会力量的介入,不仅是对政府扶贫工作的有益补充,更是社会帮扶资源和贫困人口帮扶需求的有效对接,有助于营造全社会参与脱贫攻坚的良好社会氛围④。

中国扶贫基金会会长段应碧在致辞中指出,中国扶贫基金会把2016年定位为"精准扶贫,稳健发展年",全会团结一心,砥砺前行,以稳健、务实的态度,以不断创新求变的理念与方法,切实结合并围绕国家"精准扶贫"战略和中国扶贫基金会"一体两翼"机构战略,开展各项工作,为实现2020年全面解决整体性贫困问题做出应有贡献。

中国扶贫基金会秘书长刘文奎向全体捐赠人汇报了2016年度工作情况。中国扶贫基金会2016年捐赠总收入4.71亿元,其中,3070家捐赠机构向中国扶贫基金会捐赠爱心款物总计2.9亿元;14.35亿人次公众捐赠总计1.8亿元。2016年捐赠款物支出4.56亿元,发放小额贷款66.5亿元。项目覆盖全国31个省(直辖市、自治区)、868个县、238所大学以及埃塞俄比亚、加纳、柬埔寨、缅甸、尼泊尔、苏丹、厄瓜多尔、海地在内的8个国家,共计4293989名贫困人口和灾区民众受益;一年中,还有6.1万名志愿者,为中国扶贫基金会提供130.9万小时服务。

---

① 百度百科:http://baike.so.com/doc/6648640-6862457.html.(公益倡导)
② 杜悦英.公众倡导环保项目推进缘何艰难[N].中国经济时报,2009-7-9(09).
③ 付涛,郭婷.公共倡导兴起,呼唤公众参与制度化回应[N].中国环境报,2013-9-18(03).
④ 素材来源于《公益时报》,2017年3月28日,http://mp.weixin.qq.com/s/HsP6JwiEMeAEaoft5Aq3GA.

据了解,2016年,中国扶贫基金会继续深耕四大业务领域,致力于健康扶贫、教育扶贫、生计扶贫和救灾扶贫。其中,健康扶贫领域开展了"母婴平安项目"和"爱加餐项目",共惠及419475名贫困人口;教育扶贫领域开展"爱心包裹""筑巢行动""新长城助学""童伴计划"等项目,共惠及1245749名贫困人口;农村生计发展领域开展"小额信贷""溪桥工程""美丽乡村""善品公社"等项目,共惠及2004223名贫困人口;救灾扶贫领域开展"紧急救援""卢山灾后重建""鲁甸灾后重建"等项目,共惠及609785名贫困人口。

2016年,中国扶贫基金会在创新型精准扶贫项目探索方面也有了很大进展。其中,以"美丽乡村"项目探索旅游扶贫创新模式,项目以合作社为基础,搭建乡村和外部联结平台,积极引入社会资金、信息和人才等要素,推动乡村可持续发展。截至2016年年底,惠及4省5县5个贫困村,受益农户1224户4719人,建档立卡贫困户322户1095人。

以"善品公社"项目探索电商扶贫创新模式,项目以合作社为基础,以"让诚信生产实现价值"为使命,重建生产者与消费者之间的信任体系,以社会企业化运作方式,以农村合作社为组织载体,以善品公社为统一品牌。2016年线上交易额424万元,带动线下交易额1500万元,农户人均增收逾700元,推出两个品类,受益约1万人。

以"童伴计划"建立留守儿童保障体系,通过"一个人·一个家·一条纽带"的模式,建立留守儿童监护网络,保障留守儿童权益,并探索农村留守儿童福利保障的有效途径,为政府决策提供依据。截至2016年年底,共募集善款1187.98万元,投入资金800多万元,项目覆盖四川、贵州2省20个县200个村,受益儿童近10万人,收集并解决儿童需求7000余例。

在国内开展扶贫公益项目以外,中国扶贫基金会也在国际扶贫工作中积极传递中国扶贫经验。2016年,中国扶贫基金会在埃塞俄比亚、苏丹、缅甸、尼泊尔、柬埔寨、加纳六国开展国际"微笑儿童"学校供餐、灾后重建、大学生资助等项目,并对厄瓜多尔7.8级强烈地震、海地"马修"飓风开展人道主义紧急救援行动,全年累计帮助55623人次。

2017年中国扶贫基金会工作主题为"扩大影响,助力攻坚",主要体现为以下方面:致力于搭建社会力量参与脱贫攻坚的动员平台,组织实施北京、成都善行者,引领公众助力贫困儿童全面发展;开展"饥饿24小时"公益体验活动,营造全社会脱贫攻坚氛围;搭建公益组织参与脱贫攻坚合作网络,推出扶贫示范项目;搭建企业参与脱贫攻坚合作平台,建立企业参与扶贫有效渠道。致力于深化品牌精准扶贫项目,扩大精准扶贫项目收益规模。爱心包裹项目、筑巢行动,助力小学生教育公平;爱加餐项目,助力贫困地区小学生营养健康;新长城助学项目,助力贫困高中生、大学生成长成才;小额信贷项目,进一步提升农村贫困人口生计发展能力。致力于加大创新精准扶贫项目力度,积极稳妥提升项目成效。善品公社,扩大品类,提升品牌,增加贫困农户收效;美丽乡村,完善模式,着力运营,提升农户年均收入;童伴计划,总结经验,拓展资源,增加项目覆盖区域。

三、第三部门

1. 什么是第三部门

第三部门指除政府和企业外的组织或部门,第三部门与政府部门、市场部门(企业)构成了现代社会的三大支柱,成为现代社会协调运转的不可缺少的组成部分。其英文为"Third Sector",最早由美国学者Levitt于1973年在他的论文 *The Thied Sector: New Tactics for a Responsive Society* 中使用。美国的约翰·霍普金斯大学非营利组织比较研究中心在此研究的基础上更进一步将凡是具有以下五个特征的组织定义为第三部门:①组织性;②民间性;

③非营利性;④自治性;⑤志愿性;⑥公益性①。

20世纪90年代,这一概念被引入我国,"第三部门"有时候也被称为"独立部门"(independent sector)、"志愿部门"(voluntary sector)、"非营利部门"、"非政府组织",在我国也被译为第三域,指的是"和公共部门、私人部门相对而言的另一个部门,它们所指称的都是各种非政府、非营利的民间组织"②。其中"第三部门"的译法更为通俗,在美国被称为非营利组织(non-profit organization,NPO)、慈善组织;在英国被称为志愿者组织、免税组织;在法国则被称为社会经济。

由于政治和经济环境的影响,国外关于第三部门的研究多且丰富,相关的理论概念也层出不穷,通过结合国外的研究和我国的实际情况,有学者将非政府组织定义为"不以营利为目的的且具有正式的组织形式、属于非政府组织体系的公益组织,它们具有一定的自治性、志愿性、公益性或互益性"③。我国著名的学者陈振明将第三部门定义为:介于政府与非营利部门之间,依靠会员缴纳的会费、民间捐款或政府财政拨款等非营利性收入,从事前两者无力、无法或无意作为的社会公益事业,从而实现服务社会公众、促进社会稳定与发展的宗旨的社会公共部门,其组织特征是组织性、民间性、非营利性、自治性和志愿性④。

2. 第三部门出现的原因

关于第三部门出现的原因,众多的学者从国家层面、经济层面、历史文化层面以及市场经济层面进行了分析,概括为三点分别是国家能力的下降、政府和市场的失灵和社会技术的进步。

全球范围的第三部门兴起反映了公民自决意识的觉醒、政府和市场的失灵以及社会与科技的进步。美国学者莱斯特·萨拉蒙在其著作中说道,"第三部门的兴起起源于一系列来自公民个人、政府以外的各种机构以及政府本身的压力。它反映了一系列的独特的社会和技术变化,以及酝酿已久的对国家能力的信心危机"⑤。并且萨拉蒙在描述当前全球社团发展的时候明确指出,"有组织的志愿性活动在全球范围内的开展和私人的、非营利的或政府的组织在世界各地的建立,正在如火如荼的进行之中"。

在所有原因中,最具有代表性的是市场失灵理论和政府失灵理论。①市场失灵理论。市场是商品生产和交换关系的综合,是价值规律通过市场供求关系和价格的变动,自发地调节社会关系和流通以及生产要素平衡地分配于生产部门的一种商品经济形式,所以,市场的基本功能就是对社会资源进行配置,亚当·斯密在《国富论》中称之为"看不见的手"。但是作为经济资源配置的重要方式,市场也不是万能的,在某些领域资源配置完全依靠市场机制的作用无法实现帕累托最优状态时,市场就会失灵。②政府失灵理论。为了纠正市场失灵,西方国家在20世纪30年代到60年代期间采取了一系列干预经济的举措,这些举措在某种程度上弥补了市场的缺陷,但是政府在发挥经济职能时也存在一些内在的局限,从而导致政府失灵状况的出现。例如,公共决策程序和公共决策时限的限制,信息不完全,公共产品供给的低效率问题,寻租行为的出现等,正是由于政府和市场在提供公共物品方面的局限性,才导致了第三部门组织的产生或者说是第三部门组织产生的重要原因。

---

① 谢岳.后现代国家"第三部门"运动评析[J].复旦学报(社会科学版),2000(4).
② 何增科."公民社会与第三部门"研究引论[J].马克思主义与现实,2000(1).
③ 王名.非营利组织管理概论[M].北京:中国人民大学出版社,2002.
④ 陈振明.公共管理学——一种不同于传统行政学的研究途径[M].北京:中国人民大学出版社,2003.
⑤ 莱斯特·萨拉蒙.非营利部门的兴起[M]//何增科.公民社会与第三部门.北京:社会科学文献出版社,2000:255.

3. 第三部门在中国的发展

20世纪90年代中期,随着小政府、大社会改革方针的影响,依靠一些社会团体的法律出台,我国第三部门有了新的发展,在社会的各个领域中有了一席之地。第三部门范围广大,涵盖了经济、政治、文化、卫生等社会方面,为我国和谐社会的发展创造了有利的条件,不能严格用国际上的第三部门的概念来定义我国的某些组织,但是我们能够在这些组织上找到所谓的第三部门的影子,因为我国无论从历史上还是文化上,无论是从纵向还是横向上都和别的国家有着本质的区别,所以我们的第三部门也应该是具有中国特色的第三部门[①],并且在我国经济发展的过程中,第三部门在促进社会和谐方面发挥着重要的作用。

不同于西方国家第三部门发展的一般路径的表现,无论是哪种类型的第三部门,其产生都离不开特定的生成环境,中国的第三部门发展带有中国本土的特色。

第三部门在中国的产生与发展大体可以分为四个阶段:改革开放时期、市场经济体制建立、加入WTO、2004年修宪后。这几个阶段每一个阶段都极大地促进了第三部门的发展。结合我国具体国情分析我国第三部门的概念、分类以及第三部门与政府的关系,把我国的第三部门分为两大类:第一类是自上而下由政府转变过来的"官办"第三部门,第二类则是自下而上组织起来的"草根"第三部门,它们共同组成了我国的第三部门。产生这种分类的原因是我国的第三部门的发展有着独特的特点,有学者从三个方面进行总结:一是我国的公民缺少国家公民的志愿、公益和慈善的历史传统;二是由于我国的经济不是很发达,这就使我国的第三部门面临着资金严重短缺的情况;三是我国法治上的欠缺。

"草根"第三部门的产生与市场经济发展和社会民主化进程有关,是公民有组织地参与经济社会乃至政治过程的产物,其主要社会资源包括资金、信息、志愿者等,这些资源具有转型期典型的多样性、自发性和随意性[②]。"官办"是指那些自上而下的组织,这些组织虽然带有第三部门的种种特点,但是始终无法脱离政府的扶持而独立存在,需要政府权威来维持自己,并不是由广大人民群众自发组织的。有学者分析:中国绝大多数的公益组织是依赖政府体制的,他们在人员的配置、资金来源、活动内容等方面都程度不同地依赖于政府,在组织管理和活动等方式上带有浓厚的行政色彩,这些组织在民间自治性方面是不健全的。但是,不管是"官办"还是"草根",他们共同促进着社会的和谐发展,并且在不断规避缺点,营造良好的社会环境,《慈善法》的颁布就是一个最好的说明。

《中国第三部门观察报告》继2011年首部报告发布以来,至今已发布八部。该报告致力于成为第三部门的思想库,秉承推动第三部门发展、社会发展的使命,追求公平、公正的价值观,挖掘第三部门和跨界突出问题及突出现象,展示趋势性、引领性、示范性、创新性和启发性,发挥风向标的作用。

四、公益传播四维框架理论

在所有的相关研究期刊中,对公益传播四维框架理论最详细的著作属学者王炎龙、李京丽和刘晶撰写的《公益传播四维框架的构建和阐释》,后来者的相关研究都是在此基础上发展起来的。

公益传播的四维框架主要是指"将公益传播置于公民社会逐渐形成的现实环境之中,以传

---

① 陈志金.关于我国第三部门及其与政府关系的研究——"草根"、"官办"第三部门与政府的冲突和协调[D].太原:山西大学,2010.
② 王名,贾西津.中国第三部门的发展分析[J].管理世界,2002(8).

播主体为切入点,形成"'媒体公益传播''企业公益营销''政府公益管理''民众公益参与'"四个考量维度,称之为"公益传播的四维框架",文章中主要探讨我国公民社会构建中的四个维度如何统筹,为公益传播提供符合现实的功能性解释框架(如图1-1所示)①。

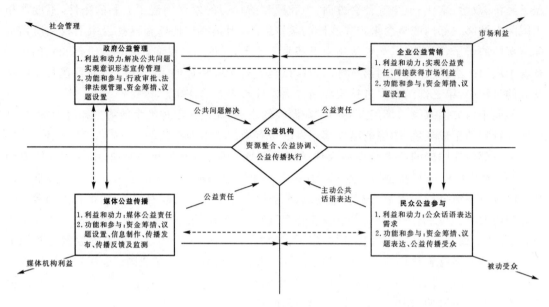

图1-1 王炎龙 公益传播四维结构中的主体关系架构
(本图根据王炎龙《公益传播四维框架的构建和阐释》中四维框架图复制而成)

面对近年来公共突发事件频发的社会现实,公益机构的井喷式发展势不可挡,如果对其进行有益引导,增大社会事务参与度,则必然形成我国公益传播的崭新局面。2017年6月14日,由中国社会科学院社会政策研究中心,以及社会科学文献出版社共同举办的《慈善蓝皮书:中国慈善发展报告(2017)》发布,报告中显示,截至2016年12月底,全国共有公益组织69.9万个,其中有社会团体33.5万个,基金会5523个,民办非企业单位35.9万个。这一连串的数据表明,我国的公益组织团体在不断扩大,公益传播的范围越来越广泛,而管理好这一群体,需要政府、社会、媒体和公众的共同参与。

虽然在四维框架理论中,定义了政府、市场、公众、媒体四大公益传播的核心主体,但是该理论最重要的是引入了公益机构的概念,并将其作为核心部分进行陈述和解释,肩负着"资源整合、公益协调以及公益传播执行"的重任。国内的与公益传播有关的研究主要集中在"具体公益事件背景下对传播内容、渠道和效果的研究",而思维框架分析了各大主题的利益需求,在利益需求的基础上找到了它们各自的公益传播功能和公益传播的参与方式,为整体地审视目前中国的公益传播格局,提供了良好的视野②。

哈贝马斯在《公共领域的结构转型》中指出,媒体作为其中特殊性质的社会公器,"影响了公共领域的结构,同时又统领了公共领域"③,在公共空间中,媒体的核心价值在于实现"媒体舆

---

① 曹维.从"公益传播四维框架"到以公益组织为传播主题的公益传播模式[J].上海交通大学学报,2015(1).
② 曹维.从"公益传播四维框架"到以公益组织为传播主题的公益传播模式[J].上海交通大学学报,2015(1).
③ 奥利弗·博伊德-巴雷特,克里斯·纽博尔德.媒介研究的进路[M].汪凯,刘晓红,译.北京:新华出版社,2004:286.

论空间以及由此产生的公众舆论空间在意见态度上的有机互动"①。企业通过建立基金会、设立相关组织以及投资公益性社会活动等,在公益传播过程中树立品牌形象,增强行业竞争力,优化内部管理;政府、市场与第三部门在治理公共事务过程中的力量分配往往由于制度环境的不同而有较大的差异。对于转型期的中国来说,在这方面要有所转变,才能促进三者健康良好的发展。

阅读材料一：

《中国民间公益组织透明度发展研究报告(2015)》发布

2016-03-22 来源:公益时报 作者:王会贤②

"10%、15%还是不应该有限制?"上一周,公益圈对《慈善法》中管理费用的争论已经乱成一锅粥,圈外的网友评论基本是清一色"太高了"。"根据不同机构的实际情况安排管理费用"得到公益专家的认可,却得不到公众的信任。

为什么呢? 3月15日发布的《中国民间公益组织透明度发展研究报告(2015)》中的一些数据至少可以说明部分问题:2015年度中国公益组织透明度平均得分32.44,虽比去年大幅增长,但还是得戴着望远镜才看得到及格线,其中,重要的财务信息只有2.45分,比2014年不升反降。在财务信息这一栏,一半以上机构得分为0。

这样低的透明度得分,要求公众信任,的确很困难。

而另一方面,《慈善法》草案中单列"信息公开"一章,对慈善组织信息公开的内容、方式做了详细规定。可以期待,《慈善法》实施之后,慈善组织信息公开将有一个大的进步。

透明度平均分32.44,残障领域最高,见图1-2。

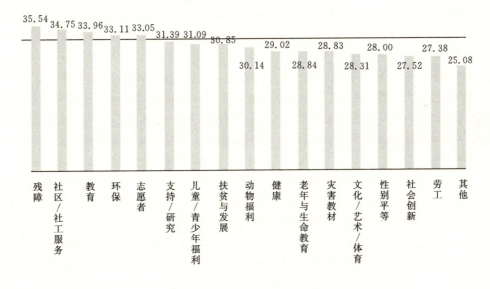

图1-2 不同行业GTI平均得分

注:GTI指中国民间公益透明指数(China Grassroots Transparency Index)

---

① 王炎龙,等.公益传播四维框架的构建与阐释[J].新闻世界,2009,8(4).
② 来源:http://www.gongyishibao.com/html/xinwen/9469.html.

公益传播

　　3月15日上午,USDO自律吧发布《中国民间公益组织透明度发展研究报告(2015)》。中国民间公益透明指数是由USDO自律吧联合壹基金、南都、敦和、SEE等多家基金会,委托清华大学创新与社会责任研究中心和廉政与治理研究中心开发的。透明指数在2015年涵盖了2013年1月1日前成立的1738家民间公益机构。

　　2015年度中国民间公益组织透明度平均得分为32.44,虽然还是没有及格,但比2014年的27.87,有了很大进步,并且进步幅度比上一年大,2013年的分数是27.33。

　　从各机构的具体得分看,得分最高的接近100分,得分最低的接近0分,中位数只有30.81分,低于平均分5%,说明在整体分布上,较低得分的机构数量大,这也是导致整体民间公益组织透明度平均得分低的一个重要原因。

　　2015年,透明指数涵盖的机构数量达1738家。这1738家机构分布在残障、教育等17个行业。从各行业所包括的机构数量看,超过100家机构有残障、教育、社区/社工服务、环保和志愿者五个行业,这也是国家政策重点关注的社会服务行业。

　　得分最高的是残障类机构,机构不仅数量多,而且平均得分还最高。而反观劳工类机构,得分仅仅25.08分,远低于今年的透明指数平均分,说明该类型机构的透明程度很差,这可能与其行业的特殊性有关。

　　从地域分布来看,广东在各省透明指数得分排名中位列第一,达38.7分,而排名最后的贵州只有24.1分,差距明显。排名在第二至第五的省份是黑龙江、宁夏、甘肃、新疆,可以看到公益组织透明度与地区经济并无明显关系。

　　近千家机构财务信息得分为0。

　　在所有公开信息中,公众最关心的可能就是"钱是怎么花的"。然而对比一下四个一级指标在2014年和2015年的变化,除财务信息外的其他指标得分情况都在好转:基本信息得分提升了1.65分,治理与管理信息提升了0.28分,项目信息提升了3.90分,而财务信息的平均得分反倒下降了0.26分。

　　财务信息得分为0的机构数量近千家,是财务信息平均得分偏低的主要原因。这种情况2014年已经存在,在2015年仍然存在并十分突出。具体见图1-3。

　　项目信息2015年得分主要分布在10~14,而2014年主要分布在0~1。说明大部分机构在项目信息的披露程度的完整性和及时性方面都有提升。不同成立时间组织的2015年GTI平均得分见图1-4。

　　可以看到,民间公益组织逐渐意识到向社会展示机构自身的必要性,开展信息披露的主动性进一步加强,但对于财务等关键信息的透明、公开方面,披露意愿依然不足。这对于中国民间公益领域的良性发展并不是一个好的现象。

　　为什么没有公开?是不想、不敢还是能力上做不到?恩友财务的王亮表示,一方面是公益组织竞争不充分,没有特别明确的压力和动力,导致大家不把信息公开当回事。GTI透明指数排名可以作为一个动力,但目前影响力还不够,可以给排名前几位的机构一些奖励,表扬先进,增强影响,把透明的价值发挥出来。另一方面是能力问题,信息公开是一个有逻辑的事情,有的机构负责人连财务、业务之间的数据关系都整不明白,基本上是把票对付好就完了,这怎么能做到财务信息公开?

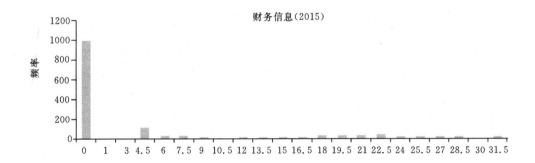

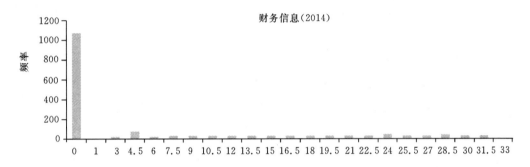

图1-3 2014—2015年GTI财务信息得分直方图

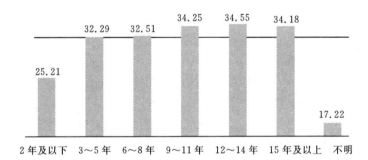

图1-4 不同成立时间组织的2015年GTI平均得分

胡小军：从透明度走向公信力

中山大学中国公益慈善研究院副院长胡小军对该报告进行了点评。他表示，在如今的互联网模式下，公益组织透明度应该是飞跃式的，而不是限制一点点的线性增长。

报告中，财务信息是最能反映组织管理规范程度的，但仍是很多机构的敏感信息；内部治理信息是最能反映决策流程的，但披露程度也较低。这两个信息缺失，内部原因是复杂的。

2015年，政府对公益组织除了培育扶持，更加强调规范和管理。在立法层面对公益组织信息公开是加强的，并在进行管理体制改革。《慈善法》对于管理成本的规定，让很多公益组织委屈。可见，民间公益组织处在刚刚起步的阶段，不仅要做好自己，也要承担起作为倡导者和教育者的身份。

还欠缺一个平衡的问责关系，现在公益机构一般向"有权力"的一方公开，也包括内部问责,却极少向服务对象公开信息。

公益组织应该逐渐从透明度走向公信力,在透明度做好的前提下,展现工作的绩效,也就是公益活动所带来的实际效果,需要证明,由公益组织来配置慈善资源,要比其他途径和方式更有效率。这个方面,未来有非常大的空间,更需要一个多元立体的行业支持体系的建立。

链接

中国民间公益透明指数由基本信息、治理与管理信息、项目信息、财务信息四个一级指标组成,分别代表了机构透明度的四个方面,只有四个方面都做好,才算是一个完整意义上的透明。

中国民间公益透明指数数据采集的来源包括机构官网、微博、微信、论坛以及媒体、政府网站等。在分析中将其分为两种类型——自主渠道和非自主渠道。根据GTI取数规则,自主渠道的权重为1,而非自主渠道的权重则为0.9。

阅读材料二：

《中国互联网络发展状况统计报告(第40次)》(节选)①

2017年8月4日,中国互联网络信息中心(CNNIC)在京发布第40次《中国互联网络发展状况统计报告》(以下简称为《报告》)。截至2017年6月,中国网民规模达7.51亿,半年共计新增网民1992万人。互联网普及率为54.3%,较2016年底提升了1.1个百分点;中国手机网民规模达7.24亿,较2016年年底增加2830万人。网民中使用手机上网人群占比由2016年年底的95.1%提升至96.3%;中国网民中农村网民占比26.7%,规模为2.01亿(见图1-5、图1-6)。

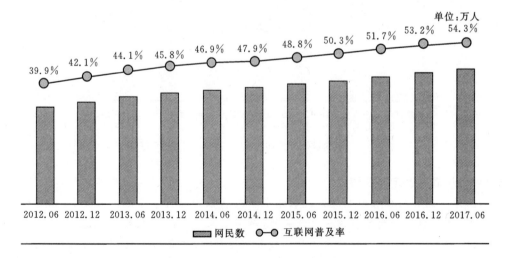

图1-5 中国网民规模与互联网普及率

来源:CNNIC中国互联网络发展状况统计调查

---

① 来源中国互联网络信息中心,http://www.cnnic.net.cn/gywm/xwzx/rdxw/201708/t20170804_69455.htm。

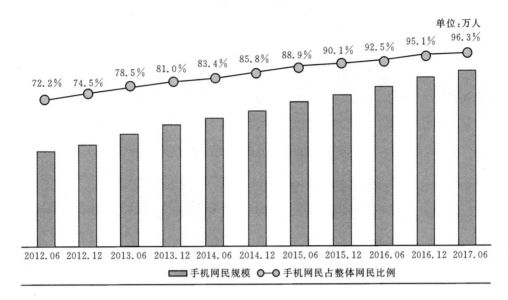

图1-6 中国手机网民规模及其占网民比例
来源:CNNIC中国互联网络发展状况统计调查

网民规模与结构

随着我国移动互联网进入稳健发展期,行业整体向内容品质化、平台一体化和模式创新化方向发展。

城乡互联网普及率持续提升,但城乡差距仍然较大(见图1-7)。商务交易类、支付、新闻资讯等应用使用率方面差异较大,其中网上外卖使用率差异最大。

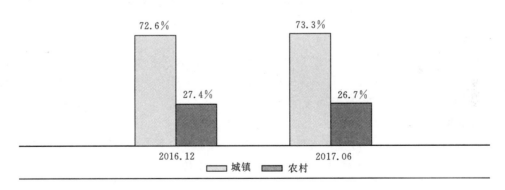

图1-7 中国网民城乡结构
来源:CNNIC中国互联网络发展状况统计调查

2017年上半年,我国网民规模增长趋于稳定,互联网行业持续稳健发展,互联网已成为推动我国经济社会发展的重要力量。以互联网为代表的数字技术正在加速与经济社会各领域深度融合,成为促进我国消费升级、经济社会转型、构建国家竞争新优势的重要推动力。同时,在线政务、共享出行、移动支付等领域的快速发展,成为改善民生、增进社会福祉的强力助推器。

基础应用类发展

即时通信

截至2017年6月,即时通信用户规模达到6.92亿,较2016年年底增长2535万,占网民总体的92.1%。其中手机即时通信用户6.68亿,较2016年年底增长2981万,占手机网民的92.3%。如图1-8所示。

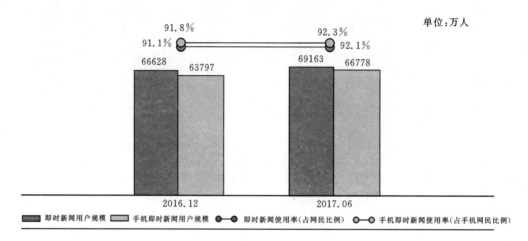

图1-8　2016.12—2017.06 即时通信/手机即时通信用户规模及使用率
来源:CNNIC 中国互联网络发展状况统计调查

即时通信市场两极化差异进一步凸显:针对垂直场景或小众用户需求的即时通信产品仍将连接用户作为主要功能,以扩大用户规模、提升服务水平作为主要目标;而以微信和QQ为代表的第一梯队即时通信品牌则致力于构建用户、内容和服务三者间的连接,进而推动即时通信成为移动互联网时代的核心流量入口。

搜索引擎

截至2017年6月,我国搜索引擎用户规模达6.09亿,使用率为81.1%,用户规模较2016年年底增加707万,增长率为1.2%;手机搜索用户数达5.93亿,使用率为81.9%,用户规模较2016年年底增加1760万,增长率为3.1%。

网络新闻

截至2017年6月,我国网络新闻用户规模为近6.25亿,半年增长率为1.7%,网民使用比例为83.1%。其中,手机网络新闻用户规模达到5.96亿,占手机网民的82.4%,半年增长率为4.4%。如图1-9所示。

网络新闻是中国互联网发展最早的互联网应用之一,作为信息获取的基础应用,网络新闻服务形式已经从早期的以采编分发为主的自主传播模式转化到以用户资讯需求为主的资讯平台供给模式。

社交应用

截至2017年6月,使用率排名前三的社交应用均属于综合类社交应用。微信朋友圈、QQ空间作为即时通信工具所衍生出来的社交服务,用户使用率分别为84.3%和65.8%;微博作为社交媒体,得益于名人明星、网红及媒体内容生态的建立与不断强化,以及在短视频和移动直播上的深入布局,用户使用率持续回升,达38.7%,较2016年12月上升1.6个百分点。垂

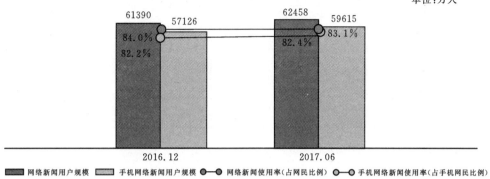

图1-9　2016.12—2017.06 网络新闻/手机网络新闻用户规模及使用率
来源：CNNIC 中国互联网络发展状况统计调查

直类社交应用中，豆瓣作为兴趣社交应用的代表，用户使用率为8.6%。如图1-10所示。

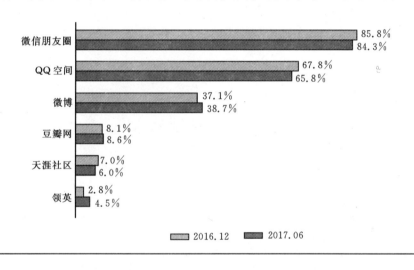

图1-10　2016.12—2017.06 典型社交应用使用率
来源：CNNIC 中国互联网络发展状况统计调查

商务交易类应用发展

网络购物

截至2017年6月，我国网络购物用户规模达到5.14亿，相较2016年年底增长10.2%，其中，手机网络购物用户规模达到4.80亿，半年增长率为9.0%，使用比例由63.4%增至66.4%。如图1-11所示。

网络购物市场消费升级特征进一步显现，除国民人均收入提升、年轻群体成为网络消费主力等因素外，电商企业渠道下沉和海外扩张带动了农村电商和跨境电商的快速发展，使农村网购消费潜力和网民对全球优质商品的消费需求进一步得到释放，进一步推动了消费升级。

公益传播

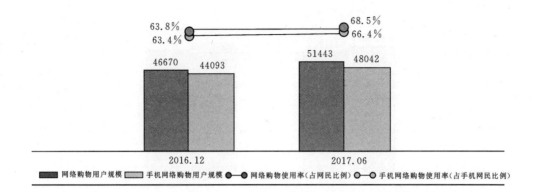

图1-11　2016.12—2017.06 网络购物/手机网络购物用户规模及使用率
来源：CNNIC 中国互联网络发展状况统计调查

网上外卖

截至2017年6月,我国网上外卖用户规模达到2.95亿,较2016年年底增加8678万,增长率达到41.6%。其中,我国手机网上外卖用户规模达到2.74亿,增长率为41.4%,使用比例达到37.9%,提升10个百分点。如图1-12所示。

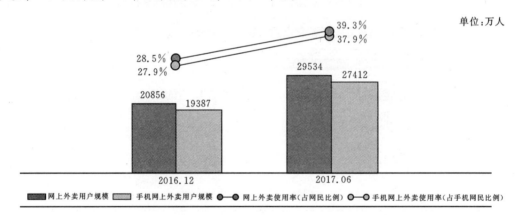

图1-12　2016.12—2017.06 网上外卖/手机网上外卖用户规模及使用率
来源：CNNIC 中国互联网络发展状况统计调查

在行业发展进一步成熟,盈利水平较低的情况下,外卖平台深耕现有业务与横向拓展成为必然选择。外卖业务上,各平台仍在投入巨额补贴以提高市场渗透率,同时继续推进精细化运营以提升用户体验;业务拓展上,外卖互联网企业加快向综合生活服务平台过渡的步伐,开始利用外卖物流系统提供更多品类、场景的配送服务。

旅行预定

截至2017年6月,在网上预订过机票、酒店、火车票或旅游度假产品的网民规模达到近3.34亿,较2016年年底增长3441万人,增长率为11.5%。其中,手机预订机票、酒店、火车票或旅游度假产品的网民规模达到2.99亿,较2016年年底增长3717万人,增长率为14.2%。我国网民使用手机在线旅行预订的比例由37.7%提升至41.3%。其中,手机预订酒店的使用率提升幅度最大。如图1-13所示。

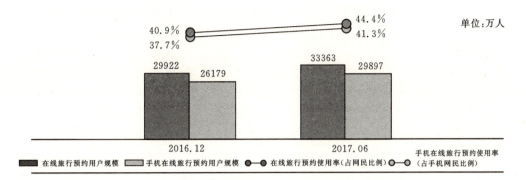

图 1-13　2016.12—2017.06 在线旅行预约/手机在线旅行预约用户规模及使用率
来源:CNNIC 中国互联网络发展状况统计调查

网上支付

截至 2017 年 6 月,我国使用网上支付的用户规模达到 5.11 亿,较 2016 年 12 月,网上支付用户增加 3654 万人,半年增长率为 7.7%,我国网民使用网上支付的比例从 64.9% 提升至 68.0%。其中,手机支付用户规模增长迅速,达到 5.02 亿,半年增长率为 7.0%,网民手机网上支付的使用比例由 67.5% 提升至 69.4%。如图 1-14 所示。

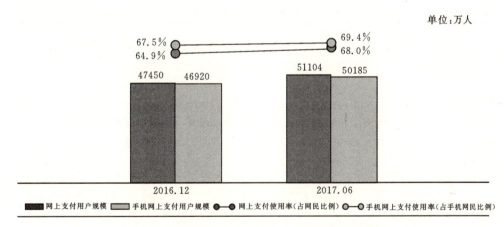

图 1-14　2016.12—2017.06 网上支付/手机网上支付用户规模及使用率
来源:CNNIC 中国互联网络发展状况统计调查

线下支付领域依旧是市场热点,网民在超市、便利店等线下实体店使用手机网上支付结算的习惯进一步加深。

网络娱乐类应用发展

网络游戏

截至 2017 年 6 月,我国网络游戏用户规模达到 4.22 亿,较 2016 年年底增长 460 万,占整体网民的 56.1%。手机网络游戏用户规模为 3.85 亿,较 2016 年年底增长 3380 万,占手机网民的 53.3%。

2017 年上半年国内网络游戏行业发展稳定,营收规模显著增长,游戏与 IP 产业链上其他环节的联动日益加深。从游戏本身的发展来看,竞技与社交仍是网络游戏保持极高营收能力的核心元素,而随着游戏用户群体的不断垂直细分,作为小众市场的单机游戏有望成为新的行业增长点。

网络视频

截至2017年6月,中国网络视频用户规模达近5.65亿,较2016年年底增加2026万人,增长率为3.7%;网络视频用户使用率为75.2%,较2016年年底提升0.7个百分点。其中,手机视频用户规模为5.25亿,与2016年年底相比增长2536万人,增长率为5.1%;手机网络视频使用率为72.6%,相比2016年年底增长0.7个百分点。如图1-15所示。

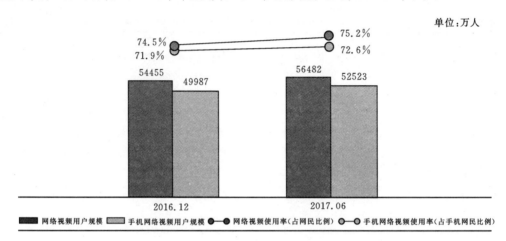

图1-15　2016.12—2017.06 网络视频/手机网络视频用户规模及使用率
来源:CNNIC 中国互联网络发展状况统计调查

网络音乐

截至2017年6月,网络音乐用户规模达到5.24亿,较2016年年底增加2101万,占网民总体的69.8%。其中手机网络音乐用户规模达到4.89亿,较2016年年底增加2138万,占手机网民的67.6%。如图1-16所示。

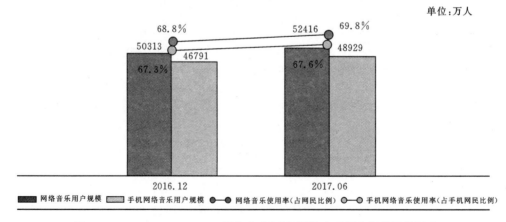

图1-16　2016.12—2017.06 网络音乐/手机网络音乐用户规模及使用率
来源:CNNIC 中国互联网络发展状况统计调查

2017年上半年,QQ、酷我、酷狗三家品牌音乐正式合并为腾讯音乐娱乐集团;阿里音乐收购线下演唱会票务平台大麦网试图打造"线上音乐+线下演唱会票务"的O2O模式;网易云音乐则宣布拆分为独立公司,并完成了A轮融资。在这一大背景下,差异化的版权资源逐渐成为各大网络音乐平台的核心竞争力,吸引各网络音乐厂商投资音乐版权市场。

网络直播

从网络直播(本次调查的网络直播服务包括体育直播、真人聊天秀直播、游戏直播和演唱会直播)的内容类别来看,游戏直播和真人秀直播用户使用率明显增长。截至2017年6月,网络直播用户共3.43亿,占网民总体的45.6%。其中,游戏直播用户规模达到1.80亿,较2016年年底增加3386万,占网民总体的23.9%;真人秀直播用户规模达到1.73亿,较2016年年底增加2851万,占网民总体的23.1%。如图1-17所示。

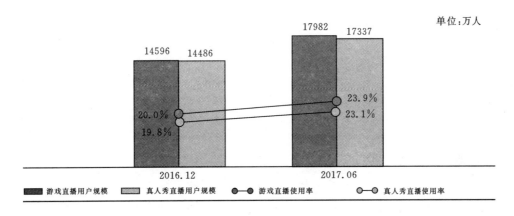

图1-17　2016.12—2017.06 游戏直播/真人秀直播用户规模及使用率
来源:CNNIC中国互联网络发展状况统计调查

公共服务类应用发展

在线教育

截至2017年6月,中国在线教育用户规模达1.44亿,较2016年年底增加662万人,半年增长率为4.8%;在线教育用户使用率为19.2%,较2016年年底增加0.4个百分点。其中,手机在线教育用户规模为1.20亿,与2016年年底相比增长2192万人,增长率为22.4%;手机在线教育用户使用率为16.6%,相比2016年年底增长2.5个百分点。

网约车

截至2017年6月,我国网约出租车用户规模达到2.78亿,较2016年年底增加5329万,增长率为23.7%。网约专车或快车用户规模达到2.17亿,增长率为29.4%,用户使用比例由23.0%提升至28.9%。如图1-18所示。

网约车市场经历资本驱动的急速扩张阶段,回归以全局为重的规范化发展道路。网约车新政给市场退烧,行业发展方向已定,各地实施细则兼顾城市发展调整准入门槛。其中,一线城市本地户籍、本地牌照的要求,有助于"城市病"的防控治理;中小城市不对户籍做限制,并且放宽对车辆本身的性能要求,在一定程度促进了就业的多元化。

公益传播

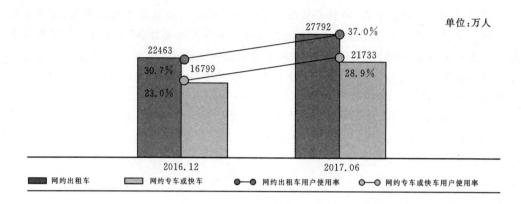

图1-18 2016.12—2017.06 网约出租车/网约专车或快车用户规模及使用率
来源:CNNIC 中国互联网络发展状况统计调查

共享单车

共享单车服务自2016年下半年起在资本的大力推动下实现了快速发展,小型共享单车创业公司不断涌现,行业头部品牌则在不足一年的时间里完成多轮融资。截至2017年6月,共享单车用户规模已达1.06亿,占网民总体的14.1%,其业务覆盖范围已经由一二线城市向三四线城市渗透,融资能力较强的共享单车品牌则开始涉足海外市场。

共享单车的蓬勃发展得益于三点主要因素:其一,移动上网设备的普及和移动网络环境改善为共享单车业务大范围铺开奠定了基础;其二,一二线城市公共交通网络虽然发展日趋完善,但仍不能覆盖到用户出行的"最后一公里";其三,国内良好的融资环境成为共享单车业务快速发展的催化剂,推动共享单车可以在极短时间内完成大范围铺开。

报告术语界定

网民:过去半年内使用过互联网的6周岁及以上中国居民。

手机网民:过去半年通过手机接入并使用互联网,但不限于仅通过手机接入互联网的网民。

电脑网民:过去半年通过电脑接入并使用互联网,但不限于仅通过电脑接入互联网的网民。

农村网民:过去半年主要居住在我国农村地区的网民。

城镇网民:过去半年主要居住在我国城镇地区的网民。

IP地址:IP地址的作用是标识上网计算机、服务器或者网络中的其他设备,是互联网中的基础资源,只有获得IP地址(无论以何种形式存在),才能和互联网相连。

网站:以域名本身或者"www.+域名"为网址的Web站点,其中包括中国的国家顶级域名".cn"和类别顶级域名(gTLD)下的Web站点,该域名的注册者位于中国境内。如:对域名cnnic.cn来说,它的网站只有一个,其对应的网址为cnnic.cn或www.cnnic.cn。

第二章

公益传播的发展演进

自 2008 年汶川大地震之后，中国民间公益慈善事业获得前所未有的发展；"郭美美事件"的爆发，令公众对官办慈善组织的信任跌至谷底；新媒体尤其是社交媒体的兴起使得众多草根组织得到了成本较低效率较高的传播工具。种种因素促成了学界与业界对公益传播的关注。2008 年被称为"公益传播元年"，公益传播伴随着媒介的创新与融合呈现出持续的活力与多样化的特征。

互联网技术的发明给人类社会带来了革命性变化。但是，在互联网技术兴起的前二十年中，它主要被商业和营利领域所用。第二代互联网（Web2.0）技术则因其参与、开放、透明和共享的属性为非营利的草根部门提供了广阔的机遇。Web2.0 和社会化网络技术的兴起催生了新兴的传播文化和传播潜力，使得这一技术具有了更广泛的应用性。如何顺应这一潮流，促进互联网技术在公益领域的应用，使这些新型的科技能够为基层社会、弱势群体和公共利益服务（而非仅仅为商业领域所用），进而促进美好社会的建设，成为摆在时代面前的重大需求。

从纵向看，在传播学史上，传统媒体时代与新媒体时代几乎是两个差异鲜明的时代，这种差异同样烙印在公益传播的发展轨迹上。从横向看，在国外，公益传播的发展往往伴随着此起彼伏的社会改良与社会运动，显得猛烈，而在中国，公益传播的道路曲折、取向温和。正如学者马晓荔、张健康所说，公益传播"所倡导的积极的价值观和符合人性的道德规范犹如一条承载人类共同情感和记忆的纽带，有一种文化整合的作用"。尽管中国公益传播的起步较晚、发展较慢，但不可忽视的是，公益传播这个领域越来越受到学界与业界的重视。本章主要以时间为轴，介绍中外公益传播的发展历史以及在不同时期的发展特点。

第一节　传统媒体时代的公益传播

一、传统媒体现状

从传播的手段上划分，人们习惯将传播信息的介质分为传统媒体和新媒体。传统媒体是相对于近几年兴起的新媒体而言的，以传统的大众传播方式即通过某种机械装置定期向社会公众发布信息或提供教育娱乐的交流活动的媒体，包括电视、报刊、广播三种传统媒体。

在国内方面，郑济飞、吴鸿芳、冯威在《科技传播》2011 年第 3 期发表的论文《浅析手机媒体对传统传播格局的影响》一文中提到，我们传统的新闻媒体都是大众传播媒体。大众媒体的特点是一点对多点，是一个人说，大家听。从早期小范围的人际传播发展到大众传播是社会的第一次进步。这种进步的内涵是集中的工业化取代分散的农业化，是个人融入集体，少数服从多数。这是社会发展的必然。报纸和广播代表着这种进步。同时，他们也认为，大众传播是点对面的传播，传播者是具体的点，是有组织的机构，而受众则是人数众多的不确定的面，而且是隐匿、分散、混杂和变动的，这样，传播者不可能获得系统全面的受众反馈信息，反馈通常都是间接的、滞后的、零散的[①]。

二、传统媒体下的公益传播

公益事业从古至今一直存在，从历史的脉络看，20 世纪初，世界各地零星地开始出现利用报纸、广播等进行抗争的社会运动与社会团体，媒介技术开始被运用来表达异议、为边缘群体

---

① 郑济飞,吴鸿芳,冯威.浅析手机媒体对传统传播格局的影响[J].科技传播,2011(3).

发声等。边缘社区、社会运动或草根组织使用媒介技术的情况开始被传播学者记录。而在中国,由于公益事业长期处于政府包办的状态,传统媒体时代的公益传播以官方制作的公益广告等方式为主。

公益广告,英语表述为"public service advertising"或"public service announcement",直译为"公共服务广告"或"公共读物公告"。公益广告作为广告形式的一种,也深刻影响着社会生活的方方面面,公益广告旨在保护社会公共利益,弘扬正确的世界观和价值观,通过这样的方式来促进社会的发展,使得一些突出的社会问题得到一定程度的缓解甚至是解决。自公益广告诞生至今,反对战争、预防疾病、提供社会救助、环境保护等焦点社会问题的呼吁和解决都是其关注的目标。

现代意义上的公益广告产生于20世纪40年代的美国,二战期间,现代广告人詹姆斯·韦伯·扬提出了广告的使命在于促进公众之利益,作为一种强有力的传播方式,广告可以帮助重建人们对商业及其赖以生存的经济制度的尊重①。不同国家由于社会、历史、经济、文化等方面的进程不同,其公益广告发展的模式也各有特点。西方发达国家由于其经济环境的快速发展,在公益广告方面便具有独特的模式。例如在美国公益广告的采用是以社会主导型为主,美国广告委员会伴随着整个广告行业的发展而在不断完善;韩国的公益广告主要采取媒体主导型,媒体在公益广告的发展过程中发挥着巨大的作用,只有电视媒体可以无偿发布广告,其他类型的媒体都是以价格折扣的形式进行有偿发布;而日本主要是企业主导型,即由于受美国模式的影响并在其基础上发展成一种新的模式。

在西方国家中,主要以美国的公益广告的发展模式最为典型。美国是公益广告的发源地,社会主导的模式从二战时就初具雏形。第二次世界大战爆发后,许多美国企业组建了战时广告委员会,委员会以大众利益和社会福利为奋斗目标。由于在经济和社会方面的发展较为成熟,公民的公益意识也相对比较成熟,因此公益广告的发展是由社会各方共同推动的。

美国公益广告的发展分为三个阶段:①1929—1933年的战前孕育阶段。由于世界经济的危机,美国的商业进入大萧条,广告行业也遭受到了重创,广告委员会奠基人詹姆斯·韦伯·扬在联合会议上进行了一次在美国广告发展史上具有重大意义的演讲,此次演讲促使了美国广告业发生了变革。②1941—1945年的战时发展阶段。二战时期,战时广告委员会成立并直接为美国新闻中心所领导,当时带有强烈的政治宣传色彩,广告的内容也是直接配合政府的宣传倾向,在这段时间发布了100多个广告主体,其中五分之一以爱国主义为主。③1946年之后的战后成熟阶段。这一时期主要以和平的公众利益服务为主,美国广告委员会从政府部门独立出来,在以后的时间里不断发展成为美国公共服务机构,逐渐形成一个根植于社会环境,依托社会力量的公益广告机构。

中国很早就有类似公益广告的传播方式,早在原始社会既有铸鼎榜示天下的做法,实际上已是早期的社会广告形式,也可以说是公益广告的前身。在公益广告的理论方面有众多的学者对其进行了研究。潘泽宏教授在2001年出版的中国第一部系统研究公益广告的专著《公益广告导论》中认为公益广告是:面向社会广大受众,针对现实时弊和不良风尚,通过短小轻便的广告形式及其特殊的表现手法,激起公众的欣赏兴趣,进行善意的规劝和引导,匡正过失,树立新风,影响舆论,疏导社会心理,规范人们的社会行为,以维护社会道德和正常秩序,促进社

---

① 李理.2005—2010年中美公益广告主题对比研究[J].中国报业,2013(1).

健康、和谐、有序运转,实现人与自然和谐永续发展为目的的广告宣传[①]。

1986年,公益广告《节约用水》在贵阳电视台创作播出,这则广告被认为是我国第一则现代意义上的电视公益广告。中国公益广告的发展也经历过一段时期的变化:

①1978—1993年是萌芽期,在这段时期内中国电视公益广告刚刚起步,虽然与发达国家相比差距较大,但是发展初期的环境比较好。1987年10月26日,央视创办的《广而告之》播出,被称为"微型栏目",该栏目首次明确规定了广告播出的时间和市场,即每天播出1~2次,时长为30秒至1分钟。改革开放使得我国在经济体制和政治体制两方面都得到了长足的发展,为下一阶段广告的发展打下了良好的基础。

②1993—2000年,这一时期是公益广告的快速发展时期。1996年6月8日国家工商行政管理总局《关于开展"中华好风尚"主题广告活动月的通知》,更是将全国电视公益广告活动推向了一个小高潮,这些活动都极大调动了全社会参与电视公益广告的积极性,产生了良好的社会效益,这个阶段电视公益广告发展速度非常快。

③2000年至今,央视具有一定的宣传导向,每年都会进行一个公益广告选题的集中展播。有学者对央视的公益广告进行了研究,公益广告的主题都是伴随着社会热点出现的,从"2005年节约用电"到"2008年奥运会和汶川地震",都具有一定的时代性。不管形式怎样变化,都是在政府的领导之下完成的,所以我国公益广告是政府主导型模式。

2008年被称为公益元年。这并不是说在此之前就没有公益。关键是在2008年之后,公益变成被社会所熟知的事情。当时,志愿者从全国各地源源不断地涌向汶川,这是一次声势浩大的行动传播,在国内开启了一个万众公益的时代。2010年,报纸开创国内第一个公益周刊,在相近的时间里有很多传统媒体,包括电视台、电台、杂志报纸的主流媒体开始开辟专门的版面、频道报道公益。但受制于传统媒体市场利润的下滑,就目前来看,大多数是轰轰烈烈地开始,悄无声息地结束。

第二节 新媒体时代的公益传播

依靠信息技术、计算机技术、移动通信技术支撑起来的新媒体,因其全新的信息传播方式,在短时间内对当代世界文化生活产生了极大影响。随着新媒体产业的繁荣发展,它的文化色彩也愈渐浓厚,新媒体文化以一种时尚、个性和开放的表达形式被人们普遍接受。

新媒体文化以新媒体技术手段为载体,最大程度地反映了大众日常生活实践、观念、经验、感受,因而能够成为在社会大众中广泛传播、为大众所广泛接受和参与的文化形式和内容。概括地说,新媒体文化是随着新媒介的出现,以新媒介为载体、以新媒介的表达方式为特征的当代社会特有的文化现象,具有强烈的草根性价值取向、感性张扬的精神特征以及双向互动的传播特点。新媒体文化中存在着许多非主流文化和隐性文化现象,其外延包括网络媒体、手机媒体、互动性电视媒体、户外媒体、楼宇电视、车载移动电视等。

空间被极度压缩,交往速度越来越快,新媒体打破了原有时间和地域的限制,空间的极度压缩使每个人所处的现实位置正变得无关紧要;地域、场景的空间真实存在逐渐淡化,身体的

---

① 潘泽宏.公益广告导论[M].北京:中国广播电视出版社,2001:166.

存在位置已经不是决定群体是否有共同经历的前提。在越来越多的事件中,身体可能是缺位的,但是人们却可以享有共同的体验。

新媒体将身处不同物理空间的人整合进共同的虚拟场景,可以把处于相同空间的人分离在不同的场景中,社会交往的线性模式被打破。但同时,新媒体对传播时效的不断追求也使得人们的交往向即时在线转变。人们的零碎时间被最大限度地整合,新媒体侵袭着人们的时间,使社会时刻处于即时在线的紧迫感中。

传统构词法被解构,新媒体解构式的语言形成和传播方式更多地表现出反规则、碎片化、去中心的特点。恶搞、嘲讽、质疑权威成为新媒体中一种常见的内容风格。大量短小、碎片化的信息,正在从不同方面质疑传统话语权威。于是,新媒体通过对不同语言碎片的反规则拼接,形成一种新的立体式的图景,建构着新的话语体系。很多网络词汇渐渐成了人们的口头语,无论人们是认可它的诙谐或者批判它的粗鄙,它已成为一种现象,渗透在网络乃至生活中的每个角落。

一、新媒体含义

"新媒体"这一词汇最早源自美国哥伦比亚广播电视网技术研究所所长 P. 戈尔德马克于 1967 年制定的一份商品开发计划,之后便迅速地在美国,乃至全世界范围流行。而联合国教科文组织对新媒体进行的官方定义为:新媒体就是网络媒体。与之类似的是把新媒体定义为以数字技术为基础,以网络为载体进行信息传播的媒介[1]。另外一个比较典型的对新媒体界定的主要内容为:建立在以计算机信息处理技术和互联网基础之上,发挥传播功能的媒介总和[2]。

《国家"十一五"时期文化发展规划纲要》(以下简称《纲要》)中指出,要大力发展数字化生产和网络传播来带动新兴文化产业,积极发展网络文化,鼓励互联网文化的创作和开发,拓展互联网文化的发展空间。《纲要》还指出,要大力推进以数字技术和互联网技术为核心的新兴行业,积极发展电子书、手机网络、数字电视、电影、手机报刊等。从《纲要》的内容可以看出新媒体目前在我国的发展地位。新媒体的发展伴随着三网融合的步伐,IPTV、手机电视和移动电视在国内迅速发展,尽管我国 IPTV 用户有限,但是它发展的速度在不断增加,消费者也开始承认这种新技术。在电信转型的趋势下,移动和联通运营商也在积极地寻找增值业务,开发新的技术,不断发展业务,同时手机视频、博客、微博、户外电视等新媒体也在不断发展[3]。

当前所指的新媒体,是与社交媒介更为贴切的媒介形式,如微信、微博、论坛、SNS 等,更多地表现为自媒体,它们具有以下传播特点:

(1)传播方式双向化。

传统媒体信息传播的方式是单向的、线性的、不可选择的。表现为特定的时间内由信息的发布者向受众发布信息,受众被动接受信息,缺少信息的反馈。这种静态的传播使得信息流畅性弱,传播效果不佳。而新媒体传播方式是双向的,每个受众既是信息的接受者,同样也是信息的传播者,进而互动性强,传播效果明显。

(2)接收方式从固定到移动。

无线移动技术的发展使得新媒体具备移动性的特点,通过移动互联网技术,用手机浏览网

---

[1] 蒋宏,徐剑. 新媒体导论[M]. 上海:上海交通大学出版社,2006.
[2] 宫承波. 新媒体概论[M]. 北京:中国广播电视出版社,2007.
[3] 张雪. 新媒体现状和发展趋势探析[J]. 新媒体研究,2016(10):23-24.

页、看电视等实现动态化,不仅仅局限于固定场所。

(3)传播行为更加个性化。

微博、微信、博客、播客等新的传播方式使得每一个人都成为信息的发布者,个性地表达自己的观点,传播自己关注的信息。传播内容与传播形式等完全是"我的地盘我做主"。个性化的传播方式让众人体会着发布信息、影响他人的快感。

(4)传播速度实时化。

相对于传统传播媒介的传播方式,新媒体的传播借助互联网技术,信息传播变得更加迅速,实时接收信息,实时做出相应反馈已不再困难。

(5)传播内容多元化。

从传统媒介到新媒体,最大的变化同时体现在传播内容的多元化和融合化,传统纸质媒体通过平面展示文字信息、图片信息,而如今,借助新媒体形式,同时传播带有文字、图片、声音等于一身的信息已成为可能,提高了信息量,提升了信息广度。

二、新媒体作用

1. 社会

(1)新媒体成为民众反映利益诉求、参政议政的重要平台。

我国正处于社会转型期,社会人群不断被多元化,各类人群有着不同的利益诉求。借助于网络,通过新媒体,社会发生的各种事情都能被上传到网上,普通民众可以跨越层层环节,直接把真实、完整信息传递给上层;各级党委、政府的领导干部,都能通过新媒体全面了解到社会所发生各种事情的真实情况,了解真实的民意,在政策制定中更好地兼顾各种利益、平衡各方利益,保障民权、密切党群和干群关系,促进了和谐社会建设。

(2)新媒体成为社会信息传播、危险预警的主要阵地。

与传统的新闻媒介相比,新媒体传递信息的即时性、全面性和互动性,为政策宣传、社会动员以及社会危险预警提供了更加快速便捷的条件,特别是一些特殊群体和敌对分子的活动信息,只要加强信息跟踪与动态监控,往往可以提前发现潜在的社会危险与不安定因素,做到防患于未然。

(3)新媒体成为加强舆论监督、推进行政体制改革的生力军。

新媒体时代的到来,扩大了人民群众的知情权、参与权、选择权、监督权,加强了社会对公权力的监督力度,提高了政府的责任意识、服务意识、民主意识。

(4)新媒体成为促进社会管理民主化的重要媒介。

现代社会是一个崇尚民主、注重个性的社会,新媒体特有的开放性、自由性、廉价性、匿名性,彻底打破了传统媒体对信息传播的垄断,为民意表达提供了崭新的平台,因而成为社情民意表达中最活跃、最有影响力的媒体。任何人都可以通过新媒体发布信息、发表言论,这促进了社会管理的民主化。

2. 经济

新媒体作为一种新兴事物在社会生活的方方面面都得到了广泛的应用,对社会各行各业的发展都产生了或大或小的影响。新媒体在现代社会经济的发展过程中发挥着积极的推动作用。本书将首先探讨新媒体的特点,进而对新媒体对社会经济发展的影响进行分析讨论。

(1)给市场与目标受众之间的信息沟通带来便利。

在信息时代,新媒体开放性、交互性、信息传播渠道多样性等特征给经济市场与目标受众之间的信息沟通带来极大的便利。信息更新速度不断加快,消费者无时无刻不处于经济市场各类产品和服务信息的包围之中。这就使得经济体通过新媒体途径实现了与消费者之间的长期信息通畅,帮助其更快速、更准确地获取消费者市场信息,进而帮助企业等社会经济组织及时调整经营管理战略,制定以提升自身经济效益为目标的发展规划。同时,为了扩大自身的社会影响力,树立良好的形象,吸引更多的消费者,很多经济体都开始利用新媒体平台来开展品牌宣传、网络推广等经济活动,通过新媒体直接向消费者推广自己的产品和服务,从而直接获取经济效益。

(2)改变了人们的消费习惯和消费方式。

随着互联网的普及和广泛应用,越来越多的经济活动开始在网上开展,最具代表性的就是网购。尤其是新媒体时代的到来使得微信、淘宝等客户端成为人们进行网络购物的最佳选择,这在很大程度上改变着人们的消费习惯和消费方式。主要是因为在进行网络购物时人们只需轻点鼠标而不是现金支付就可以完成账务支付,也免去了上街购物时的辛苦,方式更加便捷,大大激发了人们的购物欲望,可以说网购是消费者的福音。尤其是新媒体的出现,人们只需通过手机动动手指就可以完成网络购物。由此可见,新媒体的出现对消费者的消费习惯和消费行为都产生了一定的影响,对于电子商务等行业的发展具有很好的推动作用。

(3)带动电子商务等行业的经济发展。

如前文所述,新媒体的出现以及网络的普及和广泛应用给网络购物带来了契机,这就给网络购物相关的行业如电子商务、物流等的经济发展带来了机遇。随着新媒体产业的不断扩张与快速发展,电子商务、网络服务、物流服务、经营推广等行业也得到了快速发展。最具代表性的就是电子商务和物流服务,网络购物的普及使得越来越多的人从事电子商务行业,其涉及的领域和类型也越来越丰富,并且逐渐成为我国经济发展的重要组成部分。

(4)催生了新媒体经济。

新媒体的发展及其在各行各业的渗透催生了新媒体经济这一新型经济发展形式的产生。它主要基于新媒体环境的开放性和互动性,以新媒体经济终端为媒介进行经济信息的传播,同时也增加了信息的互动性。新媒体经济在很大程度上减少了传统经济发展方式中的设备成本,人们发布和传播信息的成本被大幅降低,而且对数据处理的效率得到了很大的提高,这就给新媒体经济的发展带来了便利,推动新媒体经济朝着信息化、数字化的方向发展,从而促进社会经济的转型。

3. 文化

在多元化共识达成的过程中,政府、社会精英与普通公众都在新媒体平台中"发声"。普通公众能够通过新媒体及时接收信息,了解事件真相,同时也能够自主地参与到讨论中来。社会精英可以提出具有建设性的意见与建议,营造良好的协商氛围,使讨论更为理性,助推共识的达成。

4. 政治

新媒体成为反腐倡廉重要的渠道。公民借助网络通过新媒体参与反腐,是对制度性反腐的重要补充。让人民监督政府,政府才不敢松懈。

三、新媒体传播的基本特点

1. 超媒体性

超媒体性是指在多种媒体中非线性地组织和呈现信息。新媒体可以为信息使用者提供文本、图片、声音、影像等多媒体信息,这些多媒体信息同样按照超文本的方式组织。用户通过

"点击"不仅可以获得相关的文本信息,还可以获得相关声音、影像信息,这便是新媒体的超媒体特性。

虽然并未真正实现多媒体信息的任意转换和链接,但超媒体信息服务的确是新媒体发展的方向。随着计算机芯片微型化和媒介融合,手机、数字电视等装有微型计算机芯片的新媒体也可以像电脑一样连接至互联网,成为与互联网相连的信息接收终端。超媒体信息服务将会成为各类新媒体提供的基本服务。

2. 交互性

交互性是新媒体区别于以往媒体的最突出特点。它包括两层含义:信息发送者和接收者之间的信息交流是双向的;参与个体在信息交流过程中都拥有控制权。面对面的信息交流、电话就具有很强的交互性;而作为大众传播媒介的报刊、广播、电影、电视,其信息的传播具有单向性,信息反馈不方便。交互性则是新媒体最突出的优势之一。

数字技术使新媒体中信息采集、制作非常简单。网络的普及为人们提供了廉价的传播渠道,这就使任何拥有互联网信息终端的个人既可以是信息的接收者,也可以是发送者,真正实现了信息的双向交流。新媒体的超媒体性使参与者对信息交流过程具有平等的控制权,参与者可以依据自己的兴趣和需要选择性地交流信息。由此可见,在新媒体环境中,交流双方真正实现了信息的交互传播。

3. 超时空

新媒体利用连接全球电脑的互联网和通信卫星完全打破地理区域的限制,只要有相应的信息接收设备,在地球任何角落都可以接收到由新媒体传播的信息。另外,无线网络的发展,还使新媒体随时随地地接收信息。

新媒体还大大缩短了信息交互传播的速度,甚至实现了信息的"零时间"传播。传统大众媒体的信息交流是单向的,受众不能直接进行反馈,只能利用其他媒介,如书信、电话等进行。新媒体的在线评论功能使信息反馈的时间大为缩短,电子邮件可以将任何信息在几秒钟内传至全球任何一部互联网的信息终端,即时通讯服务则完全消除了交流双方之间在时间上的间隔,使信息的交互传播突破了时间限制。

4. 个性化

新媒体提供点对点的信息传播服务,使信息传播者可以针对不同的用户提供个性化服务。在新媒体环境下,信息终端在网络中都有一个固定的地址,如 IP 地址、手机号、电子邮箱地址、QQ 号码等,传播者可以根据地址确定一个或多个用户向其传播特定信息。

5. 虚拟化

利用各种软件,人们可以方便地修改文本、图片、动画、Flash、电脑游戏中的任何信息,例如数字电影中的文字、声音、影像都是由技术人员利用数字技术模拟真实世界信息制作出来的。

新媒体的虚拟信息传播不仅指信息本身的虚拟性,还指传播关系的虚拟性。人类之间信息传播的目的是在人与人之间建立关系,进行信息的沟通和交流。在传统媒体环境下,传播者和受众的角色是特定的,至少传播者的角色是特定的,人们知道信息的来源。然而在新媒体环境下,传播者和受众的角色大部分是虚拟的,交流双方的信息对彼此都是未知的。所以建立在虚拟数字信息交流基础上的人际关系也具有一定的虚拟性,而这种虚拟的人际关系将极大地改变传统社会的人际关系模型。

四、新媒体传播的优势

1. 传播的复合性

新媒体传播的复合性,表现在以下几个层面。

(1)传播形态与形式的复合性。

传统的传播媒介既有电话等人际传播媒介,也有报纸、广播、电视等大众传播媒介。而网络、手机等集多种传播形态于一体,因此是一种复合性媒介。它们所承载的传播形态包括人际传播、群体传播、组织传播与大众传播等,各种传播形态之间形成了复杂的相互交织、共同作用的关系。

新媒体中的传播既可以是"点对面"的,也可以是"点对点"的。一条信息的传播可能会跨越多种传播形态,在网络、手机的多个传播渠道中进行多级传播,所以新媒体传播常常是"复合式"传播。

在这样一种复杂的传播过程中,一方面,传播者可以根据自己的需要来选择传播方式的组合,以求实现传播效益的最大化;另一方面,由于多种传播形态及形式的复杂关系及其相互作用,传播者的意图往往未必能得到充分实现,受众对传播过程的影响十分明显。

(2)传播信息手段的多媒体融合。

多媒体融合有两个层面的含义:一是指网络、手机等平台可以承载任何一种形式的信息,也就是一个平台可以整合多媒体信息;二是指在有关某一事件或主题的新媒体传播中可以综合运用多媒体手段。这种多媒体融合也是媒介融合的基础。

(3)传播功能的多重性。

由于网络、手机等媒介有多重传播属性,它承担的传播功能也是复杂的。这些功能主要包括以下几种:

①个人层面:包括环境认知、人际交流、个人情绪的调节、"人脉"资源的积累、自我形象的塑造、个人生活平台、个人学习平台、个人工作平台等。

②群体层面:包括已有群体的维系、新群体的发展、群体文化的形成与维系、群体间的互动等。

③组织层面:包括组织的工作平台、组织内的信息沟通、组织文化的形成与维系、组织外的信息传播、组织的对外公关等。

④社会层面:包括社会信息的传播、社会舆论的形成、社会环境的监测、社会文化的发展与传承、社会服务等。

很多时候,以上功能并不是彼此独立的,而是相互交融、共同作用的。

2. 传播的双向性

传统的大众媒体的传播都是单向的,以传播者为主导,受众即使可以做出反馈,但在范围与程度上都是有限的。而网络、手机等新媒体使得平等的双向交流成为可能,这种双向交流的能力也往往被人们称为"互动性"。

从新媒体传播的发展方向来看,传播者与受众两者之间的关系,已经不再是简单的反馈与交流,而是一种你中有我、我中有你的共同协作。他们之间的关系已经从"互动"变成了"共动"。

3. 传播的开放性

从时间上看,与传统媒体相比,新媒体可以全天候地处于信息发布状态中,对于突发事件或动态发展事件的报道,可以做到即时发布、全过程跟踪、不间断报道。这种开放性与受到出版周期、播出时段等限制的传统媒体相比,形成鲜明对比。

随着新媒体技术的发展,新媒体传播模式也发生了一些变化,从新的传播模式角度看,其开放性体现为:新媒体不再仅仅以某些网站为中心,而是以每个用户为节点、以人际关系网络为传播渠道。

4. 传播的多级性

传统传播存在"多级"传播,新媒体传播更是如此。与传统媒体的多级传播不同的是,新媒体的多级传播中,一级之后的传播通常是在媒体之外完成的。而网络、手机中的多级传播可以全部利用网络或手机媒介实现。因为这两个媒介本身就兼具了人际传播、群体传播等功能。

传播的多级性,从另一个角度来看就是传播的多次性。技术本身的特性使再传播变得异常简单,而且传播面可以与初次传播一样,甚至更广。尽管有时再传播者与受众是同一实体,但其角色却是不同的。再传播者有时只是简单地进行传播,但更多时候还充当着内容的再加工者的角色,他们在进行再传播时可能根据自己的需要对原始内容进行加工,或者将自己的意见、态度等用某种方式附加在原始内容之上。

第三节 公益传播发展的新形态

传媒公共性问题的提出,在互联网日渐普及的情势下显得特别有意义。互联网有别于传统大众传媒,它独立和互动的形式,以及其纵横交错的网络功能,让它表现出广泛的公共性,也让它在传媒公共性的发展进程中起到愈来愈重要的促进作用。这种促进作用,在大众传媒受制于权力中心的社会,表现得特别明显[1]。在大众媒体时代,这种核心价值主要由电视、广播或报纸的传媒人在主流媒体中来践行。而在 Web2.0 的时代,草根公民的个人媒体行动,体现了公民媒体的社会价值。到了微博时代,大众媒体的从业者也纷纷出现在这个公民媒体平台上,试图寻找各自东家之外的发声渠道,来参与公共议题的讨论。而草根公民则利用这个平台,不仅加深不同 NGO 之间的合作,更与主流媒体实现了有效对接。微博平台上的公民传播者,不仅实现了跨领域的合作,也实现了不同媒介形态的整合传播[2]。

一、公益新媒体

目前的公益传播已经进入公益新媒体阶段,我们一般把新媒体定义为区别于传统媒体的新型媒体,包括"第四媒体"互联网和"第五媒体"移动网络。广义上则包括了依托于互联网、移动通信、数字技术等电子信息技术而兴起的所有媒介形式,如电子书、电子纸、数字报、IPTV等。这一阶段开端于新浪微博的兴起。2011年,以"免费午餐"等民间公益项目为代表的民间公益力量,通过新媒体、新技术的手段,产生了前所未有的影响力,其中尤其是微博等新兴社会化媒体的传播,引爆了整个社会参与公益的发展趋势,"微公益"等全新概念深入人心。这一系列事例在唤起整个社会对公益慈善领域的高度关注之外,使中国民间 NGO 组织也受到广泛关注,也让更多人开始探究新技术以及新媒体在公益事业中结合运用的问题,以及未来即将继续发挥的作用。据新浪微博社会责任总监介绍,新浪微公益截至 2013 年年底共计做了 8548

---

[1] 陈韬文,黄煜,马杰伟,萧小穗,冯应谦.传媒的公共性是传媒研究的核心议题[J].传播与社会学刊,2009,5(8):3-5.
[2] 任珏.从公众新闻、公民媒体到公益传播[M]//南方传媒研究.广州:南方日报出版社,2011.

个项目,跟 74 家公募基金会合作,累计募款超过了 1.74 亿,已有超过 400 万人有直接的微公益行为。其中,2013 年新浪微博发起的"微博益起来"活动动员了 100 多个明星参与,调动网民 1.81 亿人次,共发起 1000 多个公益话题,同时带来了 2000 多万的捐赠①。

社会化媒体给公益创新带来革命性冲击。微博之外,人人网等社交网站也有公共主页,很多公益组织也都在人人网上设置了公益主页。目前,阿里巴巴、腾讯、新浪微公益和支付宝等几大网络平台均和各基金会联合发起捐赠通道,开创了中国公益众筹的模式。视频网站也在逐步开设公益频道。

另一个值得关注的现象是,随着 2013 年国家对网络舆论的整顿,微博活跃度明显下降,微博公益也随之进入相对低潮。同时,截至 2016 年年底微信用户数量已突破 6 亿。随着微信的出现和快速崛起,微信公益成为公益新媒体的重要表现形式。

一方面,微信成为公益事业资源整合的平台。微信平台现已打通腾讯公益平台,开通微信支付捐赠,用户可通过余额宝支付的方式向"抗战老兵关怀""贫困孤儿助养"等几十个公益项目捐款。如壹基金发起的"困境儿童关怀"项目已经在微信平台上实现近 90 万人次共计历史捐款 4000 多万,爱德基金会发起的"贫困孤儿助养"共计近 9.8 亿元捐款,598 万人参与捐款②。事实上,无论是微博还是微信募款,当下都面临法律困境。根据相关法律,地方性公募基金会的公开募捐活动只能在登记注册地行政区域内开展。因此,包括壹基金在内的地方性公募基金的新媒体公益募捐行为在目前都是法律真空。

另一方面,大量公益组织和公益媒体纷纷开通微信公共账号推送组织活动、行业资讯、机构招聘等信息,无论其定位是理念传播或资源链接,都在一定意义上实现移动互联网环境下的自媒体传播生态。

据《第 40 次中国互联网络发展状况统计报告》,截至 2017 年 6 月,中国网民规模达 7.51 亿,半年共计新增网民 1992 万人。互联网普及率为 54.3%,较 2016 年年底提升了 1.1 个百分点;中国手机网民规模达 7.24 亿,较 2016 年年底增加 2830 万人③。自媒体时代,人人都是传播官。大家随时随地可以在自己的微信、微博、社交网站、交流群、朋友圈等,随时用图文"发言"、表达心情,描述自己在工作和生活中遇到的种种事情;或者在网站、群里发表文章,发起问题讨论或辩论……这些,对于关注公益报道的记者而言,既是重要的新闻线索和信息来源,更是最直接、便捷联系到新闻当事人的方式。"自媒体"作为一种信源、传播媒介与传播者合一的媒体,其出现开启了"个人新闻"时代的到来,它虽然由单个的信源构成,却在某种意义上实现了新闻的公共性。

公益事业是复杂而专业的,远不是一般人们所想的"做善事"能够概括。求助群体在反映问题时,常常带着一些焦躁、不满,甚至很偏激的情绪,他们的心情可以理解,但要真正做好公益慈善报道,还必须宣传普及国家的法律法规。为此,记者编辑在这方面要做大量的疏导工作,但由于传统纸媒的限制,时效性和传播性不如互联网来得快,这时,编辑记者自己的"自媒体"就可充分发挥作用。针对某个突然出现的问题或呼声,记者在完成采访、写出文章上杂志版面外,还相继在自己的"自媒体"如微博、微信中,简略阐述文章概要,帮助筹集更多善款和资源。

---

① 新浪微博社会责任总监在 2013 上海慈善论坛上的发言稿。
② 数据截至 2017 年 8 月,来源于官网。
③ 中国互联网信息中心的《第 40 次中国互联网络发展状况统计报告》。

二、社会化劝募

自媒体公益还掀起了社会化劝募的热潮。如新浪微公益平台于2012年首创中国"社会化劝募"局面,微公益集结广大网友、名人明星、公益组织、媒体、企业等各方力量,成就了影响力巨大的网络公益众筹平台。截至2014年11月,微公益影响5.37亿微博用户,获得2.3亿筹款总额。微公益免费为国内90家知名公募机构提供了网络劝募和品牌传播的服务,统计共完成391万捐款人次、13910个微公益项目,发起94470个公益话题,爱心用户重复捐款率到达26.7%,页面有超过100万的日访问量。

2014年的新浪微公益不得不提的一个经典事件是冰桶挑战。这是一个基于社交媒体平台,由民间自发形成的一轮跨界传播热潮。新浪微公益执行主编回忆:"8月17号早上,我们开始接手冰桶挑战话题,经过我们产品团队的努力,到当天晚上11点,整个项目上线只用了40分钟,保证了项目与话题热度同步。冰桶挑战很快在IT圈,从雷军以及一些企业家,迅速延伸到或者说传递到像刘德华、王力宏、周杰伦这样的明星大腕。明星参与当天,感觉就像病毒似的,多到监控不过来,实在太多了。这种活动期间,超过200位明星发布微博@项目链接,33位明星捐款,明星捐款超过36万元。我们接触的一些媒体,像京华时报、法治晚报、央视新闻和人民日报都参加冰桶挑战,公众参与公益事业的积极性是值得肯定的,全民参与公益事业的热情再一次被点燃。"

借助新媒体时代的到来,公益互联网众筹在2014年风头一时无两。"众筹"是互联网时代催生的新筹资模式,每个人或公益组织均可在众筹网站发布创意或项目计划,通过网络平台面对公众筹款。《2014年中国公益众筹研究报告》显示,2014年中国公益众筹市场规模达到1272万元,投资人主要集中在北京、上海、广州、深圳等发达城市。报告显示,综合类公益众筹平台是推动整个公益众筹市场发展的主力。在过千万的市场规模中,淘宝众筹和众筹网分别占到40.41%和39%,处于市场领先地位。2014年众筹成功的公益项目达到299个,众筹网占53.18%,其次是追梦网占20.07%,淘宝众筹占18.6%。在项目领域方面,爱心帮扶类项目占比最高,达43.48%,助学类项目占26.96%,环保/动物保护类占10.43%,创新/跨界类占13.48%,扶贫/救助类占5.65%。2014年有超过2万人次在众筹网参与公益众筹项目投资,人均支持金额约405元。约70%的用户支持金额在50元以内。来自移动端的投资呈现上升趋势,占49%,PC端为51%,公益众筹的社交属性明显[①]。由于公益众筹发起门槛较低,对发起人的资格认定较宽松,使项目可能存在一定的违约风险,大平台将更多地承担起项目及发起方审核的责任,建立起具有公信力的品牌形象,吸引更多公众的关注和捐赠。

自媒体公益的特点还表现为从微博平稳期急速转入微信兴盛期。微信的迅猛发展,可以说是"自媒体"从普及到迭代的一个标志。较之博客、微博,微信的私密性更强,在同样几乎不需要信息生产成本的前提下,微信使大量普通人也可以轻易组建自己的新闻发言圈,在广泛搜集社会意见的基础上,向熟人社会表达自己的话语领袖风范。根据腾讯企鹅智库发布的《微信平台首份数据研究报告》,微信逐渐成为人们生活的一部分,平均每天打开微信10次以上的用户达55.2%,每天打开微信平均次数超过30次的重度用户占25%。超过1000万微信用户通

---

① 2014年中国公益众筹规模超千万[EB/OL].[2015-01-25]. http://www.chinanews.com/cj/2015/01-25/7002491.shtml.

过公益平台进行了捐款,其中95%的月均捐款额度在100元以内,属小微捐款公益模式①。

三、社会动员

个体公民或公益组织通过公益传播促使目标人群认同其公益价值与目标,从而共同参与行动,因此公益传播是一个说服过程,是一个建构认同的过程,也是一个进行社会动员与资源募集的过程。传统媒体时代,社会动员主要因主流媒体的关注而起,或因组织自制材料的讨论与传播而起;新媒体时代,由于社交媒体病毒式传播的助力,社会动员的掀起则变得容易且迅猛。无论如何,若问当今公益组织的核心竞争力是什么,答案便是社会动员能力。

在传统媒体时代,公益广告是公益传播的主要方式。中国公益广告出现于何时,业内学者众说纷纭,比较一致的看法是:中国自大禹治水开始,就出现了早期的公益广告,据《左传·宣公三年》记载,大禹铸九鼎以告天下,教民识猛兽毒虫。这种社会广告实际上是公益广告的前身(陈培爱:《中外广告史》,中国物价出版社1997年版,第9页)。早期的公益广告比较粗糙和原始,广告形态并不十分明显,由于社会形态的不同,和当今社会相比,古代的公益广告活动带有比较强烈的封建色彩,为统治阶级服务的目的比较明显(陈洪波:《扫描中国公益广告三十年》,《新闻爱好者》2008年10月下)。

我国的公益广告初级形态始于中华人民共和国成立初期。当时,我国建立了报刊发行机制,标志着真正的大众传媒时代来临。最早的现代工艺广告主要用于军事、社会建设、卫生保健等相关社会事务。1998年,贵阳市节水办和贵阳电视台联合发布了我国第一个电视工艺广告"节约用水",这是我国首个经过专业艺术创作的电视工艺广告,播出后引起了社会的强烈反响,节水意识深入民心,社会动员的作用凸显。这个广告可以说是我国真正意义上的第一个现代公益广告,由于其产生的影响力巨大,推动了中央电视台《广而告之》栏目的出现。

改革开放到如今,公益广告的发展已日趋成熟,不管是以环保题材为主,还是以故事化的方式进行陈述,传统的公益广告展现方式已与新媒体的发展交相呼应,并且也成为了新媒体公益传播中不可缺少的元素。

在新媒体时代,互联网技术的快速发展,众多的公益项目以"病毒裂变"的方式进行传播,微博与微信的运用,线上与线下的结合,在虚拟与现实之间影响着受众参与其中,并推动了公益事业的发展。在西方国家,许多公益项目都会发起"Campaign",即战役、社会动员的意思,它不仅可以让某一社会问题引起大家的关注,而且能影响到许多人的行为,从而为社会的积极改变而共同努力。在中国也有很多类似的公益项目出现,并对社会造成了一定的积极影响。

"一个鸡蛋的暴走"公益项目是由上海联劝公益基金会于2011年发起的公益徒步筹款活动,旨在为多个儿童领域的民间公益项目筹款。步入第七年的"一个鸡蛋的暴走"在2016年再次获得了成功,通过动员社会各界人士,尤其是中高层白领以徒步的方式为公益项目筹款,"身体力行,创意筹款,快乐公益"的定位也获得了许多媒体的关注。该项目累计超过11859名志愿者,实现了2252万元的爱心款,直接资助了20个省(直辖市、自治区)101家民间公益机构,157个儿童领域公益项目,帮助超过27万孩子②,这个社会动员项目已经逐步变成了上海一年

---

① 解密微信:微信平台首份数据研究报告[EB/OL].[2015-01-27]. http://tech.qq.com/a/20150127/018482.htm#p=1.

② 近4000人浦东徒步50公里为儿童筹款[BE/OL].[2016-04-25]. http://gongyi.sina.com.cn/gyzx/zx/2016-04-25/doc-ifxrpvea1165611.shtml.

一度的公益盛会,成为了上海影响力最大的公众筹款活动之一。著名媒体评论员笑蜀曾说过,"亿万人的围观,亿万人的目光聚集,就能聚成世界上最大规模的探照灯,就能一点点穿透特殊利益的高端,一点点照亮我们的现实,一点点找出我们的未来"。

案例分享一:"小朋友画廊"最美刷屏,不用炫技,就轻易刷爆朋友圈的秘密
——一个现象级公益传播案例的诞生

第一部分①

"无暇的艺术,每一个背过面的转身,都有她的故事。愿你一直拥有好心情,装满五颜六色在心里,把心中的世界画给你看,他们对于世界,有我们没有的想象力,只要有希望,世界就可以被照亮。真的很漂亮的画,上帝关了沟通的门,却给你开了一扇艺术的窗。"

去"小朋友画廊",用一块钱鼓励他们的天真与天赋。

这条名为《去"小朋友画廊",用一块钱鼓励他们的天真与天赋》的html5,在短短几个小时的时间里刷屏了无数人的朋友圈。参与的界面很简单,左右滑动可以看到不同的画作,他们年龄各异,所患的病也各不相同。在每幅画底下,还有关于这幅画的一个介绍。点击语音按钮,还能听到作者对于自己作品的介绍——"这幅画讲的是……谢谢你喜欢我的画"。

那么,这一次刷屏事件的幕后,是怎样一个公益机构呢?

这是一家名叫WABC无障碍艺途的机构,他们的目标是"寻找中国的梵高"。一直以来,WABC无障碍艺途为心智障碍人群提供免费的艺术疗愈课程,帮助他们实现自己的梦想。

其中许多特殊学员通过长期的努力,克服了数倍于常人的困难,打开了他们的心灵,用绘画展示了他们的美丽世界。于是,就有了大家今天看到的各种充满想象力的美好画作。"用艺术点亮生命",是2017年99公益日WABC发起的筹款项目。这次的刷屏html5,也是为了这个项目发起的一次筹款传播。

通常,一个成功的html5往往具备一些特质,这些特质主要包括:有质量,即内容充实有意义、画面流畅、交互性强等;有创意,即有趣好玩的同时紧跟热点;有价值,即在精神层次抓住读者的感情诉求点,与之产生共鸣。

有人在朋友圈里说了这样一段话:"特别棒的体验,可以扫码看看。一元购买心智障碍者的画作,可以作为屏保,还会收到作者或老师的语音答谢。很多画都很棒!"我们发现,刷屏的这条html5,从创意、质量和价值上来说都有它相当独特的地方。

史特曾经说过:"你提供的讯息不只要震撼人心,还要同时能引起共鸣,具有娱乐效果。"与传播的道理一致,好的传播需要有震撼力的载体,但也要避免过度的载入。

如果将一个作品总结成公式,那可能是:一个可能优秀的呈现=故事源+创意载体+互

---

① 该素材是将2017年8月29日CM公益传播公众号推文《"小朋友画廊"不用炫技,就轻易刷爆朋友圈的秘密》与广州市社会创新中心公众号推文《最美刷屏,一个现象级公益传播案例的诞生》进行了整合,分为第一部分和第二部分,特此表明。

动。故事源是想要呈现主体的核心内容，而创意则是帮助用户理解的表达形式，当作品产出与用户实现良好的互动体验，才能打破原本屏幕与人之间存在的冰冷触感，让温暖人心的故事透过屏幕，通过每一次互动，直指人心。

一点思考

总之，如果目标是筹款，那这次传播毫无疑问是成功的，但依然要注意后期项目的透明化等问题。

可以说，刷屏的"小朋友画廊"是一个很棒的公益筹款创意，它把更多的朋友调动起来，把每个人与公益的联结和参与从0变成1。借助技术的力量，让公益参与走进大众，是更多的公益机构在做传播时应该考虑的。

但是，与此同时，我们要注意——募捐，募的是钱，更重要的，还是对公益的认识和参与。

第二部分

南都记者采访到了腾讯公益相关负责人以及WABC无障碍艺途的创始人。

腾讯公益对南都记者表示："用艺术点亮生命"由上海艺途公益基金会（WABC）在腾讯公益平台上发起，由具有公募资质的深圳市爱佑未来慈善基金会负责善款接受。根据《慈善法》规定，慈善组织通过互联网开展公开募捐的，应当在国务院民政部统一或者指定的慈善信息平台发布募捐信息。

用户每购买一幅自闭症儿童的画作，就相当于向腾讯公益平台上的"用艺术点亮生命"公益项目进行了捐赠。该项目旨在消除社会偏见，帮助患有自闭症、脑瘫、唐氏综合症等特殊人群改善生活，融入社会，实现自我价值，相关善款将用于帮助这些受助群体。

为确保更好的后续监督和执行，用户捐赠的善款不会进入腾讯公益，将直接存入接受善款的公募机构账户。

项目发起机构"WABC无障碍艺途"的创始人苗世明对南都记者表示：很惊讶，没有想到会刷屏。但很开心，能帮助孩子们展现自己潜能，这次刷屏也说明了公众对他们认知的提升。这36幅画是从10个城市的小朋友作品中筛选出来的。"小朋友"画廊不仅可以在线上购买，8月30日在南京还有线下的互动体验活动，9月1日在上海外滩还为他们举办画展。

这个活动从8月17日开始募款，在通过链接、图片等形式在朋友圈传播后，该项目的募款参与人数、金额飞速上升。这次慈善活动30分钟参与人数增加了100万，每分钟善款增加了5.45万①。

12:00 参与人数2048462，已筹8410768.71元（56%）

12:15 参与人数2522987，已筹9073321.08元（60%）

12:30 参与人数3086894，已筹10046875.15元（66%）

13:00 参与人数3673744，已筹11095682.75元（73%）

14:13 参与人数5801683，已筹15028496.79元（完成筹款目标）

对这样一个现象级的公益传播案例，中山大学传播与设计学院副教授、广州市社会创新中心理事长周如南认为，这一经典传播事件足以媲美"冰桶挑战"，对公众的公益启蒙起到非常好的效果，打破了公益传播不出圈子的局面，值得写入教科书。虽然存在事件热度大于机构品牌

---

① 数据来源：腾讯公益"小朋友画廊"刷爆朋友圈[EB/OL]. [2017-08-29]. http://ef.zhiweidata.com/app3/dist/?from=groupmessage&isappinstalled=0#/analyse/9793eb6a9d5138e310000967.

传播的小遗憾,但如果本次传播目的是公众筹款就瑕不掩瑜。周教授认为,这一事件的成功的经验包括:

第一,儿童公益元素触动人心,强烈代入感的故事叙事手法引起公众共鸣。当前空洞或苦情的公益口号已经较难再引起人们的兴趣和关注。而儿童故事特有的亲切性、正向性和传播性,使其成为抢占人心的有效工具。讲故事被大量运用在传播和管理的各个方面,成为告知和说服的最佳工具之一。"精智障碍"+"小朋友画廊"议题本身较容易引起公众共鸣和情绪。

第二,良好的产品形式推动了事件本身的自动病毒式传播。儿童绘画作品的产品化,捐赠即可随机获得绘画作品作为屏保壁纸,这种捐赠回馈简单直接清晰。只需要一分钟不到的时间,公众扫码、捐赠、生成页面、转发朋友圈一气呵成,而且是个性化专属署名页面。这种用户体验极佳的轻产品也是传播成功的关键因素。

第三,公众的自我效能感被轻松唤醒并充分满足。自我效能感是指个体对自己是否有能力完成某一行为所进行的推测与判断。该事件的规则设置中,最低只要一块钱,就能得到一幅很美的绘画作品做手机壁纸。对公众而言,参与门槛低、成本小而自我成就感高,调动了公众传播动机。

第四,微信朋友圈作为半开放性空间带来话题刷屏"惯性"。当"小朋友画廊"筹款在朋友圈瞬间成为爆款和时尚,公众在微信朋友圈对"正能量"事件的转发行为本身,也是自我形象管理的一部分,同时自我传播规律开始发挥作用。包括基于群体压力和落伍感恐慌的从众心理、基于阴谋论的质疑、基于专业性的反热点行为(比如有人开始刷专业贴,如《知乎专栏——我反对所有将自闭症儿童的一切浪漫化理解的行为》)和基于相关性的"蹭热点"(比如NGO2.0和CM公益传播即时快评、《小朋友画廊刷屏背后》等深度旧文重发、微店WABC商城绘画作品实物链接转发)等,让事件和话题持续升温中。

第五,平台背书与流量风口。腾讯公益的公信力背书和推送也起到一定的助力作用。但同时,项目发起方、资金代管方和平台方都需要注意防范的互联网公益爆款可能带来的传播风险,及时做好信息和财务的公众披露。

案例分享二:"小朋友"画廊刷屏背后:带你认识保有原生力量的 WABC 和苗世明

今天一早,造小就的朋友圈被"小朋友画廊"的公益广告刷屏了[①]。这些画以及他们的作者,正是造就演讲者中的一位,而且时间正好是一年前。

苗世明是 WABC 无障碍艺途的创始人,他一直在坚持做的,是去挖掘这个人群背后巨大的原生创造力。

封面的这张画叫《大海》,每次看到它内心都充满了抑制不住的感动。感谢他们的坚持,感谢他们去寻找人世间的自然之爱,感谢!

今天我来给大家分享一下我的故事。

7年前的一个事情对我产生了很大影响,从那时开始我就在寻找一个原生的世界。话题

---

① 该素材来源于造就公众号 2017 年 8 月 29 日推文,http://mp.weixin.qq.com/s/s5o0ODed43y8FOadsgjLrA。

图 2-1 苗世明，WABC 无障碍艺途创始人的感悟

就先从我小时候开始讲起吧。我大约是 3 岁的时候开始有一些意识，那时主要感觉到的就是我的爸爸妈妈经常在吵架。我的整个童年都处在家庭的纷争中，所以我的情感很多都是放在家以外的东西。

在我印象里，我更喜欢跟外面的朋友玩，喜欢一些小动物，还喜欢看一些风景，但是就是不喜欢回家。有一天我妈妈给我买了一只小鸭子，毛茸茸的活的小鸭子，我特别喜欢它，因为它身上有一股香香的味道，生命的味道。我每天都会去闻闻它，感觉很开心。

那时我大概 5 岁，可我养了还没有几天，突然有一天中午，找不到这只鸭子了。我当时住在姥姥家，和舅舅、妈妈都在一个平房的院子里。我听到舅舅在喊这是谁的小鸭子，我赶紧跑过去。但是等到我到达的时候，我看到的那只鸭子已经变成一个相片了，就是我舅舅一不小心把它踩扁了。因为我不知道怎么去表达自己的情感，我非常痛苦，就失声大哭，手里还捧着这只鸭子。

我舅舅当时的反应实际上对我也非常有影响。他很平静，或者说很冷地问这个鸭子多少钱。因为我记得妈妈告诉我是 5 毛钱买的，就随着那个气氛说 5 毛钱，我舅舅就拿出一张崭新的 5 毛钱塞给我。看到这个 5 毛钱，我哭得更厉害了，因为我觉得钱是不能代表生命的。从那以后，我曾经很长一段时间对金钱非常厌恶，这可能就受到小时候这件事的影响。

这是关于我的第一个小故事。

第二个故事，是我 7 岁那年开始上幼儿园大班。我特别调皮，去的第一天就跟班上最厉害的男孩打架，我打赢了，很像动物世界里斗胜的动物这种感觉。但是老师把我关在一个小办公室里面，等我妈妈晚上接我回去。这时候其实一个人在屋子里，看着窗外天空渐渐暗下来，我觉得挺伤感，挺孤独的。我很想出去，很想获得自由。

这时候我看到桌上有一张纸，我开始画人生当中的第一张画，我想画一点东西让老师知道我内心的感受，让她知道不应该把我关起来。我在这张纸上画了巨大的树，画了很多小鸟，有

公益传播

的在飞,有的在树上。第二天老师告诉我妈妈,说你应该让他学画画。从此我开始自己画画的历程,从那以后我也特别喜欢去创作,去通过画画表达自己的情感,并一直持续到高考。

我2003年从中央美院毕业,之前觉得画画还可以上学真是太好了,其他的学科我都不是很喜欢。大学毕业后我还当了三年老师,但后来也是很痛苦,因为都是应试教育,参加高考都要画的很美,很完整,很精细。

一直到2009年,发生了一件对我影响蛮大的事情。

我在北京策划798双年展,那时候我们策划了一个叫WABC计划的项目,其实就想让人人都当艺术家,让一些社会底层的人群去学习现代艺术。但这个展览做的不是很顺利,一段时间后我就发现找不到这样的人,他们都很忙。结果我后来在北京朝阳区亚运村一个社区里面找到14位这样的人,他们被称为精神障碍、智力障碍、自闭症、脑瘫、唐氏综合症等各种情况。我当时陪着他们一起画了一个月的画。

这件事对我改变非常大,印象特别深。

其中有一位男士,他被车撞过,有点智力障碍,他每天只用铅笔画一些小人,但是我发现他每个小人画的都不一样,这让我很震惊。我觉得他其实是有自己的思想,有自己的感触,有自己的情感。我好像发现了一个我不太了解的世界,他明显比我画的都好,每一笔都发自内心。那个展览挺成功,很多公众媒体去关注,到后来我才发现,这样的人群比例在中国其实很高,但是我们并不了解他们。

图 2-2 身体有障碍人群的画作

于是我就思考,可能是我们预设了正常和非正常这样的语境,很多这样的家庭不愿意把孩子带上街头,所以我们看不到他们,不像欧美国家,你会看到他们去超市去坐公交车。另外一方面我也发现,其实这样的艺术在20世纪40年代的法国已经有了,杜飞曾提出过一个词叫Art Brut,他将其称为原生艺术,就是指精神障碍患者的作品,民间艺人的作品,还有通灵型人的作品。所以那时我就想可以做一点事情了,可以陪他们继续画下去。他们会去表达自己的情感,他们不是我们心中所谓的疯子傻子。

其实他们有意识,有自己的感受,只是你听不懂,或者说你看不懂。从那以后,我就终于找到了一件自己喜欢做的事,就是寻找梵高。梵高也是个活着的时候并不被公众认可的人,但是他非常热情,他是一个可以用自己的鲜血去创作作品的声明。

这是来自广州的一个叫捷麟的孩子,他的画让我觉得很震惊,因为他可以非常强烈地用自己的情感去表达。捷麟是一个1994年出生的自闭症患者,他在创作时非常投入,而且非常有情感。我见过他第一面以后马上从广州回到上海,因为手头还有事情。但是大概两天后,他妈妈就给我发了一张画,就是画我跟他的合影,画得很像,甚至触动了我,我说我一定要帮助他,或者说陪伴他。

我不知道你们能看到什么,我来演讲之前我也想了想,我觉得是纯粹,是一个人用这些色彩,这些工具,特别纯粹地去表达自己的情感,而不是你要我去像谁,其实你就是你自己,你能很真诚很直接地表达自己的情感。

所以这样的一个故事我们就做了六七年,在很多城市里不断地去寻找,或者说去发现这个世界,去找到更多的故事带给大家。我可能在做了这几年项目以后,对自己有更多了解以后,或者这种付出也好,这种沟通陪伴也好,或者每天看他们的画对我的触动也好,我觉得我走出来了。我不会因为这个伤痛再继续纠结和痛苦下去。

我变得很快乐,尤其是那天大黄鸭在世纪公园出现的时候,我看到霍夫曼像个孩子一样,跟着言言一起拍照在玩,看那么多人围着他去照相,去交流。微风拂面,天空非常的晴朗,我觉得我释怀了,我觉得我从小时候的阴影走出来了。不只是说我在帮助他们,实际上我也是在帮助我自己。

所以这样一个过程,其实让我引起很多反思,七年,我好像从最初的一个梦想,一个小小的想法,然后凭借一点点的可能性找到小龙,找到言言,找到小宇,一点点从这个世界、从生活中、从社会中成长出来。就像这两句话一样,让每个人去感受艺术的治愈力量,让每一个地方都有原生艺术的绽放。

所以我经常会去想,我也去很多国家看,我觉得我们的生活环境也好,社会也好,可能太多地充斥了权力和金钱这样的语境,让我们少了很多对生命、对自己、对你的原生文化的关注。所以在这里,我也真诚地邀请大家,如果对他们对这样的艺术特别感兴趣的话,也希望你们可以参与进来,或者说陪伴他们,其实会有很多改变。

我觉得每个人内心当中都需要保有那种原生的力量,对自由对爱的这种追寻,甚至是一种人性的回归,这就是我想说的话。

谢谢大家。

第四节 公益传播发展的局限性

我国公益传播发展近年来取得了突破性的进展,但同时也存在着以下局限:

一、公益事业制度与政策支持建设方面

发达国家有很多慈善家,他们在政治捐款、捐资兴建大学、扶贫济困、提供给发展中国家资金、开办公益电视台、制作公益节目等方面投入了大量财富。他们热衷慈善事业的原因,除了宗教和历史原因之外,国家的免税政策成了极大的鼓励。比较而言,我国公益传播发展相对滞

后,主要原因之一就是缺少具体、系统的法律规范和鼓励性的保障。在我国现阶段而言,制定促进慈善公益事业的法律法规显得十分迫切。我们需要有一部专门用于民间公益捐赠的切实可行的法律,使政府、捐赠者接受者各方的权利义务都有明确的规定和保障。同时应当全面发挥市场、媒体、社会关系、行政等机制作用,形成全社会的捐赠激励机制。

二、公益组织与监督管理制度建设方面

在英美等发达国家,绝大多数都有民间捐赠组织,年捐赠额都达到国民生产总值的7‰~8‰,而在我国,几乎全是政府捐赠组织,慈善机构往往由政府主管,带有很强的行政意识。民间公益组织则力量弱小,发展不健全。公益组织的不成熟制约了公益传播的发展。民间公益组织的发展如果欠缺透明度,缺乏公信力,会成为社会捐赠的障碍。我国的部分慈善组织缺乏知名度和美誉度,监督、管理欠规范,问题较多。部分基金会对资金的筹集、捐赠项目和资金的投向未能如实向社会公布,接受社会监督,因而在社会中造成了怀疑和不信任。捐赠者所能产生的影响在很大程度上取决于受赠方的工作是否有成效。而目前我国慈善业管理人才缺乏,资金运用的效果未能达到最大化,资金的安全性还存在隐患。要解决这些问题,公益组织应当规范和完善社会捐赠。资金、物品的管理,严格按照规定的渠道接收、使用,还要加强监督、检查、公示及向捐赠者反馈工作和审计工作。需要建立专门的监管机构,定期向社会公布各公益组织的情况调查。同时要提升管理人员的素质,使善款达到款尽其用,发挥最大的社会效益。

三、公益项目长线机制和战略规划提升方面

现阶段我国公益活动的开展在参加的人数、范围、参加者年龄层及社会影响和一些发达国家相比,仍有不少差距。同时,一些公益项目缺乏长期的投入与严密监管,甚至因此中途夭折。有报道说,某些地区的希望小学建立两三年后,即因缺乏资金和师资力量等原因而停办,造成了前期资源投入的浪费,更无法达到兴办公益的初衷。国内企业参与公益活动尤其缺乏战略角度和长线机制,往往被动参与公益行为,没有系统性和长期性。很多外企在我国有长期而稳定的捐赠计划,在做捐赠计划前都要先经过严密的调研。相比之下我国许多企业往往在突发事件爆发后或在政府部门等的强力号召下才会有意识地进行捐赠活动,并且出现雷同的一窝蜂捐赠,而在平时则忽略了公益活动。这样的公益传播没有站在战略性的高度,因此无法达到效果的最大化。要使公益活动具有长期性和持续性,有关部门应当做好系统规划,并集合多方力量参与合作和监督工作,合理经营公益项目,做好后期配套服务工作。对于企业而言,应当建立企业社会效益的评估体系,设定专门的企业内部的公益传播机构,制定符合企业特点,可以发挥企业优势的公益传播计划[①]。

 阅读材料一:

新媒体时代的公益传播——以绿色和平组织为例

新媒体技术的发展,为中国公益组织的传播带来了新的传播方式,注入了传播新活力,使得中国公益组织的传播能力得到了大幅的提升。在新媒体时代下,人们信息获取、信息互动、

---

① 马晓荔,张健康.公益传播现状及发展前景[J].当代传播,2005(3):23-25.

人际交往乃至整个社会结构都发生了变化;新媒体为公益组织的传播带来机遇的同时也带来了一些挑战,公众对公益组织有更高要求,要求公益组织设计出更高参与度的项目,更丰富的传播内容,更好玩的公益体验等。本文选取世界范围内活动影响最大的全球环保组织——绿色和平——作为研究案例,分析绿色和平组织的新媒体传播策略,总结绿色和平在运用新媒体传播过程中的经验,为其他公益组织开展新媒体传播提供借鉴。

1. 绿色和平简介

绿色和平组织(Greenpeace),以下简称为绿色和平,成立于1971年,总部位于荷兰阿姆斯特丹,目前在世界55个国家和地区设有分部,拥有超过300万名支持者。绿色和平的存在,是因为脆弱的地球需要改变、需要行动,倡导以非暴力、和平的行动带来改变,保护地球环境与世界和平①。

绿色和平在世界范围内主要开展五个方面的工作:一是应对气候变化,促使政府和企业使用清洁环保能源;二是保护森林,尤其是热带雨林,防止自然生物多样性被破坏;三是保护海洋,主要是防止过度捕捞鱼类,禁止吃鱼翅;四是污染防治,防止电子垃圾、工业污水对江河海洋的污染,督促企业采取更加环保的生产方式;五是注重农业与食品安全,重点关注转基因食品、农药和化学污染,为公众提供更加健康的饮食环境。

2. 绿色和平运用的新媒体

新媒体在发展演进的过程中,各种形态层出不穷,从Wed1.0时期的门户网站、搜索引擎、即时通讯到Wed2.0时期的SNS、博客、网络视频,再至3G和移动互联网支持下的手机电视、手机游戏。现阶段主要将新媒体划分为四大类:一是网络媒体;二是移动媒体;三是互动性电视媒体;四是新型媒体②。绿色和平主要采取的是网络媒体和移动媒体作为传播途径。

(1)网络媒体。

①网站。

绿色和平有自己的官网,会定期完整发布各种项目学习和调查报告,公众可以通过绿色和平的官网了解组织的最新动态和开展的项目。

绿色和平也会积极与媒体进行合作,通过"媒体补贴信息"的方式,为大众媒介报道写作和关键信息采访提供方便,而媒体也愿意利用自身的网络途径,为绿色和平的相关资讯提供传播途径。

②SNS。

SNS是social networking service的缩写简称,中文名为"社会网络服务",是一种帮助人们建立社交网络或社会关系的互联网应用服务。SNS中的基本单元是用户,是基于人的社会关系网络构建的新的网络平台,与传统的设计媒体相比,SNS在功能上有了许多突破,改变了社交互动性以及信息传播模式。

2012年年初,绿色和平还专门招聘"SNS campaigner",由于绿色和平对SNS的重视,使其迅速成NGO领域SNS成功推展自身的"标杆"。绿色和平使用的SNS主要包括微博(新浪&腾讯)、人人网以及豆瓣③。

---

① 资料来源:绿色和平官网,http://www.greenpeace.org/.
② 宫承波.新媒体概论[M].北京:中国广播电视出版社,2012:45.
③ 陈韵博,张引.SNS时代的环保公益传播:以绿色和平组织在中国内地的实践为例[J].新闻界,2013(5):9-13.

公益传播

绿色和平于2009年8月在人人网开创公共主页,该主页包括资料、交流区、相册、日志和分享五大版块。绿色和平会通过该主页定期分享最新动态、环保资讯、公益活动的照片。绿色和平人人网的主页在注册当月就聚集了十几万的好友,这些好友可以通过留言、回复等互动方式,关注和参与组织的活动。

新浪微博比人人网出现得较晚,但绿色和平也与时俱进,注册了新浪微博的官方微博账号,并且利用新浪微博进行更多的公益尝试。绿色和平在豆瓣上使用更多的是做线下的活动,如创意征集、科普教育等[①]。

③网络出版。

网络出版是信息时代的一个重要特征和服务形式,以比特为介质的电子书为出版业带来了新的动力[②]。网络出版物使得信息的传播更为便捷、更有时效性。绿色和平有自己的出版刊物,主要分为调查报告和工作简报,公众可以随时通过该出版物了解绿色和平的最新进展,以及对绿色和平进行监督。

④网络视频。

绿色和平会制作一些视频和影集,让公众更为直观地了解所要传达的信息。《最后的秘境》以一个朴实的当地人的视角,让大家了解香格里拉,守护原始森林。运用网络视频,通过一些震撼的对比画面和启发性的文字解说,更能打动公众的心,号召更多的公众加入到绿色和平的行动中。

(2)移动媒体。

①微博。

绿色和平不断根据中国的社交网络发展路径,调整自己的传播方式。2009年8月,绿色和平正式开通新浪微博,截至2017年6月25日,绿色和平的新浪微博平台共有13万粉丝,共发布了4132条微博,属于新浪微博中环境NGO认证账号中较为活跃的。绿色和平的微博运营是以项目为基础的运营模式,每个项目团队包括项目组和传播组,即绿色和平的微博中不同议题对应的微博是由不同项目团队发布的[③]。

绿色和平微博的主要功能是"主动发布""细分互动"以及"社会动员"。其发布的微博内容大致分为以下几个方面:关注环境热点事件(2013年7月媒体报道广西贺州发生水体镉、铊等重金属污染,绿色和平随即转发该微博,并进行知识科普);长微博发布调查报告(2015年2月,绿色和平联合北京大学公共卫生学院发布《危险的呼吸》,这是国内首份以各省会首府城市和直辖市的PM2.5实测数据为研究依据的健康报告);招募组织成员;直播项目进展(2012年直播绿色和平建立一个北极附近无人保护区的项目);发起环境行动。

②微信。

微信是腾讯公司于2011年推出的一款新型社交软件,该种软件提供了文字、语音、图片等音、视频的传播服务,便利了软件使用者间的信息交流,同时使联系内容更加丰富多样。基于这些优点,微信获得了广大的用户,并且逐渐发展成为新媒体的重要形式之一[④]。绿色和平于

---

① 陈韵博,张引.SNS时代的环保公益传播:以绿色和平组织在中国内地的实践为例[J].新闻界,2013(5):9-13.
② 宫承波.新媒体概论[M].北京:中国广播电视出版社,2012:45.
③ 张艳伟,王文宏.新浪微博中公益传播主体的特征研究——以国际公益组织绿色和平为例[J].新闻世界,2014(2):150-152.
④ 肖涧松.新媒体时代的微信营销策略研究[J].商业时代,2014(23):60-61.

2017年2月完成了微信认证,开通了官方"绿色和平行动派"微信公众号。该公众号主要是发布消息和招募志愿者两大功能板块。可以通过微信号,随时查找绿色和平发布的信息,还可以通过微信的互动功能,与绿色和平组织进行交流互动。

3.绿色和平的传播策略

(1)绿色和平传播的流程。

绿色和平的传播工作是围绕项目开展的,根据项目的周期制定不同的传播策略。我们可以简单地把绿色和平的组织项目运作划分为项目策划期、项目实施期和项目结束期。

①项目策划期。

在项目策划阶段,参与传播的主要是绿色和平的媒体推广部总监和成员,以及项目部总监和成员。首先由绿色和平的总干事与项目部、媒体部的成员进行沟通交流,依据项目的特点制定出合适的传播方式和传播战略。之后再由媒体推广部成员以及项目部成员根据项目传播战略目标,制定具体的项目传播方案,该方案包括了传播的目标受众、目标媒体、关键信息以及传播的渠道和方式的选择。

②项目实施期。

在项目实施阶段,参与传播工作的主要是媒体推广部成员。媒体推广部中的项目推广团队和公关工作团队将依据项目进展中的传播工作的开展情况和政府企业公关的情况,及时向媒体推广总监汇报。总监依据汇报的情况考虑是否做出相应的回应以及回应的方式,及时调整和完善传播方案。

③项目结束期。

项目结束阶段的传播工作主要参与者是全体绿色和平人员和参与项目阶段调动的公众。媒体推广总监会制定绿色和平传播工作的评价表,评价传播方式和传播渠道的协作是否恰当,传播策略的采用是否合理。最后,绿色和平总干事要求媒体总监依据项目传播工作中的整体情况制作报告和总结,最终成为年报的材料①。

4.绿色和平对受众的传播策略

(1)对企业的传播策略。

绿色和平发起的项目,往往是针对一个领域存在的问题,因此该领域从事生产的所有企业都是绿色和平希望诉诸的目标企业。绿色和平会通过"打"和"抬"两种不同的传播策略应对企业采取的态度。对于不积极回应的企业采用"打"策略,即传统的"非暴力直接行动",采用各种引人注意的手段,让项目得到更多的关注,最后达到游说企业的目的。对于积极回应的企业采用"抬"策略,运用绿色和平的新媒体途径,公开发布企业的承诺书,并且会和企业进一步建立关系,督促这些做出承诺的企业不再生产对环境造成危害的产品。

(2)对政府的传播。

政府虽然在社会中处于强势地位,但是政府也会因为不同的原因无法及时关注某些社会问题,这实际上给非政府组织提供了对话的空间。绿色和平通过积极与政府部门进行良性的互动、出席政府的工作会议、为政府建言献策等方法,和政府建立良好的关系。借助政府的力量,推动一些议题落实到政府的实际工作中。

---

① 苏智.绿色和平组织的传播机制、方式和策略研究[D].武汉:华中农业大学,2013.

公益传播

(3) 对公众的传播策略。

公众在一个环保事件中所充当的角色有时候是十分复杂的,他们既可能成为环境、食品等危害事件的受害者,也可能成为危害事件的施害者或帮凶。因为绿色和平不接受任何政府、企业或政治团体的资助,仅接受市民和独立基金的捐款,所以公众认可绿色和平的行动和理念是保障资金来源的前提,同时,绿色和平采取的"非暴力"的方式,主要还是希望可以通过推动公众的力量,号召公众参与到行动中,形成强大的舆论压力,达到开展项目的目的,所以,对于绿色和平来说,公众是该组织对外传播中最为重视的受众群体。

绿色和平对公众采取的传播策略强调"脑海炸弹",主要是通过网站、微信、微博等途径,发布一些新闻报道、图片和视频,通过冲击性、故事性和恐惧性的情节描述,刺激公众的第一印象,利用"首因效应"作为大众传播方式。

4. 绿色和平的传播经验评价

(1) 紧跟时代发展,利用多种传播方式。

绿色和平在传播活动的过程中,会制定具体的传播策略和传播方式。在新媒体技术不断向前发展的同时,绿色和平能紧随时代的步伐,不断开拓新的传播途径,同时运用多种传播方式和传播渠道,让各种渠道协调发展,善于利用社交媒体,与绿色和平最重要的受众群体互动沟通,充分调动公众的参与度和关注度,达到项目推广的目的。

(2) 结合组织项目特点,选择合适的传播策略。

绿色和平作为一个倡导型的公益组织,设计的项目大部分需要公众的参与,形成一定规模的关注群体,才能达到项目的目的。绿色和平可以充分考虑到不同的传播受众的特点,有针对性地采用不同的传播策略,稳步开展传播工作。

随着互联网技术的不断发展,各种电子媒介不断出现,社交媒体成为公益组织可以很好利用的媒介。但是,组织在选择传播媒介的时候,不能漫天撒网,这样既不能达到传播目的,又浪费组织有限的资源。对于不同的组织在开展不同项目的时候,需要结合项目的特点和目标受众群体,有针对性地选择不同的传播策略,才能达到最佳的传播效果。

阅读材料二:

《中国公益组织互联网使用与传播能力第五次调研报告发布》[①]

2017年2月6日,由NGO2.0发起、中国科学技术大学知识管理研究所执行的《中国公益组织互联网使用与传播能力调研报告》的精简版正式发布。该报告显示,绝大部分公益组织都通过社交网络来发布项目进展,同时有60.45%的组织通过在线渠道公布组织财务状况。

531家公益组织

本次调研开始于2016年9月,是第五次开展公益组织互联网使用与传播能力调研。调研旨在评估并推动中国公益组织的互联网使用与传播能力,为公益行业提供参考数据,为参与组织提供传播建议。本次调研开始于2016年9月,截止于2016年11月,共收到600家组织答卷,除掉部分不完整的数据,作为本次数据分析对象的民间组织共有531家。

参与调研的组织中,成立时间从1986年到2016年的都有。95%的组织都是2000年(含)

---

① 中国公益组织互联网使用与传播能力第五次调研报告发布[N].公益时报,2017-02-07.

以后成立,2013年到2014年组织数量开始大量增长,2013年的组织增长率达到了52%,成立于2014年的组织最多。

531家公益组织中,79.28%为民政注册,尚未注册的比例为8.66%。参与调研的组织2015年度收入在1万元以下的组织最多(26.74%),收入1万至10万占24.48%。与第四次调研相比,整体收入有所增加。工作人员人数为4~10人的公益组织最多,占42.94%,其次是工作人员人数为11~20人(20.72%),0~3人、31~50人、51人及以上的公益组织各占10%左右。

缺少专业人员与传播策略

报告显示,与第四次调研的数据比较,公益组织提供技术支持的主要人员从志愿者(35.51%)变成了兼职人员(34.65%),专职人员也有所增加。但从互联网限制因素总体来看比较严重的问题依然是"缺少互联网专业人员",这类组织占到61.58%。仅有16.20%的公益组织认为使用互联网未受到限制。

在具体需求方面,公益组织对互联网和计算机使用的最大需求是"互联网传播策略培训(例如微信公众号、微博运营等)"(53.86%),其次是"网站、应用或管理系统开发服务"(21.09%),然后是"计算机软件使用培训(例如使用QQ、微信、视频制作软件等)"(10.55%)。

2016年组织传播渠道的选择中,59.13%的公益组织选择将"微信公众号"纳入2016年的传播战略中,其次为微信和微信群(53.30%),第三名官网的比例已经下降到了25.42%,下降比例最大的是微博,从第四次调研的25.96%大幅下降为9.98%。

发挥多种作用

随着互联网使用的越来越多,公益组织通过互联网实现的功能也逐步丰富起来。

第一,了解行业信息。部分组织关注了同行的微博与微信公众号,加入了公益组织QQ/微信群,访问了公益行业信息网站。这说明了公益组织对行业信息的关注度还是很高的;与第四次的调研数据比较,在微博上关注公益机构的比例下降很大,从91.59%下降到了76.84%;74.01%的组织会时常通过搜索引擎搜索行业信息。

第二,宣传机构,倡导公益理念。通过各种方式(网站、QQ群、微博或微信等)宣传本组织的公益信息高达93.41%;举办大型公益活动时,利用微信、微博等媒体倡导公众参与的组织达到89.45%;51.60%的组织做过一些微电影或微视频宣传片并已经上传到网上。通过微博、微信公众号分享公众参与活动的照片、感想等公益组织占到了绝大多数,从不或者很少通过微博/微信公众号分享公众参与活动的照片或感想的公益组织仅占12.61%。

第三,通过互联网获取资源。参加过政府、企业主办的线下项目展会、资源对接会的组织有67.42%,其中东部组织的参与比例达到了74.75%;公益组织在线招标项目的参与比例有47.27%。2015年有64.53%的公益组织发起过众筹,其中发起过3~5次的组织有18.87%。采用过的众筹平台依次为腾讯公益、众筹网、灵析、淘宝、新浪微公益。2015—2016年超过50%的组织众筹金额在5万元以下。

第四,知识和信息管理。有50.47%的组织在互联网上有分享公共资料的地方。38.23%的组织使用过在线志愿者管理系统,比第四次调研的数据增加了一倍;使用服务对象的个案管理系统的组织只有21.85%,使用项目管理工具和捐赠者管理系统的组织也较少。83.42%的组织会使用微博、微信公众号分享公益相关的知识,42.37%的公益组织会通过网络收听工具收集公众对他们的评价,75%的组织进行内部培训。公益组织与服务对象沟通的方式以面对面沟通最多,与志愿者沟通的方式以在线渠道为主。

第五,提升公信力。在通过互联网提高组织的透明度和公信力方面,社交网络的使用率非常高,绝大部分公益组织都通过社交网络来发布项目进展。同时有60.45%的组织通过在线渠道公布组织财务状况,比第四次调研提升了4%。

第六,进行数据分析。已经有一定数量的组织使用分析工具去分析所发布内容的访问量,公益组织对数据分析有一定需求;只不过组织对各类分析工具还不熟悉,已使用的工具集中在分析微信浏览量数据(51.79%)。这意味着公益机构在了解、使用更多分析工具,了解自己在线传播效果方面还有很大的提高空间。

第七,互联网协作。接近一半的组织使用多人在线会议,但是使用在线日历、屏幕分享、在线文档编辑等工具进行网络协作的不多。

增加经费、人员是重点

通过比较不同地区、不同工作人数规模和不同经费的组织的传播能力数据,报告得出了一些结论。根据调研建立的评价体系,西部和中部公益组织的互联网传播能力稍弱于东部,但三者之间的差距甚小。

一般来说,组织工作人数越多,互联网传播能力越强。但11~20人(全职/兼职人数)的组织的传播能力略微突出。2015年收入在10万以上的组织互联网传播能力差别不大,但总体来说,经费规模越大,能力稍强。具体见图2-1、图2-2。

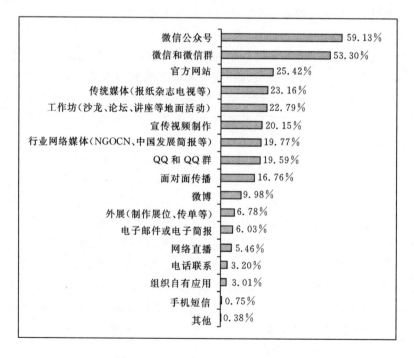

图2-1 2016年最重要的传播渠道

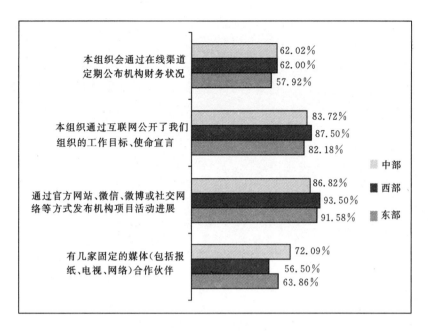

图 2-2 不同地区整治提升公信力的详细情况

第三章
公益传播与公民媒体

作为一种社会交往，公共生活一直存在于人们的生活中。公民对公共生活的参与以及对公共事务的关心，是一个公民社会的发展基础。从"舌战群儒"（人际传播）到"朋友圈刷屏"（网络传播），作为公共表达的主要渠道，传播及其媒介在公共生活中发挥着培育和营造公民社会、监督和构建公共领域、报道和引导公共事务的作用。在历史上，公民经历过话语权相对垄断的传统媒体时代，现在正处于互联网技术赋权基础上的新媒体时代。而媒体本身也从之前的传统媒体时代单纯的传播者角色转化为了公益的参与者角色。虽然网络虚拟空间给了行动者一种"引人瞩目"的错觉，并在一定程度上消解政治，但公益、公民与媒体的紧密相连与不断发展对公民社会的形成是有其巨大促进意义的。那么公益、公民与媒体之间究竟存在怎样的关系？

第一节　公民参与

一、公民参与的概念

在政治生活、经济生活、文化生活、社会生活中，个体的公民，包括由个体公民组成的各种民间组织有进行公共讨论、发表公共意见以及影响公共政策的权利。平等、自由的表达权是公民参与公共生活的保障。2008年"公益元年"以来，中国的公益慈善事业不断发展壮大，草根的、自下而上式的公民行动不断涌现，并取得了实现社会监督、推动政策改善等社会改良性的成果。这不仅与公民参与公共生活、关心公益领域的热情提高有关，更与媒介技术变革的不断深入以及媒介对公民的赋权有关。

公民参与已成为当代中国民主建设的内容之一，公民参与从政治参与话语中脱离后，促进了公民参与的发展，它反映了公民与政府关系发生了深刻的变化。"公民参与"属于外来词汇，国内学界关于公民参与的研究始于对西方公民参与概念和理论的引介。在西方发达国家，公民参与政府决策或公共政策制定有着悠久的历史和传统。

现代意义上的公民参与思想源自于古希腊雅典的直接民主模式，到18、19世纪表现为洛克与密尔提倡的民主理论、黑格尔的"公民社会观"、哈贝马斯的"公共领域"论点。自从20世纪50年代末，阿尔蒙德和维巴从政治文化的角度比较了美国、英国、联邦德国、意大利、墨西哥等国家的"公民参与"运动的经验教训开始，公民参与的概念就被大量引入政治学和公共管理学领域[1]。到了20世纪五六十年代新公共行政学派提出"公民参与主张"，直至20世纪70年代以后，西方兴起的"新公共管理运动"提出了政府与公民社会合作治理的改革新理念[2]。在这个过程中，不同的学者对"公民参与"概念的界定不尽相同，并涌现了不同的表达形式，如"政治参与""公众参与""公共参与""社区参与"等。

公民参与问题是现代民主政治发展的重要内容，是政治学理论研究的一个重要领域，参与程度是衡量民主进步程度的重要标志。关于"公民参与"形成的原因，众多的学者进行了相关的理论研究和实践研究，主要体现在两方面：其一是公民教育素养的提高；其二是信息技术，特别是网络技术的革命性突破[3]。随着公民教育程度的提高，公共政策在施行的过程中关注度相应也得到了提高，虽然公民对政治的热情有所下降，但是公共政策的参与性却在增强，因为

---

[1] 邵浩浩.我国公民参与公共政策的现状及对策研究[D].济南：山东大学，2007.
[2] 陈清毅.当代中国公民参与问题分析[D].开封：河南大学，2009.
[3] 朱德米.回顾公民参与研究[J].同济大学学报（社会科学版），2009(20).

涉及自身利益问题,公众需要通过参与的方式发出自己的"声音";互联网技术的发展,促进了公共信息在社会的扩散和传播,公民更容易通过各种传播渠道接触公共事务的相关知识,找到偏好和需求表达的途径,从而使"公共参与"程度得到极大程度的提高。

二、我国"公民参与"的发展

"公民参与"包括三部分,参与主体、参与领域和参与方式。进入21世纪以来,公民参与在我国逐渐兴起并得到了蓬勃发展。在参与主体方面,不再局限于人大代表、政协委员等群体,社会各阶层的普通公众开始有机会参与政府决策制定的过程。此外,NGO、媒体成为组织化公民参与的重要力量;在参与领域方面,更加广泛化,公民参与的领域涉及政府管理的多个层面,包括立法、环境保护、城市规划、城市管理、公共服务等,厦门PX项目事件就是一个很好的例子;在参与方式方面,呈现多样化,除传统的信访、听证会等参与渠道,具有中国特色的公民参与方式得以创造和推行,随着信息技术的发展,网络参与逐渐成为公民参与的新形式①。

十一届三中全会以来,中国共产党明确把建设社会主义民主政治作为政治发展的目标,积极完善当代中国的公民参与体系②。国内的学者对"公民参与"的相关概念也进行了详细的研究,有的学者从广义和狭义的角度进行概念的定位。广义取向认为"公民参与"是比"政治参与"内涵更为宽泛的概念,指公民影响公共政策和公民生活的一切活动。狭义取向认为"公民参与"是与"政治参与"不同的概念,主要指公民参与政府决策制定和公共治理的制度性参与行为,不包括选举、街头行动等,从某种意义上看,公民参与概念狭义取向的界定与西方公民参与研究的表述更为一致,但广义取向的界定特别是其中"维权"行动更加符合当代中国的现实③。

学者伍启元在其著作中将公民参与定义为公民为了争取、实现和维护自己的利益而参与社会政治过程,以直接、间接的方式影响政治决策的行为。在汉语中,公民参与有许多相近的名词,如政治参与、公众参与、公共参与、人民参与、民间参与等,这些概念都有各自使用的学术领域和议题范围。李图强认为"公民参与,就是为了落实民主政治、追求公共利益及实现公民资格,由公民个人或公民团体从事包括所有公共事务与决定行动,这些公共事务是以公民本人切身的地方性事务为起始,再逐步扩大到全国性的公共政策,因此,可以由每一个公民时时刻刻的关心与适时的投入来实现;而公民参与的行动必须是建立在合法性的基础上,并且依参与者根据本身所拥有的知识与能力、花费的成本、预期的影响力等,理性地选择最有效的途径与策略"④。

互联网开创了一种信息传递和言论相对自由的全新局面,前所未有地拓展了公民的事业,便捷了政治介入途径,这在很大程度上激发了公民的政治参与的兴趣和热情,同时降低了公民进行政治参与的成本,提高了公民获取信息的能力,公民通过互联网表达意图、利益诉求以影响国家决策和行为的活动。新闻媒体参与方式是当下互联网发展的一种有效方式,新闻媒体是目前我国公民获得政策信息最常见和最重要的方式。毛泽东同志曾经说过,报纸的作用和力量,就在它能使政府的纲领路线、方针政策、工作任务和工作方法,最迅速最广泛地同群众

---

① 郭小聪,代凯.近十年国内公民参与研究述评[J].学术研究,2013(6).
② 陈清毅.当代中国公民参与问题分析[D].开封:河南大学,2009.
③ 俞可平.公民参与民主政治的意义(代序)[M]//贾西津.中国公民参与——案例与模式.北京:社会科学文献出版社,2008.
④ 李图强.现代公共行政中的公民参与[M].北京:经济管理出版社,2004.

见面。

微博一出现,就以它的公开性、互动性、开放性、平民性和整合性为公民社会的公民意识、公共空间、公共话语权三要素提供了发展空间,成为构建公民社会的平台。微信的出现拓宽了公众参与政策的渠道,受众面和辐射面广的因素导致了政务微信每年呈倍增长的趋势。2017年1月19日,人民网舆情监测室联合人民日报新媒体中心、微博联合制作发布了《2016年人民日报·政务指数微博影响力报告》,报告中显示截至2016年年末,新浪微博平台认证的政务微博达到164522个,其中,政务机构官方微博125098个,比前一年增长9%;公务人员微博39424个,比前一年增长5%[1]。政务微博数量的增长,说明网民参与决策的渠道增加,网民通过在虚拟社区等网络公共领域发表言论,形成网络舆论,进而影响现实政府决策,实现网民的政治参与。

第二节 社会运动

社会运动的研究始于西方,所以国外对于社会运动研究不仅有着悠久的历史,还拥有丰富的理论结果。早期西方对于社会运动的研究,比较著名的有法国的勒朋和美国的布鲁默,他们主要从社会心理学角度入手来研究社会运动背后的"集体意识"的形成。为此,布鲁默指出社会运动是一项旨在建立新生活秩序的共同事业,并将社会运动与其他种类的集体行为,如大规模的社会暴动区别开来。

众所周知,社会运动有着悠久的发展历史,时至今日社会运动的形式已经极为丰富,并且即使在各种网络新媒介纷纷参与运动的今天,传统的社会运动仍然有自己的一席之地。新媒体特别是网络对于社会运动的影响已经远远超越了传统媒体的范畴,在新社会运动为主的环境下,网络同社会运动已经呈现了越来越紧密的关联性,社会运动跳出了二维的时空界限,进入到了同现实相交叉的虚拟空间[2]。

媒体与社会运动有着不解之缘。在传统媒体时代,主流媒体在社会运动中引导着公众舆论,有时还是社会运动的组织者与参与者。新媒体时代,去中心化是新媒体最重要的传播特征之一,为"草根媒体"的形成提供了土壤。而在新媒体时代来临以前,有别于二战后此起彼伏的传统政治解放运动的"新社会运动",如生态主义运动、反战和平运动、公共健康运动等已经开始兴起,这些"新社会运动"亦有去中心化的特征。因此在新媒体时代,作为一种传播工具,"草根媒体"使个体公民或民间组织的动员能力在网络化的新社会运动中得到增强,并于在公共领域中引发关注、争取认同、动员资源等各个方面发挥着巨大作用。

网络运动的理解包括以下两方面:一是指利用互联网等新信息传播技术进行组织、动员而发展的线下社会运动和集体行动,此时互联网主要是用来动员的手段和途径;二是指不仅利用互联网进行动员,同时行动本身也是在互联网营造的虚拟社会中进行的集体行动,如网络抗议、网络募捐、黑客行为等。而在网络平台中,最有影响力的是微博,作为网络运动的媒介形式,微博的出现不仅提供了信息的传播与共享,还通过公共话语权的分化和建构,将精英与草根阶级融为一体,使社会的信息透明度和意见表达得到改善。

---

[1] http://yuqing.people.com.cn/n1/2017/0119/c209043-29036185.html.

[2] 张加春.网络运动:社会运动的网络转向[J].传播学研究,2012(4).

"微博打拐"便是网络运动中的典型代表,随着我国社会经济的高速发展,城市化规模的不断扩大,拐卖儿童的行为开始变得比以前频繁。近年来,我国拐卖儿童的数量比例在不断上升,据报道,随着中国每年约7万儿童因非法领养、强迫劳动等而遭拐卖,一个被拐儿童的产生不仅给一个家庭带来巨大的悲痛,也严重影响着社会的秩序。

2010年9月27日,原《凤凰周刊》知名记者邓飞发布的一条微博在当时引起了广大网友的关注,微博的标题是"互联网能再创奇迹吗?请帮彭高峰找到他的孩子",正是这一条微博拉开了微博打拐运动的序幕,通过网络的力量,这位父亲在2011年2月9日终于找到了失散三年的孩子。这个事件可以说是微博打拐的"里程碑",随后社会各界人士开始发起了一场虚拟与现实相互交融的微博打拐运动。

官方网络组织促使微博打拐运动全面展开。2011年1月17日,某网友转发一位母亲寻找孩子的微博并附上孩子的照片,该微博迅速被网友转发。在网友的热心帮助下,最终使这位母亲找到了失散的孩子。1月25日,该网友建立"随手拍照解救乞讨儿童"的微博,在当年春节期间造成了巨大的影响力。2011年3月,由于被拐儿童现象屡禁不止,我国建立了全国性失踪人口信息平台,实行了乞讨儿童全国联网公示制度。

从线上到线下的推广和实践,"微博打拐"事件是在没有制度化或官方化的机构进行策划和倡导的情况下,由一个或几个微博知名人士通过发布微博组织群众,且在不触及我国根本法律制度的范围内,以和平、文明、理智的形式进行的一场线上与线下相互融合的集体行动[①];任何社会运动的发生,都需要特定的观念背景,当代中国社会运动与社会抗争之所以发生,主要是因为当下中国的社会变迁,使很多群体的利益受到严重侵害,以至于他们的生存遭遇了严重的危机,当整个群体都遭遇了生存危机的时候,他们有强大的动力参与到抗争中来,就会形成社会运动的频发现象[②]。

第三节　公民新闻

20世纪80年代末期,美国公众对政治事务冷漠,公共生活出现衰退;同时,民众亦开始不满大众媒体垄断传播权。此时,美国《华盛顿邮报》专栏作家David Broder与新闻学者Jay Rosen共同倡议"公共新闻学(public journalism)",又称"公民新闻学(civic journalism)"或"参与式新闻学(participatory journalism)",要求媒体不再只扮演"旁观者",而应该激发公民参与,也让媒体报道切实反映底层人民与少数群体的声音。1999年,"Web2.0时代"到来,被动接收信息的受众可以轻松转变为主动发出信息的人。在这种变化的推波助澜下,全球各地出现了许多接近"公民新闻"概念的网站,包括韩国的Ohmy News、英国BBC的Action Network、Yahoo的You Witnees News、加拿大的Now Pubilc、日本的JANJAN、法国的AgoraVOX、哈佛法学院资助的Global Voices Online等,为公民与社团参与公共生活、维护公民权利等公民行动提供了多元、有力的传播渠道。

一、公民新闻的概念

公民新闻事业运动产生于美国,于20世纪80年代末、90年代初发端,直到现在仍在延续

---

① 符婉.微博与当代社会运动的革新[D].呼和浩特:内蒙古大学,2013.
② 李德满.社会运动何以在中国产生——中国社会运动的海外研究及其发展[J].井冈山大学学报,2011,32(6).

的一场新闻改革运动,对世界新闻发展产生重要的影响。

最早把美国公民新闻事业运动加以理论概括的学者是纽约大学新闻学系的杰伊·罗森教授。中国人民大学新闻学院蔡雯教授在《公共新闻:发展中的理论与探索中的实践》中,对杰伊·罗森的"公共新闻"理论做了介绍:杰伊·罗森认为,新闻记者不应该仅仅是对报道的接触,新闻记者的工作还应当包括这样一些内容:致力于提高社会公众在获得新闻信息的基础上的能力,以及关注公众之间对话和交流的质量,帮助人们积极地寻求解决问题的途径,告诉社会公众如何去应对社会问题,而不仅仅是让他们阅读和观看这些问题①。

中国公民社会的兴起与公民新闻的发展是分不开的,而公民新闻及其理念被介绍到中国的时间比较晚,最早的相关学术文章出现在2004年1月②。中国人民大学新闻学院蔡雯教授、中国青年政治学院新闻系李青黎讲师分别撰写《公共新闻:发展中的理论与探索中的实践》与《美国的公民新闻事业》,从发端、含义的特点等方面进行了介绍。在目前国内学术界对"公民新闻"的研究文章和著作中,出现了"公共新闻""市民新闻""参与性新闻""民生新闻"等相关及相近的概念。

国内学者张羽、赵俊峰一直关注公民新闻在中国的发展,他们在《我国公民新闻的发展现状与问题》中,把我国公民新闻的发展脉络归纳为以下几个方面:非专业记者、通讯员、自由撰稿人、新闻线人、公民记者、网络评论和博客③。中国真正意义上公民自由参与的公民新闻,与中国媒体发展环境以及网络技术的发展密不可分。

二、公民新闻的发展

发达国家"公民新闻"的发展植根于其特殊的环境,并在Web2.0时代得到了继续发展。1998年,德拉吉通过自己的个人网站独家披露克林顿性丑闻的报道,不但几乎颠覆掉克林顿的总统宝座,甚至让整个传统媒体蒙羞。2003年伊拉克战争期间,曾经做过《纽约日报》记者的奥布瑞顿开设了一个名为"回到伊拉克"的个人网站,向订购他的伊战新闻的网民收取一定的费用,他利用这些费用完成他到伊拉克的新闻采写,并成为"第一位专业的博客战地记者"④。

2005年8月当美国新奥尔良市遭受"特利亚"飓风袭击,造成罕见灾害之际,CNN网站随即增加了一个栏目"公民记者",向所有网民征集有关这次灾害的文字和图片。

从20世纪90年代依靠网站广大网民踊跃参与和投稿的韩国DDANZI日报,到2000年提出的"每个公民都是记者"口号的Ohmy News网站,韩国公民新闻更多以网络报纸的形式存在,除了网络外,韩国传统媒体也有利用公民手中的DV器材进行新闻短片制作播放的电视节目⑤。

关于中美之间对于"公民新闻"概念的理解中,有学者得出两者之间的不同。美国主要是议程新闻改革运动,他们以20世纪初的黑幕揭发的精神为内涵,通过新闻媒介贴近社区,发动公众关心公众生活,最终达到塑造美国新闻界信任度的目的;而中国更多地表现为一场新闻改

---

① 蔡雯.公共新闻:发展中的理论与探索中的实践[J].国际新闻界,2004(2).
② 陈养凯.公民新闻的理念与实践——以我国的网络BBS/BLOG为中心[D].广州:暨南大学,2008.
③ 张羽,赵俊峰.我国公民新闻的发展现状与问题[J].西北大学学报(哲学社会科学版),2007,5(37):162-163.
④ 蔡雯.从媒介主导到公众分享[J].新闻记者,2005(2):69.
⑤ 江江.技术·政治·文化——韩国网络公民媒体的现状与历史背景[J].国际新闻界,2006(2):53.

革,从民生的角度出发,以公众新闻事件为主要的报道点,是对以往"媒介精英主义"报道理念的一次突破。中国"公民新闻"的发展虽然最初受西方理论影响,但是在发展的过程中便具有了中国本土的特色。

在互联网出现之前,报纸、广播、电视等传统媒体是新闻传播的主要渠道,在新闻传播过程中,受众只能被动接收。普通公民要参与新闻反馈或者新闻传播,只有通过读者来信、特约通讯员、爆料人等渠道进行。"点对面"的广播模式,决定了传统媒体对于信息资源的控制,以及传播中话语权的不平等。传者对信息传播的层层把关,与受众经常的"失语"以及参与表达的无力,形成鲜明的对比。随着新媒体技术的发展,网络技术的普及与生化,公民新闻业也在日渐成熟,互联网为网民的沟通提供了一个可靠的平台,保障信息传送交流渠道的畅通,使民众的意见真正参与到政府公共事件决策中。

学者杜骏飞在其著作《弥漫的传播》中提出"泛传播理论",网络新闻向人们展示的不是单纯的新闻,而是把新闻的概念提高到一种泛信息的高度。在网络时代,新闻传播最突出的特征是传统舆论把关人的充分弱化,由于网络上的受众是一种"泛受众",任何一个信息传播者都可以兼任信源和信宿①。从发展趋势来看,网络已经成为公民新闻传播的主要渠道,2001年广西南丹矿井特大事故、2007年华南虎等事件,几乎都是先在网民中形成强大社会舆论,而后引起传统媒体的介入,最后在社会上形成强大的公共舆论。

第四节 技术赋权

一、赋权的概念

赋权(empowerment)是一个跨越社会学、政治学、心理学等多学科的研究领域,也是传播学研究中的热词。传统的赋权理论认为赋权是帮助个人、家庭、团体或者社区提高在经济或政治等方面的能力,达到改善其现状的目的的过程②。赋权概念,最早产生于20世纪60年代的美国,基于对种族歧视问题的研究,美国学者巴巴拉·所罗门首次提出了赋权的理念并将其定义为一种社会工作的专业活动,目的是协助受社会歧视的群体对抗不公平的待遇,减低自身的无能和无权感,增加其权利和能力③。

传播学者罗杰斯认为,赋权的过程往往来自小群体成员之间的交流。社会化媒体已经把媒体从之前传统媒体时代单纯的传播者转化作为公益的参与者。在社会化媒体时代,社会化媒体不仅仅是传播公益,更是参与公益,参与公益的组织,参与公益募资的全过程,不仅仅只是一个传播渠道。新媒体赋权突破了话语权垄断。社会化媒体提供的高效、便捷、多元、低成本的传播平台,为公益媒体、公益组织和公益人提供了一个发声的渠道。学者蔡文之指出,网络赋权是一个伴随着权力改造和再分配的过程,它打破了赋权的内外部界限,激发出一种关系特征,它不仅是一种由他者被动赋予到自我主动获取的能动性力量,而且是能够形成一种把各种微小力量聚合起来的能力④。

---

① 杜骏飞.弥漫的传播[M].北京:中国社会科学出版社,2002:141.
② 黄月琴.新媒介技术视野下的传播与赋权研究[J].湖北大学学报,2016(11):6.
③ 陈树强.增权:社会工作理论与实践的新视野[J].社会学研究,2003(5).
④ 黄月琴.新媒介技术视野下的传播与赋权研究[J].湖北大学学报,2016(11):6.

二、技术赋权的演变

以往,传统媒体的专业性与高成本在一定程度上造成了话语权的垄断,普通人的声音很难被听见,这种情况随着媒体形式的变革而被颠覆。由于简单易得、高效便捷及成本低廉,社交媒体自出现以来就被看作为"穷人的传播工具"。技术赋权体现在每一个具有社交媒体使用能力的普通公众身上。通过技术赋权,社会治理权不再集约在一部分人手中,更多普通人可以通过新媒体技术的运用突破信息鸿沟,打破信息壁垒,充分参与到公共事务的讨论甚至行动当中。围绕技术变革出现的公民记者、新闻众筹等议题,以及基于筹款、品牌或者志愿者招募等目的的公益传播都依托于新媒体时代传播路径的结构性变化,最终媒介赋权将走向社会赋权。

在社会化媒体时代,公益和媒介密不可分,社会化媒体不仅仅是公益桥梁,它也是一个平台,它能够更好地连接我们的公益需求和公益供给,更多的时候,我们的社会化媒体不仅仅在传播公益,它更是参与公益,聚合声音和行动,甚至推动政策变革。师曾志和金锦萍在其主编的《新媒介赋权:国家与社会的协同演进》一书中试图说明"组织赋权在技术赋权与社会赋权之间,公民自我救赎是实现社会赋权的根本,最终媒介赋权将走向社会赋权"[1]。

本质上,按照西方左派的政治经济学的观点,社会化媒体实际上是穷人的传播工具。新媒体赋权对象是谁?是每一个具有社会化媒体运用能力的普通公众。通过新媒体赋权,社会治理权不再集约在一部分人手中,更多普通人可以通过新媒体技术的运用,突破信息鸿沟打破信息壁垒,充分参与到公共事务的讨论甚至行动当中。移动互联网时代公益传播的基本原则是众包(crowdsourcing)[2]。"通过调动社区参与,拉近社区,在新媒体时代是可能的,并且通过新媒体进行铺网和撒网。"从传统媒体到新媒体,传播路径实现了从金字塔式辐射到扁平网络状扩散的变迁。因此,围绕技术变革出现的公民记者、新闻众筹等议题,包括不管是基于筹款,还是品牌或者志愿者招募等目的的公益传播,都依托于新媒体时代传播路径的结构性变化。

我们可以看到,一方面随着行业的成长与蜕变,公益报道日益成为引人注目的一个新闻品种,在主流媒体中公益报道已经形成趋势。公益行业与媒体行业气质相近,精神契合。其最显著的相似点是:为了公众利益,都需要很高的公信力。新闻媒体长期以来被称为社会公器。传媒的公共性正是"公益传播"的核心价值。另一方面,社会化媒体已经把媒体从之前传统媒体时代单纯的传播者转化作为公益的参与者,社会化媒体提供的高效、便捷、多元、低成本的传播平台,为公益媒体、公益组织和公益人提供了一个发声的渠道,虽然这一渠道的表达策略包括运营模式仍在探索当中。

从传统媒体到新媒体,传播路径实现了从金字塔式辐射到扁平网络状扩散的变迁。无论是反思传统媒体的传播渠道与立场,还是关注新媒体技术在公益上的应用,我们始终相信媒体的力量正在倡导和推动公益传播。接下来,我们需要进一步关注如何更好地整合多元媒体、公益组织乃至政府和市场的力量,搭建基于资源优势的公益传播平台,推动整个社会参与公益行动,关注慈善事业,从而实现社会转型。

---

[1] 师曾志,金锦萍.新媒介赋权:国家与社会的协同演进[M].北京:社会科学文献出版社,2013.

[2] Jeff Howe. Crowdsourcing:Why the Power of the Crowd is Driving the Future of Business[M]. Crown Business,2008.

案例分享:"一个鸡蛋的暴走"项目

"一个鸡蛋的暴走"是上海联劝公益基金会于2011年发起的公益徒步筹款活动,旨在为四个儿童领域的民间公益项目筹款。参与者需要在12小时内走完50公里,并通过创意的方式向熟人网络募集善款,挑战自我,突破筹款目标。"一个鸡蛋的暴走"希望带给公众身体力行的公益实践和丰富快乐的公益体验,让公益不再遥远,未必苦情,也不止于捐款。

2011年,草创阶段的联劝团队蜗居在一个狭小的房间,每天干劲十足地为公益项目筹款。在即将参加一场50公里的春游徒步活动时,联劝团队试探性地为"一个鸡蛋"资助项目发起了筹款,他们和亲朋好友打赌:"如果我成功挑战50公里,你是否愿意为贫困山区的孩子们捐钱,让他们每天吃上一个鸡蛋?"没想到筹款号召得到了热情的回应,初次尝试惊喜地筹到了近9万个鸡蛋。一个无心插柳之举,让联劝敏锐地捕捉到了来自民间的公益活力。

同年10月,联劝正式发起"一个鸡蛋的暴走"活动。2012年开始,"一个鸡蛋的暴走"发展成为营养健康、教育发展、安全保护、社会融合四个儿童公益领域筹款的平台型活动。

"一个鸡蛋的暴走"象征着联劝的初心。尽管活动的规模更大,支持的公益项目也更多了,但我们依旧记得最初的理想——"一个鸡蛋"代表草根的、民间发起的公益项目,是我们要拼命守护与支持的;"暴走"则代表了一种好玩有趣、简单健康的公众参与方式,是我们努力创新与坚持的。联劝来自民间,"一个鸡蛋的暴走"亦来自民间,这是我们联合民间力量,支持民间公益的最佳实践。

1. "一个鸡蛋的暴走"与新媒体

"一个鸡蛋的暴走"已经成为上海最知名最火爆的大型公众筹款活动。几年来,"一个鸡蛋的暴走"累计有超过11859名暴走勇士身体力行,足迹踏遍崇明县、朱家角、大浦东、金山卫和枫泾镇,实现了2252万元的爱心汇集;累计20个省、市、自治区101家民间公益机构,157个儿童领域公益项目,帮助超过27万个孩子。"一个鸡蛋的暴走"真正展示了民间力量的强大。

不少人正是从暴走开启了自己的公益旅程,从图新鲜好玩儿,到与联劝建立深厚感情,最后成长为理性的捐赠人与筹款人,将公益能量传递给更多人,让公益的影响力持续扩大。

在这一过程中,"一个鸡蛋的暴走"也不断成长,与时俱进。2012年,联劝开启创新的"暴走评审会"形式,让捐赠人与专家共同参与决策善款流向。2013年,联劝新增队伍类别,让不同人群以更多元形式参与筹款。联劝也会将资助与社会热点结合,如优先考虑灾区儿童类公益项目。2014年,联劝开发微信筹款工具爱扑满,并与第三方合作线上游戏,丰富参与渠道与筹款方式。2015年,联劝创新公益自筹队伍类别,鼓励公益机构为自己筹款发声。2016年,联劝将更专注公益项目的持续资助,并举办更多项目分享会与联劝开放日,让公众深入公益一线。

通过"一个鸡蛋的暴走"的支持,广西、云南、贵州、四川的2万余名农村孩子在校期间每天吃到一个鸡蛋;云南、四川等省份山区近6万个孩子得到医疗服务项目、寄宿制学生健康卫生项目等资助,卫生习惯和健康状况有所改善;在甘肃、陕西、贵州等地,逾13万个撤点并校住校儿童及事实孤儿的教学、阅读和学习环境得到改善;针对新疆、上海、陕西等地的留守儿童、流动儿童、残障儿童,超过3000个孩子得以开展相关社会融合项目,有了更丰富的成长体验;此外,超过5万个偏远地区住校儿童、少数民族女童、城市流动儿童,接受了安全保护教育、性教育,从而避免陷入安全困境。未来,联劝会继续努力维护儿童最基本的生存权、发展权、受保护权和全面参与家庭、文化和社会生活的权利,持续深入地开展项目资助。

"一个鸡蛋的暴走"已经获得了广泛的社会认可,与多家媒体建立了深度合作,网页新闻累计200余篇,百度关键词近135万条,并曾获责任中国2013公益行动奖、南方周末2013年度责任案例、2014第三届中国公益慈善项目大赛铜奖、2014首届中国青年志愿者服务项目大赛金奖等多个奖项。

2. "一个鸡蛋的暴走"的传播经验评价

"一个鸡蛋的暴走"之所以能受到追捧并取得良好的社会效应,与其明确的定位及活动宗旨密不可分。

(1)公众参与与民间属性。

主办方联劝是一个民间发起的公募基金会,从老百姓中来,到老百姓中去;因此"一个鸡蛋的暴走"也十分注重公众参与与民间属性。无论是初次打酱油的新手,还是年年参与的筹款达人,一个鸡蛋的暴走都抱着最大的热忱欢迎每个参与者与围观者,希望通过激励与引导培养大家的筹款意识与公益参与度。联劝每年都会举办公众评审会、项目分享会、义工招募、后续探访等活动,鼓励普通人通过多元的方式走近公益。

(2)强调快乐的参与式公益体验。

不同于传统的公募活动,"一个鸡蛋的暴走"不博眼泪,强调快乐的参与式公益体验。活动鼓励参与者发挥创意,展示个性,因而诞生了不少经典案例。比如,有参与者每年背着自制的鸡蛋人来参加暴走,有人通过定时减肥、奇装异服、现场求婚、点歌卖艺、旧物寄售、徒步积分等创意方式来筹款,也有参与的姑娘说:"每个姑娘结婚前,都应该带男朋友来走一次50公里暴走。一路上12个小时,基本上啥都能暴露了。这个男人身体素质怎么样,有没有毅力,能不能一路上给你支持和鼓励,有没有善心为孩子们捐款,一览无余。等他送你回家,是欢迎他进来坐坐,还是谢谢再见不联系,马上能做出决定。"有人说:"朋友圈里有人为你疯狂的暴走行为点赞还捐款,这感觉比自己抢了红包还激动,这种朋友圈里我行动,你捐款,也已经成为了一种新兴的社交。"

(3)不忘初心,坚持为儿童领域的公益项目筹款。

更重要的是,"一个鸡蛋的暴走"始终不忘初心,坚持为儿童领域的公益项目筹款,为优秀的民间公益项目提供支持,帮助更多有需要的孩子。联劝拥有可靠的公募平台和透明的善款流向。在活动中,从政府协调、线路探索、信息发布、公众报名、队员沟通、企业赞助到义工培训、现场管控、项目资助,各个环节都完全由联劝团队亲手操作,让这份公益的初心一直在员工中传递,又传递到参与者中,每一个参与者,都能感受到他们的真心和用心。正是这份心意,能聚拢义工、参与者、捐款者和社会各界力量,为"一个鸡蛋的暴走"持续成长和发展壮大共同努力。

第五节 公益传播媒介

传播史也是媒介的发展史,人类经历了四次意义重大的传播革命。第一次传播革命是文字的发明与使用;第二次传播革命是印刷术的发明以及报纸、杂志、书籍等大众媒介的迅速普及;第三次传播革命是电报的发明,以及以广播、电视为代表的电子媒介的出现;第四次传播革命则是互联网技术的推广与使用。公益传播的形态随着媒介形态的更新也相应地产生了不同的变化。尤其在第四次传播革命之后,新媒体迅速颠覆了传统媒体的主流地位,社交媒体使得传播变得扁平、多元,话语权的垄断被打破,个体公民也拥有了传播的权利,这对于基于公民社会理论而产生与建构的公益传播来说意义非凡,在此选取在公益传播应用中最有代表性的媒介及其对公益传播产生的影响进行介绍。

一、报纸

报纸是公众经常接触的大众传播媒介,以刊载新闻和评论为主,发行量大,覆盖面广,有固定读者,传播效果稳定。报纸可以提供深度报道,大版面的使用可以增强议程设置的作用,且保存方便,易于翻阅和传阅。报纸的权威性可以增强公益组织活动、项目等信息的可信度,使得公众更容易接受公益组织的信息传递。无论在传统媒体时代还是新媒体时代,报纸在公共生活与社会运动中都扮演着重要的角色。

公益组织发展尤其是公益慈善事业的迅速发展,成为了推动社会转型的必由之路。一方面,政府释放出更大的空间给公益组织,从开放登记注册到出台相关政策,在机构孵化、服务购买、税收优惠等方面扶持鼓励公益组织发展,从而使公益组织数量和规模出现较快的发展;另一方面,这种自上而下式的、资源导向型的催生也增加了公益组织尤其是公益慈善事业非健康发展的风险。

与此同时,近年来面对新闻管制、市场压力和移动互联网新媒体的围堵,传媒行业也面临深刻转型压力。各大传统传媒机构和媒体人做出不同的选择。就公益传播而言,一方面,传统媒体开办"公益周刊"和公益版面的增速有放缓之势,其身份定位也在新闻专业主义与价值倡导甚至行动倡导之间游移;另一方面,公益新媒体持续高走,但阵地逐渐从微博转向微信为代表的移动互联网终端。

公益传播就在"公益"和"媒体"这两个当前中国社会转型期变革最为剧烈的领域交织地带野蛮生长。经过2011年"郭美美事件"引发的危机和2012年中国公益慈善的突围,随着传媒、互联网和投资人的深度介入,整个公益部门的发展逻辑几乎重新洗牌,互联网思维同时强烈冲击着传媒界和公益界,腾挪跌宕。"颠覆"成为公益界的关键词,公益界和媒体界自身都在经历着深刻的变革,而互联网技术的变革带来的冲击进一步推动和深化了这一进程。以技术为依托的"去空间化(despatialised)"互联网公益实践前所未有地改变了中国人的公共参与模式,这一大规模过程可被称为"集体性公益"或"全民公益"。全民公益引导中国公益慈善事业在两个维度上快速发展:一是全民公益倒逼公益行业朝着专业化方向发展,官办公益机构去行政化、民间公益组织能力提升等议题亟待解决;二是公民个体和社群以空前的热情和行动力直接投身公共生活,公益成为当前中国政治文化和社会转型的关键。

1. 公益报道发展历程回顾

广义上,公益传播应当是公众新闻(public journalism)与公民媒体(civic media)的整合,狭义上则一般理解为公益报道,是"包括慈善报道在内的,关于救济弱势群体、动员社会大众参与公益事业、与公共利益密切相关的报道"①。

回顾国内媒体公益报道的发展历程,大概可以分成三个时期。第一个时期是公益慈善界自办业内报刊网站为主期。在大众媒体报道内容中尚未形成公益报道领域时,公益慈善界出现了面向NGO组织内部或业内的公益报道。第二个时期是新兴门户网络媒体开设公益频道

---

① 该定义被广泛采纳,普遍认为公益报道比慈善新闻外延广泛。如:强月新,罗宜红.慈善新闻的呈现现状分析:以《楚天都市报》《南方周末》为例[J].当代传播,2009(6):69-72;查本恩.从报道者到组织者:公益新闻中媒体角色的转变[J].中国记者,2010(10):20-81.

期。这一时期,公益传播开始突破公益慈善界,逐渐进入社会公众和网络媒体的视线并成为主流话语。经历了汶川地震的2008年不但是公益元年,也是公益传播元年。随着志愿者、民间组织、慈善募捐等概念的深入人心,各大门户网站的公益频道相继开设,首先在线上形成了公益报道的媒体气候。第三个时期是传统媒体,尤其是报刊平面媒体介入期。传统媒体开设公益专版专刊呈现井喷,线上线下形成互动,进一步整合了线上与线下传播渠道。

2. 公益报道与报业转型

目前传统公益媒体的盈利模式尚待深入探索。除了努力在弱新闻性的公益事件中挖掘报道亮点,进行最为充分、广泛的传播之外,当前许多媒体在公益报道方面,往往遭遇该领域如何平衡商业运营的难题。《公益时报》副总编辑赵冠军认为:"作为一个专业的公益媒体,进行公益新闻报道当为己任,但发展至今的瓶颈问题就是广告招商。如何在做好公益慈善新闻报道之余,还能良好地运用商业模式经营这份报刊,是很多同行遇到的最大困境。"[①]

在网络媒体和移动互联网等传播渠道的挤压下,传统纸媒的转型和前景日益受到业界和学界的关注。有业界预期,媒体未来将走向公益报道模式,而媒体产业将以社会企业为组织的基本定位。《南方日报·南方公益周刊》主编戴远程认为:"借助公益报道平台,媒体品牌一方面能实现自身媒体品牌价值的增值,同时也有助于媒体各项采编、经营联动事业的提升,媒体公益报道的空间十分广阔。"[②]

以互联网、移动客户端为代表的新媒体发展正在带来大众传播和媒介环境的巨大变化,这种以数字技术、网络技术、移动通讯技术等新技术为依托的新媒体带来的变革打破传统媒体的介质壁垒和整体格局,传统媒体的新媒体转型已经成为大势所趋。20世纪90年代开始,国内各大纸媒就开始尝试纸质报纸内容电子化,通过建立报纸网站,实现网络化阅读和传播,报网融合初现端倪。有观点认为当前国内报业全媒体转型实践和发展路径中的三种模式为报网融合模式、媒体集群模式和全媒体新闻中心模式。当前,《南方都市报》正通过构建包括《南方都市报·公益周刊》、《云南信息报·公益周刊》、《中国财富》杂志、南都网公益频道、爱连帮、官方微博@南都公益等线上线下多平台在内的公益报道体系,打造"南都公益全媒体"概念。这一尝试值得我们跟进关注。

3. 公益传播与社会转型

"以传播来支持公益,以公益来连接社会,最后推动社会的转型"曾是《南方都市报·公益周刊》的办报理念。前主编龙科指出,中国媒体至少有政治、市场、社会和专业主义四种基因。这四种基因使得媒体更容易在社会发育过程中,扮演枢纽平台的角色。从而《南方都市报·公益周刊》把自己定位为公益慈善发展的支持性的外部力量,"我们就是公益慈善和大社会比赛之前的拉拉队,留在这个舞台上一定是真正体现社会价值的NGO。NGO在中国社会当中的地位和它未来的定位是毫无疑问的,最重要的是NGO能力的提升和它对中国社会的反应能力能不能快速同步的发展"[③]。在他看来,NGO的使命和媒体的公共抱负是一脉相承的,都是为转型的中国培育一种社会力量。

同时龙科认为,现阶段的公益报道应该超越新闻专业主义,"对于转型社会非常多元复杂

---

① 郭媛.社会转型期的媒体公益传播[D].广州:暨南大学,2012(3).
② 戴远程.公益报道大有可为[J].南方传媒研究,2011(9).
③ 龙科在2013年上海慈善论坛发言稿(未刊).

的需求来说,很多时候要提倡当仁不让的精神。如果你能做,你想做,但是你却不做,要背负沉重的时代转型的道德压力。在这个过程中,媒体为什么要参与公益,实际上它超越新闻专业主义,是真正响应时代需求的社会参与"。

《京华时报·公益周刊》主编郭爱娣亦认为在未来中国公益转型期,媒体能够参与公益是一种责任与担当。这种参与不但是基于新闻专业主义的报道和倡导,而且要"做倡导型的公益项目,还是要更多地面对公众,倡导现代公益理念,解答公众在整个公益大变革中的疑问和困惑。把自己的行动定位为做平台型的公益项目,希望通过媒体平台让更多不同的公益力量联合起来"[①]。这种价值取向事实上已经超出公益报道而直接实践公益行动。可以看到,公益报道试图全程见证和参与中国公益与社会转型的宏大历史叙事和微观公民行动。

二、广播电视

广播是以声音传递信息的电子媒介,传播迅速,覆盖面广,对受众几乎没有文化程度的要求,可以到达公益组织各类型的服务对象,且播出时间和收听时间基本同步,适宜传播时效性强的信息。电视是集文字、声音、图像于一体,综合听觉和视觉效果的传播工具,现场感强,形式多样,非常受公众的欢迎,因此具有非常广泛的受众,传播迅速。两者在公益传播,尤其是公益广告方面均具有较大的影响。

中国现代意义上的公益广告出现在改革开放前后,1986年贵阳电视台播出公益广告《节约用水》,被认为是我国是第一条经过专业创作的电视公益广告。

1987年,中央电视台广告部开设第一档电视公益广告栏目《广而告之》并产生了很大的反响;1996年,国家开始重视公益广告,由国家工商总局主持开展主题公益广告月、公益广告优秀作品评选和公益广告播出要求等,推动了中国公益广告的发展。公益广告的原动力来自高度的社会责任感,提高企业的社会责任感,是促进公益广告走向良性发展轨道的关键。

目前我国的广告形式以电视广告为主并呈继续增长态势,电视广告可谓公益广告最主要的形式,对受众具有一定的说服力。公益广告发展到现在是伴随着我国的社会热点进行的,从平面宣传到电视广告再到现在的微电影公益广告模式,都带有一定的政治色彩,公益广告想要实现长足发展,就必须打破主导的僵化模式。对于建立新型广告运作模式的重要性,我国许多学者已经多次进行了强调,对于转变旧有模式基本达成共识,先尝试由媒体主导模式渐渐取代政府主导模式,建立起较符合社会发展的完善的运作机制。

在很长一段时间内,广播公益广告都是直接使用电视公益广告的影像效果,等于是电视声音的复制。后期,公益广告制作人也开始结合广播的特点,创作了一批专门针对广播电台的公益广告,电台广播公益广告都是以有声语言为主,结合旁白、音乐等形式。可视广播开始出现,广播电台也开始联网,这大大改变了广播公益广告的播出效果,借助网络互动平台,广播电台也突破了时间和空间的束缚,使受众掌握了更多的主动性。

在公益广告呈现形式方面,广播一直处于一种弱势地位,这是由其本身的传播方式决定的。在喜马拉雅有声APP中,与公益相关的专辑有2154个,声音有42458个,加V用户有1164个,从数据可以看出公益与广播的结合形式在当下公益传播的发展中虽然不具有优势,但是其本身还是具有一定的影响力的。

---

① 张雪弢.创新语境下的社会变革[N].公益时报,2014-01-01.

三、互联网

20世纪以来网络传播越来越受到重视。互联网是革新性的,它开放、快速,具备交互功能,受众反馈迅速,信息内容包罗万象,不仅兼有传统媒体的优点,而且突破了人际传播一对一或一对多的局限,在总体上形成了一种多对多的网状传播模式,为各类媒介的融合提供了便利。更重要的是,互联网颠覆了以往任何一种媒介,第一次有望将话语权赋予到每一个普通公民身上。随着移动互联网的迅猛崛起,网络传播将进一步实现技术赋权。

1. 公益传播新形态

(1)互联网时代,公益传播业态发生质变并呈现出全新特征。

高效的网络互联互动,给无助的人们构筑了一个寻求帮助的新平台,给善良热心的人们提供了帮助他人的新途径,使得公益传播变得更为简单、直接和有力。在这一背景下,公益社会资源动员结构也出现新的变化。未来的公益传播必须敏锐感知并掌握这些新趋势。

以互联网为终端的一整套技术,彻底改变了信息传播和人们沟通的方式,带来了社会结构深层次的变化,对社会价值观、生活方式产生了冲击。它席卷了政治、经济、文化等社会各个层面,将会带来一场传播革命。互联网的普及,特别是移动互联网的兴起,给公众参与公益和公益组织的方式带来了影响,使公益传播有了全新的形态、功能和价值。大数据的利用,也给公益传播更多的发展机会。事实上,互联网在公益传播领域的创新潜力,远远超出我们的想象。

(2)互联网技术发展带来公益传播质变。

互联网的普及为公益传播提供了高效、便捷、多元、低成本的工具,网络信息传递速度之快、资源共享度之广是传统媒体不可比拟的。互联网赋予每个人创造并传播内容的能力,以微博为始的社交媒体出现后,人们对话题的关注度精确到了秒,其即时化信息生产在一定程度上确保新闻热点和社会焦点能够达到真正的实时更新。以互联网尤其是移动互联网为基石的新媒体作为一种参与式的互动传播媒介,改变了传统媒体时代自上而下的传播模式,不仅公益组织自身能够作为传播主体发布信息,公益参与者和普通公众也可以参与传播的过程,扩大了传播的参与基础。同时,在互联网时代,传播媒介更为多元、反馈更为迅速;传播的目标从劝说和教育变成倾听、沟通对话和动员鼓励。

(3)互联网的发展促进了中国公益理念与实践的变革。

互联网的出现革新了人们发布、接收信息的方式,打破了之前由少数权威机构和人士所垄断的话语权,并促进公众理性、广泛关注社会事务、参与社会话题,从客观上推动了公民社会的进步,也推动了中国的公益事业从官办公益向全民公益、微公益发展。在互联网平台上,越来越多的公众开始关注各种社会需求,保护弱势群体利益,推动社会公平和正义。互联网技术大大降低了公益传播与公益运营的成本,使公益项目的运作和参与门槛大大降低,很多草根公益组织与公益人完全借助博客、微博、微信公众平台等社交媒体与手机APP等成功实现了项目发起、传播推广、资源筹措和志愿者招募等一系列活动,移动支付的发展使捐赠行为的门槛以及资源流通的难度都大为降低,这一切都极大地推动了全民公益理念与实践的形成。

(4)大数据的挖掘使公益传播趋向专业。

众所周知,大数据时代,数据作为和人、财、物比肩的资源,正在成为公益组织的财富和创新的基础。通过数据的挖掘和析出,组织可以精准掌握受众的人口学特征、媒介使用习惯与网络心理,可针对受众的特点深入制定组织在传播倡导、筹资营销等方面的技巧和策略,为公益传播决策提供全方位、多层面的参考,使传播行为更具针对性,传播效果更具精确性,传播资源得到更进一步的整合和利用，传播的导向判断和趋势把握也变得更加有据可依。大数据的应用使得公益组织针对受众"定制"个性化的传播方案成为可能，打破了以往公益组织在传播与营销资源上的弱势局面。

2. 互联网时代公益传播的全新特征

互联网以强大的社会动员力与凝聚力全方位推进公益传播的发展。而移动互联网的普及更使得公益传播的主体及传播渠道与以往相比发生了巨大的变化，其独特的平台属性颠覆了传统媒体时代的传播方式，为互联网时代的公益传播带来了全新的特征。

（1）个性化。

基于互联网的社交媒体是众多个体的聚合，它以非组织性的用户为主体，将网络上的一个个用户联系起来，通过用户间的协同合作实现其公益价值。正因为如此，社交媒体中公益传播的内容和题材的选取能够更多地体现个体的需求和特质，在主题筛选、表达形式和表现风格上具有较强的个性化色彩。这种个性化的公益传播，从某种意义上讲，表达出了更多的公益需求，形成了更加丰富的观点，将个体的力量汇聚起来，创造巨大的传播价值，也是对政府、企业、传统媒体主导的公益传播的有力补充。

（2）公共化。

互联网具有自由、开放、互动、社区化的特点，能够促进以社交媒体为基础的社会网络的形成。在公益传播的过程中，公益组织作为传播主体，主要表达的是公共利益需求，而互联网则不仅是公众表达意见和见解的平台，也是公众监督公益行为的渠道。在对公益信息由认知、接受到自主传播、付诸行动再到监督、管理的过程中，公众的公益传播理念不断地发展，公民意识及参与热情获得了提升。

（3）多元化。

互联网实现了公益传播平台的多元化。一个正当社会热点的公益活动不仅能成为许多网络媒体的报道热点，也能吸引传统媒体的关注和支持。在这个过程中，社交网络、即时通讯等多平台之间的信息充分互动，涵盖人际传播、组织传播、大众传播等各种传播形态，传统媒体与网络媒体相互设置议程，共同推动事件的发展，体现了传播渠道的多元化与各平台之间的互动连通性。在此过程中，公众依托互联网形成的个体力量的汇合与政府、企业、传统媒体以及公益组织的力量形成对接与整合，集结线上线下的资源，实现各种传播媒介的整合，促进了多元传播主体的互补。

3. 互联网公益传播的社会动员结构

新媒体低门槛、互动性、参与性的特点使其在推动公益实践发展方面具有得天独厚的优势。它调动起每个个体的积极性，汇集民众的力量，将来自民间的、广泛的公益热情和诉求展露无遗。"免费午餐""大爱清尘"等成功的公益项目开展和推进过程中，互联网发挥了不可替代的作用，在快速汇集公民的公益意愿和捐赠的同时，也让全民公益的理念和文化得到了最广泛的自动传播。加之大数据的支持，使得资助方与受助方的需求得到收集、分析与汇总，以往在公益传播链上细枝末节的地方如今可以被关注。

互联网拓展了公民公益的公共空间，使公民对于具有公共意义的社会事件的参与度和关注度空前提高，成为中国公民社会成长的重要助推器。可以说，与互联网、新媒体和大数据的结合，是公益传播发展史上一个重要的转折点。互联网时代的公益传播充分利用了新媒体的大众性、草根性、即时性、参与性，极大地促进了公益的平民化、常态化，使得公益更像是一种生活方式,不仅推动了民间公益事业的发展,更传递了一种"人人公益"的理念。近来,新媒体作为一种社会化程度高、成本低廉的媒体形式,给公益传播提供了一个全民参与的渠道,发挥出极大的社会动员力。

互联网使得每个人的力量都变得很重要,每一分钱、每一天的"微公益",并不是想象中那样"微不足道",世界已从"少数人做很多"变为"每个人都做一点点"。高效的网络互联互动,给无助的人们构筑了一个寻求帮助的新平台,给善良热心的人们提供了帮助他人的新途径,使得公益传播变得更为简单、直接和有力。互联网给公益提供了广阔发展的天地,以一种独特的方式为公益事业的发展注入了新的生机和活力。

四、社交媒体

社交媒体是新媒体时代中异军突起的一大传播媒介,它使现实的社交网络搭建到了互联网上,并且迅速扩展。公民散播能量和创造力的渠道不再是组织与机构,而是互联网与社交媒体。尤其当80后和90后——分别被称为"新媒体时代的移民"和"新媒体时代的原住民"开始走上历史舞台、参与公共事务时,社交媒体开始用弱连接的方式推动着一场场规模盛大、讨论热情、听众广泛的群体协作行动。

社交媒体(social media)是人们用来创作、分享、交流意见、观点及经验的虚拟社区和网络平台。社会媒体和一般的社会大众媒体最显著的不同是,让用户享有更多的选择权利和编辑能力,自行集结成某种阅听社群。社会媒体并能够以多种不同的形式来呈现,包括文本、图像、音乐和视频[1]。根据维基百科的定义,社会性媒体(social media),利用互联网技术和工具,在人群间分享信息和讨论问题,通过不断的交互和提炼能够有效地对某个主题达成共识,而且其影响速度、广度和深度是任何其他媒体所不能比拟的,而且几乎不用任何花费。

现阶段社交媒体主要包括社交网站、微博、微信、博客、论坛、播客等,而微博和微信最具有代表性,在新媒体环境下,对公益传播产生了巨大的促进作用。

微公益的微是指微小、普遍,意为社会普遍大众所参与其中的公益项目,包括捐款款物、志愿服务等,它的另外一层含义是特指以微博为代表的互联网正在支持更多普通人开展公益行为[2]。2011年,公益传播方式成为了公益实务界探讨最多的话题之一,主要原因在于2011年里,各种公益实践项目的成功、公益组织危机应对的失败都与新媒体的使用有着紧密的联系。微博传播本身具有开放性、互动性和实时性,这些特性在很多时候大大降低了公众参与公益项目的成本,在典型的微博公益传播机制中,以网络意见领袖或者草根个人、组织为首,进行公益信息的发布,粉丝通过关注、转发或者善款的筹集,都扩大了微博参加公益的范围和表现方式。

微公益的传播模式打破了传统公益的传播模式,拉近了公众与公益组织之间的距离,捐款信息和反馈信息更加透明化,提升了公众对组织的信任度和好感度。微信以强关系链接为纽带,成为了近几年公益传播最有效的传播方式,微信的出现给公益传播带来了新的活力,使公益信息发布平台逐渐转向以手机为载体的微信平台,对传统的公益模式进行了有效的颠覆。微信的另一重要平台就是微信公众账号的出现,再一次证明了信息在微信平台上的传播对于接收和传播的主体来说是对等的,也是微信去中心化的表现,在这个平台上,每个人都是信息的发布者,也是信息的接受者。

---

[1] 百度百科 http://baike.so.com/doc/5960712-6173660.html.(社交媒体)
[2] 朱健刚.中国公益发展报告[M].北京:中国社会科学出版社,2012.

虽然同时作为社交媒体的传播方式,目前微信的影响力大于微博,但是对于传播者来说,微博的影响力依旧深远,在公益传播的过程中,将两者进行一个有效的结合,微信之于微博来说,不是替代,而是一种有效的互补,可以增强公益传播的力度和广度。

五、意见领袖

拉扎斯菲尔德提出的"两级传播"理论认为,信息的传递是按照"媒介—意见领袖—受众"这种传播的模式进行的。在新媒体时代,这种假设仍然存在。实际上,意见领袖在公益传播中的话语地位无论在传统媒体时代抑或在新媒体时代都相当深重。即使新媒体赋予了每个人发声的能力,但也正因如此,个体公民的声音很有可能被浩如烟海的信息所湮没,而无论是草根话语抑或是精英话语,通过意见领袖的传播,其传播效应即有被成倍放大的可能。

意见领袖在"微公益"的传播中具有很强的受众粘合性,会引发更多的话题诞生,一般的路径是大众传播通过意见领袖传达到一般网民。"微公益"的议题往往是先由网络上的一些意见领袖发起的,由意见领袖作为发起人相比于一般网民来说有更大的影响力,更容易促成公共议题的产生。

互联网是一个信息开放的环境,具有一呼百应的号召力,为公益事业提供了适宜生存的土壤。由意见领袖发起倡导的、点对点的直接公益是互联网时代公益传播的一个显著特点。这些意见领袖包括著名学者、企业家、社会精英、影视明星等,他们以社交网站等新媒体为平台,通过自身的影响力和社会关系,迅速吸引普通民众关注并进而参与到具体的公益活动中。

在一个公共议题诞生后,意见领袖会不时发出相关的信息,跟进事件的发展,不断补充事件发展的最新信息,使得网民能够持续关注,进而延长议题生存的时间①。相比较而言,意见领袖形成的"微公益"议题往往会很容易形成关注的焦点;并且随着相关事件的发展,受众关注阵地会从线上转移到线下,延长议题的周期。越来越多的公益项目延伸到线下,在事件发展的过程中,意见领袖所起到的作用使事件的关注范围得到扩大,围观式的"微公益"通过裂变传播形式不断累加,最终会产生广泛的社会效应,作用于现实社会。

"微博打拐"和"免费午餐"的成功表明微博和公益事业的相互结合能够起到一个很好的化学反应,公民参与公益的方式从传统、单向的捐钱、捐物渐渐丰富化和立体化,作用于现实中产生了巨大的舆论并影响到国家法律法规的制定。在微博中,"意见领袖"舆论引导是网络传播过程中产生的独特角色,"意见领袖"与"群众基础"相互结合相当于"名人效应"与"百姓参与"的方式,其中,"意见领袖"利用微博参与公益事业的方式有三种,公益助学、爱心支教和以物换物。换物捐助既能形成市场影响力,又能得到实实在在的捐助,用全新的方式换取更多的支持,换物捐助可以推动公益助学事业的发展②。

意见领袖的作用不仅体现在"微公益"中,还体现在现实生活中。李连杰先生创办的壹基金就是很好的典型。壹基金在诞生初期是一个名人基金会。李连杰的个人品牌成为壹基金品牌快速建立的关键因素。这其中有两方面比较重要:一是创始人的品牌影响力,二是机构的品牌意识。在个人品牌方面,李连杰作为一名国际知名的艺人,拥有很好的正面形象和知名度,品牌形象比较优质,容易获得公众认同。同时他的个人影响力也为壹基金赢得一些社会资源,

---

① 唐嘉仪.意见领袖对微博公益传播的作用[J].传媒 E 时代,2011(8).
② 康思嘉.浅议如何利用微博参与公益事业[J].新闻世界,2012(3).

比如媒体上的曝光、对外的合作。

这对壹基金的前期品牌传播构成了有利因素。从李连杰2007年建立李连杰壹基金计划挂靠红十字会,再到2011年实现公募化转型,期间的六年时间,李连杰扮演着创始人、CEO、品牌大使、新闻发言人等多种角色。壹基金头三年的合作伙伴,很多是李连杰个人的影响力带来的。可以说,早期壹基金的品牌优势中一大部分是从李连杰的个人品牌影响力获得的。

无论中国还是全球,公认企业是社会最有效率的组织,是社会创新的主体,壹基金强调一个公益组织要像企业一样运作,让企业家们容易理解,也更愿意以"股东"的身份参与。2011年壹基金成为一家公募基金会之后,成为一个由多位国内主流企业家担任理事的新型管理架构。而李连杰作为壹基金的创始人和发起人,同时也是壹基金众多理事中的一员,和其他理事一起共同参与理事会,对于涉及壹基金战略和发展来进行共同决策。

 阅读材料一:

公益组织媒介综合运用:以"免费午餐"为例[①]

1."免费午餐"概况

"免费午餐"是由邓飞等500多名记者和国内数十家媒体联合中国社会福利教育基金会发起的公益项目。该项目倡议每天捐赠3元为贫困地区学童提供免费午餐。它致力于帮助因家庭贫困而没有钱享受营养午餐的学生,同时呼吁更多爱心企业和人士加入到活动中,通过社会捐助的力量,对一些贫困山区学校简陋的厨房条件予以改善。"免费午餐"2011年4月2日正式启动。2011年10月26日,国务院决定启动实施农村义务教育学生营养改善计划。

2."免费午餐"实施过程及媒介运用

2011年2月,邓飞在天涯社区的颁奖晚会上结识了一位支教教师,得知贵州省贫困山区学生午餐的急切需求。到贵州探访之后,邓飞开始在两个记者QQ群中,向700个同行发出呼吁,并得到了迅猛回应。最终,以500名媒体人的名义,"中国贫困山区小学生'免费午餐'计划"正式开始施行。

3月29日,邓飞在微博上发出消息:4月2日在贵州黔西县花溪乡沙坝小学试行"免费午餐",给百余学生提供一碗米饭、一碗菜汤和一个鸡蛋。各媒体的记者也将到现场测试、优化"免费午餐"供应模式,供西南其他省区各自复制。

为保证该项目的资金来源,4月2日当天晚上,邓飞在沙坝小学的操场上给中国社会福利教育基金会打了一个电话,希望通过在该基金的"多背一公斤"基金下面设立一个专项账号,依次为"免费午餐"取得公募资格。最终,他赢得了中国社会福利教育基金会的支持。

一切办妥之后,邓飞在微博上发布了一条"免费午餐公募"的信息,呼吁网友们捐款为孩子们提供"免费午餐",反响巨大,三天时间捐款就突破5万元。

在前期的工作中,大量媒体的参与保证了"免费午餐"的曝光度,众多爱心人士的加入也提供了丰富的人力资源。由此,邓飞提出了要建立一种慈善新模式——在一个省(区)寻找一个兼备影响力和执行力的良好媒体,来推动和监管"免费午餐"的执行;基金会负责汇总捐款,再

---

① 王钏.中国公益活动的媒体策略和思路——以"免费午餐"公益活动为例[D].杭州:浙江大学,2012.

对接各省(区)的学校。在湖南他们选择了《三湘都市报》,在贵州选择了《黔中早报》,在云南则选择了《云南信息报》。

4月17日,邓飞和《大河报》《南方都市报》《新世纪周刊》记者来到河南鲁山县,推广"免费午餐"项目。这一过程被他用微博全程直播,再度引起无数人注意。一个叫刘嵘的广州企业家在微博上称,谁转这条微博,就向邓飞捐款9元。这条微博最后被转发10万多次,获得捐款90万元。

5月5日,邓飞在微博上募集了十名顶尖摄影师拍摄"免费午餐",用镜头来记录中国贫困山区儿童求学生活之困境,希望社会各阶层齐心协力来帮助孩子们摆脱困境。很快,《新京报》《中国青年报》《都市快报》《春城晚报》《潇湘晨报》等数十家媒体派出各自最优秀的摄影记者参与其中。邓飞表示这些摄影作品最终将整合成一本图册,在2012年年初于全球义卖,所有收入用于"免费午餐"项目。随着媒体的宣传、加入,更多的人参与到该项目中。

终于队伍的扩大影响使政府响应了这一活动。2011年10月26日,国务院决定启动实施农村义务教育学生营养改善计划:中央每年拨款160多亿元,按照每人每天3元的标准为农村义务教育阶段学生提供营养膳食补助,普惠680个县市、约2600万在校学生。从"免费午餐"到农村义务教育学生营养改善计划,舆论普遍认为,民间探索引领了国家行动。

3. 媒介综合运用评价

"免费午餐"的成功离不开全媒体时代下的广泛传播。首先,"免费午餐"可以说是人际传播集结与扩散的典型。QQ群中的人际传播是整个项目的开端,同时也奠定了坚实的媒体人际基础。

微博起到了及时交流和沟通的作用,它在信息流通中是至关重要的。在"免费午餐"互动过程中,主要用到了两个工具:一是传统媒体进行持续的、稳定的报道,是活动的一根大血管;二是微博能够在传统媒体展现儿童的困境,让民众知道这个信息后,再通过微博进行更细致、更细腻、更及时的交流和沟通,从而激活民众的善意,并且方便他们进行后期的捐助。微博与传统媒体是相互补充、相互促进的。因为影响社会大多数人的依然是报纸、电视、广播等传统媒体,但要想让活动知晓得更微观,还是要靠微博。

在微博出现之前,媒体大多是充当一个记录者、报道者,每个媒体人都是一个个体,缺乏足够的联系。微博出现后,一方面促进了信息的交流和沟通,最主要的是起到动员组织的作用;另一方面,可以把有共同爱好的人连结在一起,使他们之间能够更好地谐作,而传统的媒体工具是很难达到这一效果的。同时,"免费午餐"淘宝公益店的开启,充分发挥网络与草根慈善的优势,畅通了民众捐赠的渠道,也成为"免费午餐"可持续下去的重要平台。

"免费午餐"把传播平台重点放在微博上,无疑是看中了网络媒体的便捷性和交互性。网上消息更新速度虽然快,但是传播的信息大部分能够保存下来,微博言简意赅,渗透能力互动性都极强,受众可以任意对信息进行编辑和转发即我们经常说的接受信息和传播信息。"免费午餐"发起于网络,当传者第一时间发出消息,受众可以及时将反馈信息传达给传者,传者将收集到的信息进行答复,这样的效果事半功倍。"免费午餐"的各种活动、资金流向,包括要求被捐助的学校开设微博、"晒账单"、接受网友的监督等,网友们可以随时监督并提出质疑,"免费午餐"的一举一动备受全国4亿网友关注。

"免费午餐"在微博上一推出,传统媒体立即响应,《人民日报》《湖南日报》《大河报》《新京报》《新民晚报》等知名媒体纷纷加以发布系列报道。新闻媒体对社会舆论进行正确的监测和

公益传播

引导,民意反过来监督媒体和项目是否弄虚作假。"免费午餐"用图文并茂的形式进行报道,视觉传播和影响传播给受众带来更生动的内容,这种表现形式的多样化也使得监督报道更形象和立体化,使受众心理产生共鸣。受众可以相互交流对"免费午餐"的建议和疑问,"免费午餐"也可以及时与对方沟通解决问题,监督效率提高。网络媒体与传统媒体的优势和劣势形成互补,舆论监督与受众形成良性互动。

因为有微博等新媒体手段和传统媒体的合力推动,"免费午餐"项目发展得越来越好。利用微博平台,通过500名记者的联合倡议发起,通过挂靠既有基金会完善募捐资格,借助区域性主流平面媒体的报道推动,吸引社会力量补给贫困地区儿童营养,可谓媒介运用的典范。

 阅读材料二:

NGO 如何玩转移动互联

2014 年 05 月 13 日 陈嘉俊①

说起互联网,我们总是想到新媒体的传播。

但我这里想谈的其实更多的是 NGO 如何应用移动互联的思维(我这里把新媒体、互联网、移动互联都混在一起谈)实现高绩效。当然,下半部分我会谈谈对 NGO 运营移动互联进行营销传播工作的思考。

1. 移动互联的关键词

我们常常谈互联网、谈新媒体、谈微博微信,挂在口边总有点工具化的感觉。我们总是在说,但它到底是什么,相信很多 NGOer 甚至社会上大部分人都知其然而不知其所以然。移动互联的关键词,以本人非常浅薄的洞察,分别是以下方面:

(1)免费或者说往低成本的方向倾斜。

请问谁用微博微信是给钱了的?请问你在谷歌上查资料交钱了吗?撇开知识产权的问题不说,我们是不是都有过在网络上下载电影、音乐的经历?至少,我们肯定在线看过或者听过,有多少人给钱了,或者说付出的金钱很多吗?

所以,移动互联一个很重要的特点是免费。当然,有人问,免费商家怎么活?看优酷有广告,谷歌根据用户的查询轨迹做大数据分析并把用户推荐给商家。用户免费是一个必然的趋势;当然还有一种模式是,基本功能免费,高级功能收费。我一开始是印象笔记(evernote)的普通用户,后来感觉挺好的,需求很大,就成了付费用户了。我在写这篇文章的时候,也是在该软件上,在地铁用手机、在办公室用电脑完成的。

(2)无组织自发同时又以自我为中心。

我们看到豆瓣小组、微博大V,甚至是我们自己的博客、QQ 空间,我们已经看到正在发生的变化了——以前我们是看别人写、看别人做,而现在,我们已经可以自己写,甚至自己能做了(例如,3D 打印已经悄然到来了)。只要你想,你就能做。

---

① 本阅读材料是作者对社会组织拜客广州负责人陈嘉俊的约稿。文章首发于作者运营的微信公众号@中大公益传播。互联网、新媒体、移动互联等等都是当下热门的话题,也成为公关与营销的重要手段之一。迎合互联网大热的时代潮流,陈嘉俊认为,NGO 要在对移动互联有深入了解的前提下,把自己打造成为具有移动互联 DNA 的 NGO,发挥互联网的最大作用,使公共关系达到高绩效。

与此同时，我们所写所做的已经不是为了服务所有人或者像传统工业文明时期的追求规模经济了，我们所面对的客户既少数又死忠，既流动又庞大。为什么这样说呢？在移动互联的时代，除了少数特大型的基础性平台，其他都是无数的小分子。这些小分子代表着每一个个体自身个性化的需求。我们会自发自行去做一些自己感兴趣的事情，如果没有满足我需求的事物那就自己创造（哪怕那个关注某一个不知名作家的豆瓣小组只有3个人、哪怕喜欢吃三文鱼鱼尾的高中同学微信群只有5个人）。大家在寻找身份的认同，所以尽管你找不到几个跟你兴趣相投的，但一旦接触就会产生极大的化学反应。所以，我们只需要服务一小部分人就足够了。然而，我们说的这种死忠又是非常不稳定的——移动互联给予每个人非常快的转换速度和非常低的成本。今天我可以关心这个事情，明天我就可以完全不管这个事情。

另外一个很有趣的观察就是，尽管每一个人在移动互联上的可获取性、可通达性已经抹平（只要能上网，人人都可以发微博、人人都可开公众号），我们潜藏在心里面寻求身份认同的天性没有变。因此，移动互联让那些"臭味相投"的人跨越物理界限，走得更加紧密。这种"以自我为中心"的需求的满足，是通过"加入一个牢固的群体"来实现的！

（3）联结及黏性。

只有大量的人在使用，只有用户能跟其他用户产生交互，移动互联才有生命力。淘宝的评论，豆瓣的评分，新闻客户端的新闻排行，大都源于此。前段时间碰到"米公益"的小伙伴，我给她们提了一个意见。你们可以在某个时间点组织一群人一起举手机（过去她们是通过鼓励用户单独活动，例如跑步、举手机等行为换取公益积分和慈善捐赠）。意思就是，你要让使用这个客户端的用户互相之间产生联结。如果无法跟别人互动，那我为什么还要通过手机打开这个APP浪费流量？

另外，也是由于互联网这种去中心化的特点，我们要提高用户的黏性，不能总是"王婆卖瓜"，而应该窥探用户的需求，是什么能够让你的目标客户之间互相产生黏性，而不是对你产生黏性。用户们因为你的帮助，让他们找到彼此，那你就成功了。别总想着用户为了你而来——用户是为了自己而来的。

（4）随时随地。

脱离物理的限制、时间的限制，任何行为基本上都没有了限制。这个特点太明显，但我们往往最忽视的就是这个！公司的传播官员工作时间是朝九晚五吗？公司的活动是安排在靠近公司的地方，还是方便客户的地方？公司的投票活动能不能够让人在坐地铁的时候就完成？

（5）以价值主张和结构化的数据为本（而不是以资源和物料）为核心竞争力。

由于互联网是"平的"，没有了信息的鸿沟（只要你努力并用恰当的方式，你就能获取你所需要的资讯），就意味着我们过去依靠资源垄断而制造的不平衡正在消失。人人都有同样的聪明才智策划行动、制造产品的时候，你我的差异在哪里？首先，是你对知识和数据的运用方式。互联网帮助每个人解决获取知识资讯的第一步，但如何解读和使之成为有效的数据，将会是未来组织和组织之间的鸿沟所在。用一个最直接简单的例子就是：同样的一段新闻，每个人看了有各种不同的反应，这些反应的差异就是关键。当然，我个人认为，人人时代，获取用户就获取了智慧。而获取用户则不需要智力，而需要价值——不要告诉我你需要什么，告诉我你为什么需要。why，这个词，在未来会越来越重要。人们的生产效率大幅提高的同时，精神世界需要被满足和填充，人们对物质追求的动力在下降，价值追求的动力在急剧上升。因此，如果我们有合适的价值主张,同时有能力有效利用数据,提供满足用户需求的产品或服务,这样的组织,应该会在未来具有非常高的核心竞争力。

(6)如果还有第六点或者第七点,那就是移动互联不是什么。

首先,它不仅是一种工具,更不仅仅是一种技术,更准确地说,应该是技术更新所引发的思潮、思维方式、行为方式的变革。

另外,它不是一种救世的方法。就正如核能一样,简单认为只要使用移动互联就能解决问题,我想这也是浅陋的。

2. 成为具有移动互联 DNA 的 NGO

NGO 在日常管理运营,甚至项目工作中可以如何应用上述的特点——把自己打造成具有移动互联 DNA 的 NGO。我简单列出几个可能性供大家参考。

(1)项目工作中,发动志愿者的充分参与(众包)。

NGO要做的是制定游戏规则,而不是管理志愿者。清晰界定目标和所给出的资源,而不是操控和指引。你可能会说,这样也许志愿者不会做或者做不到,他们只是志愿者而已。但我要告诉你,正因为他们是志愿者,如果你给出的要求大大超出他所期望的付出,人家当然会跑掉。另外,志愿者不是为了你这个组织而来的,而是为了他自己(所追求的梦想和目标)而来的,尽管你想管,似乎也管不着。最后,如果我们的项目设计是根据自己的方便来设计的话,那自然就是你懂的。

我的意思是,现在做不到有很多客观的原因,如志愿者培训、招募工作等如果做得不好,后面无论你用什么的管理工具,都不一定有效。我想表达的是,现在做不到不代表现在不需要起步。给予更多空间和资源,他们需要的不是管理和教育,而是需要参与感和成就感。

(2)寻找免费的替代方案(轻物质重人才)。

做一个轻组织,一直都是拜客的目标。既然移动互联的重点不在于物料,而在于用户和数据,我们为什么要买一大堆东西呢?举行活动的时候,单车可以借来我们就不需要买;需要技术支持,我们可以做劳动交换或者共用一个人而不需要专门请一个全职员工。我们之前还跟绿点、地球之友共用了办公室两年。真正让一个组织能够得到沉淀的,是组织里面的人才的成长,以及用户的忠诚度的提高。不是说不能花钱买物料或者做硬件的投入,而是说,我们要评判这些投入对员工的发展是否有帮助,对满足用户的需求是否有决定性作用。我总是说,钱要花在人身上,大概就是这个意思。

(3)客户需求驱动。

过去是企业生产产品,而后再卖给消费者。未来,很可能是消费者先提出需求,然后企业再生产产品。NGO,准备好迎接了吗?你的项目设计和实施周期是否足够长到过程中服务对象都离开这个社区,都已经死去?你的项目是否有足够的灵活性来满足随时在变化的用户需求?更关键的是,你设计项目的时候,到底是听谁的?基金会的?死路一条!项目主管的?自娱自乐!那听谁的,听你要服务的对象的。他/她才是你最要关心的人,其次才是捐款对象和领导。如果你的服务对象对你 say no,设计得再好的活动,筹集再多的善款,也都没法真正转换成社会价值。

(4)弹性的工作时间和地点。

既然我们能够通过互联网随时随地接触客户,而我们的客户也是可以来自天南地北,我们再朝九晚五守在一个办公室里面,就显得太落伍了。也许,我们需要周六日上班,周二周三放假? 又或者,下午四点到晚上十点上班。虽然有同事根据客户使用互联网的高峰去安排上班时间有些夸张,但至少应该适当破除那种固定上班时间的观念。另外,更灵活的办公场所——如果可以借助互联网完成会议、工作交接,还需要办公地点吗? 如果我们的机构做得足够"轻",我们也可以在某个咖啡馆里面开会,在某个餐厅上网一整天。如果拿拜客广州为例,我们的同事似乎应该更多泡在自行车店里面吧? 告别在办公室对着电脑打文书的日子。

(5) 去中心化和价值化。

有一本书叫《海星模式》——海星被切除了很多分之后,依然能独立生存,并成长为完整的海星。我认为,互联网时代,组织发展壮大不能再依靠规模的扩张(只会导致边际成本更高,效率更低)。更理想的方式,似乎是去中心化,建构更多的"分部"和"分支"。这些分支不是依靠管制来治理的,而是依靠某个价值来维系的。而初试的 NGO,则成为价值的生产者(而 NGO 的本质,其实也就是某个价值的生产者而已。所以,这是让 NGO 回归到本质上去)。

3. 关于 NGO 新媒体营销技术

首先要问自己五个问题:我是谁? 我的客户是谁? 我要让客户怎么样? 客户在哪里? 我怎样"去到"客户那里?

前面三个问题,往往是最容易忽略但最难回答的。而后面两个问题,相对容易。那些乙肝病人,可能就在药房门口;那些残障人士,也许在医院里面;那些工人就在工厂中。

只是,当我们认真思考起来,每一个问题,都不容易回答。

第一,我是谁? 我的客户是谁? 这涉及机构的定位问题。其实很多组织都搞不清自己是谁(拜客也一直在苦苦思考"我是谁")。我是一个公益组织? (能在深入一点吗?)我是一个为山区小朋友助学的组织? (哪里的山区? 几岁的孩子?)看上去意义不大,但我要告诉你——不是每一座山的小朋友都需要你,不是所有年龄的小朋友都需要你(更别说不同的地域文化差异,不同年龄对学习的需求的差异。如果我们认真对待行动的有效性的话,这些差异都是需要我们审慎思考的重要命题)。所以,自己知道是为了谁服务的(他们有什么需求和特点),才能更好地明白自己是谁,以及我们要做些什么工作。

第二,你要让他们怎么样? 要有行为上的改变,还是观念的更新? 要影响和改变的目标不同,传播工作的方式方法(甚至到文案本身、图片选取)都不同。这回过头来影响我到底应该是一个怎么样的组织。

因此,我是谁、客户是谁、要让他们怎样,这三个问题是互相影响互相牵引的。任何一个命题改变了,其他也肯定相对应要进行调整。

第三,在互联网的时代,客户是非常分散和无序的。它不像现实的社会环境,有具体的生活场所。特别是我们要回应一些隐性的社会问题时,要服务的对象往往潜藏得很深。如果我们没办法借助现有的平台找到他们,那可能就要自建渠道了。

如果我们心里面对上面五个问题有足够深刻的思考,剩下的就是做一个媒体传播的策略以及具体技巧的问题。

当然,我比较倾向塑造文化而不是介绍机构。因为我们在前面已经提到,移动互联时代,用户是跟着内容走,被价值所联结。他们不会在乎这是一个公益组织还是其他,他们更在乎这个组织说些什么(是否符合他个人的价值取向),提供些什么(是否对他有用)。我们经常是推销活动,而忽略了思考自身组织所追求的价值观。那些多姿多彩的活动背后,其实有很多共性的东西值得我们挖取，而成为我们机构的文化理念。还有就是，我们在推销机构和活动的时候，往往是站在自己的角度去思考，而忽视了对于接受者来说有什么用。评估传播效果，也仅仅停留在阅读和转发这些方面。而在我看来，移动互联思维看重转化和覆盖，但又把死忠的重要性提高了。因此，如果我们要谈机构的社会影响力或者传播力，除了说有多少媒体报道，覆盖了多少人，还需要讲讲有多少人愿意为了我们机构"卖命"（例如做志愿者、例如做二次传播）。

如果这个话题再往细节里面说，我可以举例。例如微信公众号，有好几个指标，一个是送达率、一个是阅读量，还有一个是转发分享数。我认为，阅读量和转发分享数比送达率更为关键。

第四章

公益组织的品牌运营

第一节　品牌相关概念概述

一、品牌的含义

品牌,英文单词为 brand,来源于古挪威文字 brandr,意思是"烙印"。起初,在中世纪的欧洲,手工艺者用自己的签名或打烙印的方法在自己的作品上留下标记,用以识别产地以及生产者,这是最原始的商标(品牌化)。美国西部的庄园主和畜牧业者为了区分与他人的私有财产,在牲畜上印上标记,以宣誓自己的所有权。这些烙印主要是一些符号,是品牌的最原始的形式。随着社会生产的扩大化,这种品牌标记的方式也有了很大的普及,"商标"(trademark)和商标法应运而生。法国、英国、德国、美国等国家先后制定了商标法。19世纪,商品经济高度发展,一些资本主义国家出现了大规模的商品品牌化,如可口可乐、吉列、佳格燕麦等。到了20世纪,大量品牌诞生并发展,劳力士、福特、万宝路、百事可乐、沃尔玛等品牌的兴起都是品牌全球化的体现。

现代意义上的品牌概念在20世纪50年代被正式提出,品牌这一概念渐渐为人们所熟知并接受,同时品牌观念的形成也对人们的生活产生了重要的影响。余明阳和杨芳平在《品牌定位》一书中这样对品牌下了定义:企业以消费者、竞争对手和企业自身为主要维度,以行业、市场等要素为辅助维度,从产品、价格、渠道、包装、服务、广告促销等方面寻找差异点,塑造品牌核心价值、品牌个性和品牌形象,从而在目标消费者心中占据有利位置。

随着中国市场化过程的推进,公益组织的专业分工逐渐细化,竞争日趋增强,中国公益组织逐渐从相对垄断的格局走向多元竞争与合作的新格局。同时互联网的发展发挥了巨大的赋权作用。市场化的加剧与互联网时代公民力量的崛起,使得品牌对于公益组织而言变得前所未有的重要——公益组织品牌的价值不仅在于帮助公益组织建立和维持竞争优势,更重要的,也更为根本的是,可以带动公益组织实现其使命和社会影响力,助推公民参与社会变革。

1. 品牌的内涵

品牌的不断发展伴随着其内涵的日益丰富,其内涵主要出现了以下三类定义:符号说、综合说、关系说。

(1)符号说。

美国市场营销协会(AMA)在1960年出版的《营销术语词典》中将品牌定义为:用以识别一个或一群产品和劳务的名称、术语、象征、记号或图案设计及其不同的组合,以此和其他竞争者的产品和劳务相区别。

(2)综合说。

美国奥美广告公司的创办人大卫·奥格威(David Ogilvy)对品牌做了如下的定义:品牌是一个复杂的象征,它是产品属性、名字、包装、价格、历史、声誉,以及它的广告方式的无形总和。品牌也由使用它的消费者的印象以及他们自己的经验来定义。

(3)关系说。

著名品牌学家大卫·艾克在1998年提出了自己对品牌的定义:品牌就是产品、符号、人、企业与消费者之间的联结和沟通。也就是说,品牌是一个全方位的架构,牵扯到消费者于品牌沟通的方方面面,并且品牌被视为一种"体验",一种消费者能亲身参与的更深层次的关系,一种与消费者进行理性和感性互动的综合,若不能与消费者结成亲密关系,产品就从根本上丧失了被称为品牌的资格。

  品牌的内涵在于,它通过采用营销、传播的方式向消费者展示自己的属性和利益,此间更传递了自身的价值、品牌的个性以及在此基础上的品牌文化,品牌能为消费者和企业组织双方带来利益。综上,我们可以认为品牌是一种各个要素的综合体,它集合了企业产品本身所应具有的商品属性、品牌自身的名字、与品牌相关联的产品包装及产品企业好评度等要素,它的主要作用就是用于区分该企业产品与其他企业的产品。良好的品牌可以提升消费者对企业产品的形象感知的好感度,具体可表现出消费者对该企业产品的认同感的提升,从而可促使消费者与企业建立良好的情感及沟通的有效渠道。

  通过对品牌内涵的不同角度的阐释,我们可以看到关于品牌的几个关键的要素:属性、利益、价值、文化、个性、用户。这六个要素是著名营销学家菲利普·科特勒对品牌概念所做的界定。品牌的内涵在于,它通过采用营销、传播的方式向消费者展示自己的属性和利益,此间更传递了自身的价值、品牌的个性以及在此基础上的品牌文化,品牌能为消费者和企业组织双方带来利益。良好的品牌可以提升消费者对企业产品的形象感知的好感度,具体可表现出消费者对该企业产品的认同感的提升,从而可促使消费者与企业建立良好的情感及沟通的有效渠道。

2. 品牌的特征

品牌的特征主要有以下几个方面:

(1) 品牌是一种无形的资产。

  品牌是一种知名度,是一种影响力,当一个企业或组织通过提供优质的产品和服务而被广大的消费者认可,进而获得良好的信誉和知名度,品牌效应就此产生。"品牌"的知名度将会产生凝聚力与扩散力,促进企业或组织进一步发展。可口可乐公司总裁曾说过一句话:"如果一场大火把可口可乐烧光,第二天我就可以再造一个可口可乐!"品牌能带给企业或组织巨大的力量。

(2) 品牌具有双重特性。

  品牌的双重特性是指自然属性和社会文化属性。品牌的自然属性带给消费者该产品的特性,是该产品区别于其他产品的个性。例如,当人们饮用可口可乐时,可口可乐能带给消费者气泡的充实感以及爽滑的口感,这是可口可乐区别于其他可乐的自然属性。社会文化属性则是消费者使用某个品牌为其带来的心理上的满足。当人们购买卡地亚珠宝时,能感受到顶级奢侈品为其带来的心理上的满足,"高端人士、地位高上的人才买得起卡地亚"的想法能使其获得超于卡地亚自然属性外的社会文化属性。品牌的社会文化属性一定程度上能满足人们的"虚荣心"。

(3) 品牌具有明显的排他专有性。

  一个企业或组织在市场中竞争时,品牌就是它们的形象,有助于其在市场中获得胜利。品牌的排他专有性就在于,产品一经注册商标、申请专利或授权经营等,其他的企业、组织或个人都不得再使用。企业通过法律的方式来维护品牌,保障自己的品牌权益。市场上各种产品琳琅满目,但是品牌却是独一无二的。通过经营管理,品牌将优质的服务和产品传播到消费者那里,在消费者心中形成了良好的信誉,这也使得消费者对品牌有了忠诚,进而促使了品牌的排他专有性。

(4)品牌具有一定的风险性和不确定性。

品牌的价值并不是永恒不变的。品牌所有者在品牌运营的过程当中,在各类主客观因素的作用下,一旦发生风险事件,其品牌资产将有可能遭到损失。曾经的国货日化第一品牌索芙特从市值28亿到从2010年起连亏6年,显示出了品牌的风险及不确定性。

3. 品牌的意义

品牌对于消费者和生产者都有重要的意义。

(1)品牌对消费者的意义。

品牌是消费者选购产品时的标准和工具。品牌具有识别的功能,可以指明产品和服务的生产者来源,让消费者能够基于对生产和服务提供者的信任来做出购买或使用的决策,即品牌是消费者选择产品时的一种简单的标准和工具。消费者通过对品牌的了解,可以快速地判断出哪些产品和服务能满足他们的需求,不用再做更多的思考,节省了时间成本和精力。同时,消费者可以通过选择自己相对满意的品牌来降低购买或使用到次品的风险,安全性得到保障。一个熟悉的品牌,特别是著名品牌,是在长期市场竞争中,享有崇高声誉,给消费者带来了信心和保证,同时品牌能为消费者的身份代言,能满足消费者所期待获得的物质、功能和心理利益的满足。

总之,品牌能带给消费者以下意义:识别产品、节省时间成本、规避风险、满足精神需求等。

(2)品牌对生产者的意义。

当一个品牌知名度形成了之后,企业组织可以利用品牌的优势和效应扩大市场,通过品牌的继续发展促成消费者对品牌的忠诚,有助于其占领市场。品牌可以使企业的新产品开发更加便利,节约新产品投入成本,借助成功或成名的品牌来扩大企业的产品组合或延伸产品线,推出新产品。品牌是一种无形资产,企业等组织通过商标注册、专利等方式获得产权,保证其安全可靠地进行品牌建设,促进品牌发展。品牌还有助于企业抵御竞争者的攻击,保持竞争优势。品牌忠诚形成之后,就成为了抵御同行业竞争者的武器,也成为了其他企业进入的壁垒。

简而言之,品牌能为生产者带来消费者的品牌忠诚,助其占领市场、降低新产品投入成本、保持竞争优势。发展品牌、对品牌进行系统的管理和建设对于企业或组织来说十分有必要。

4. 品牌的分类

品牌一般分为产品品牌、服务品牌和其他类型品牌。

(1)产品品牌。

产品品牌是指有形的、实物的产品品牌,如可口可乐、甲壳虫汽车、肯德基等。这种类型的品牌与某种特定的产品有较为紧密的联系,消费者将产品的特性与品牌本身联系在一起。产品品牌提供给消费者们个性化的选择,使其可以根据自身的需要选择不同的产品。例如,汰渍品牌给消费者"用汰渍没污渍"的印象,汰渍这一品牌与洗衣粉建立联想,这种类型的品牌就是产品品牌。

(2)服务品牌。

服务品牌是以无形的服务而不是以产品为载体的品牌。随着第三产业服务业的发展,服务品牌已经非常成熟和丰富,如南方航空、联邦快递、汇丰银行等。当然,无形的服务也是要以有形的产品成本为基础的,其一般与有形产品共同形成品牌。服务的质量、模式、技术、价格、文化、信誉等构成了服务品牌的考察要素。对于产品生产者来说,在现代社会仅仅提供优质的产品已经满足不了消费者日益增长的需求了,生产者还需要提供良好的售前售后服务、按时送货、快速反应处理顾客的要求,服务要素变得越来越重要。

服务的无形性、不可储存性、不可分割性(服务的生产和传递给消费者是同时产生的)、可变性(人不能精确地控制每一次服务)等特点,使得服务品牌区别于一般的产品品牌。

(3)其他类型品牌。

①组织品牌。

组织是人们为了实现一定的目标,互相协作结合而成的集体或团体,如企业、军事组织、党团组织、工会组织等。组织品牌就是指品牌以组织作为载体。对于企业来说,企业品牌是以企业作为载体来塑造品牌的,靠企业的总体信誉而形成。企业品牌传达的是企业的经营理念、企业文化、企业价值观念及对消费者的态度等,是产品品牌和服务品牌二者的衍生。比如联想公司提供电脑、手机、打印机、智能数码等产品,并且提供了全面的全国连锁维修点,优质的产品和便捷良好的服务使其获得较高的销售量,并成功跻身世界企业五百强。

对于公益组织来说,虽然其不能向"消费者"提供具体的商品和服务,但它需要向公益组织的成员及社会展现其在定位范围内所做的事情,展现良好的形象,当其品牌形成之后,更多的社会大众将加入到其中,使其发展壮大。

②个人品牌。

个人品牌是以个人为载体的品牌。当个人达到一定的高度,他或她成为品牌是极有可能的。贝克汉姆、莱昂纳多·迪卡普里奥等名人都已成为一种品牌,消费者对他们个人的印象直接影响着他们的"品牌"。在第十一届慈善募捐中,股神巴菲特的午餐拍卖达到创记录的263万美元,这就是其个人品牌的体现。个人品牌的运营和维护取决于个人对于自身的专业、形象等的维系。

③事件品牌。

事件品牌往往以大型事件为载体,如奥运会、亚运会、世博会等。事件品牌有大型事件作为依托,当奥运会举行时,全世界的目光都聚集在它身上,奥运会成为人们津津乐道的话题,这时候奥运会就成为了一种品牌,拥有着巨大的价值。其他的事件品牌也一样,透过大型事件吸引了公众的注意力,以此产生了品牌效应。

二、品牌管理

1.品牌管理的内涵

我们已经知道了品牌是什么,并且知道品牌的重要意义,对于品牌的管理也就是一件顺理成章的事。那么什么是品牌管理呢?

管理,manage,根据牛津词典的释义,意为做难做的事,处理问题,有金钱、时间、信息等意思。随着管理学科的发展以及人们的生活实践,管理可以定义为决策、计划、组织、执行、控制的过程。今天,我们生活中越来越多地提到管理一词,比如时间管理、项目管理、绩效管理等,"管理"被广泛地应用于各种场合,以提高效率和效益。

品牌管理的概念通常用于企业产品上,通过对品牌的计划、组织、实施、控制来实现企业战略目标的一种经营管理过程。品牌管理是对品牌的全过程进行有机的管理,品牌管理可以帮助组织存储良好的形象,并且还可以为组织实现增值、塑造形象和维护组织的权利。

2.品牌管理的内容

品牌管理的内容有品牌定位、品牌传播与营销、品牌维护、品牌创新、品牌延伸等。

(1)品牌定位。

品牌定位（brand positioning）是组织在综合分析目标市场与竞争情况的前提下，建立一个符合原始产品或服务的独特品牌形象，并对品牌的整体形象进行设计、传播，从而在目标消费者心中占据一个独具价值地位的过程或行动。

(2)品牌传播与营销。

品牌传播（brand communication）是组织通过广告、公关、销售、人际等传播方活动，将品牌推广到目标群体的方式，在品牌管理过程中占据非常重要的位置，通过品牌传播，才能让更多人了解甚至使用某品牌，组织才能为实现自己的战略目标聚集人气和资本。可以说，品牌传播是品牌管理环节中最至关重要的一环。

(3)品牌维护。

品牌维护（brand maintenance）是组织为了对现有的品牌形象进行保护，保证该品牌所具有的市场地位、品牌形象及品牌价值不受到整体大环境的变化或者内部变动等的一系列影响，从而采取的一系列行动措施的总称。品牌维护是品牌管理过程中不可或缺的活动。

(4)品牌创新。

品牌创新（brand innovation）是指品牌拥有者根据市场环境的变化和消费群体需求的变化而不断调整和发展品牌的内涵和表现形式。品牌创新可分为技术创新、质量创新、商业模式创新和文化创新，创新的实质是为了让品牌具有创造价值的新能力。

(5)品牌延伸。

品牌延伸（brand extensions）的意思是新业务或新产品的品牌从原来的组织或产品的延伸，其中一些业务或产品可能共享同一品牌。组织通过品牌延伸，可以增添新产品的接受程度，降低成本和风险，还可以促进多元化的发展。

3.品牌管理的意义

(1)品牌管理有利于提升组织知名度，培养消费者的忠诚度。

当下是品牌的时代，随着社会经济的发展，人们的品牌意识开始形成和深化，并且倾向于选择有品牌的产品和服务。品牌管理有助于形成一定的品牌忠诚，品牌知名度的扩大可以吸引更多的人作出选择，有利于培养消费者的忠诚度。

(2)品牌管理有利于取得竞争优势。

在国内品牌同质化竞争愈演愈烈的情况下，做好品牌管理显得尤为重要。通过做好自己的品牌定位，传播营销品牌，妥善维护品牌等一系列品牌管理方式，组织才能在竞争中取得优势。

(3)品牌管理有利于组织形成内部动力。

当一个组织的品牌形成并发展之后，能吸引到的不仅仅只是消费者，也会吸引到优秀的人才加入其中。组织对组织成员的影响和组织自身品牌的强弱有很大的关系，组织的荣誉感会在强势品牌的影响下加强。当一个成员为自己服务的品牌感到骄傲的时候，其主观能动性会潜移默化地增强，从而会逐渐推动组织的发展。比如，每年华为公司在校园招聘中都受到了广大优秀学子的欢迎，进入华为公司后的员工也在"华为"品牌荣誉感下为其更好地服务，这产生了良性循环，更促进了越来越多的优秀人才进入华为。

4.存在的问题

(1)品牌形象不鲜明与组织识别度低。

品牌是公益组织公益事业独特的身份标识，也是利益相关者对组织的外部评价。公益组织的品牌形象虽不用于商业推广,却是体现公益组织使命的重要标识。我国当前组织大多提供的是同质化产品或服务,没有明确的品牌定位,无法在公众心中确立一个差异化地位。大卫·奥格威在20世纪60年代提出了品牌形象论,指出品牌形象是通过视觉、行为和理念识别等三个层面共同构建的。目前,这三个层面在我国公益组织的品牌形象建构活动中都有所欠缺。在视觉识别方面,品牌标识的辨识度不高使得组织很难将明确的形象传达给公众,这主要源于组织对品牌标识的价值重视不够,甚至很多公益组织对品牌存在"形象排斥"。在行为识别方面,公益组织大都是依靠自身的官方网站,传播力度不够,同时也缺乏对其活动和行为的公开,如善款的来源和去向、受益对象的选择和公益活动的开展等方面。在理念识别方面,公益组织在经营方式和战略方面缺乏差异性。公益事业涉及教育、环保、扶贫、维权等许多领域,而目前出现的各种类型的爱心基金和救助基金等定位模糊和雷同,在业务范围、运作模式等方面缺乏特色,品牌形象不鲜明,缺乏辨识度。因此,随着公益组织同质化竞争的加剧,公益组织需要精确地发现公益组织的具体服务目标,评估自身的发展环境,从而使公益组织在发展的初始阶段就能以标志性的形象引起社会各界的关注,在公众心目中占据一个独特、有价值的位置。

公益组织作为政府职能转移的主要承接者和社会服务的重要提供者,其主要活动是动员、整合、运作各种公益性资源为社会提供公益性或互益性服务。公益组织不以产品的销售和利润的实现作为组织的目标,但它同样需要通过组织影响力动员各种形式的社会资源,来实现服务社会的使命和影响公众的社会效应。

随着公共服务需求的增加,公益组织数量的增加使得公益组织在资金和其他资源上的竞争加剧。民政部《中国慈善事业发展指导纲要2005—2011》显示,公益组织数量由2005年的31万个增加到2011年的44万个。作为竞争性公共产品的生产者,在捐赠市场相对稳定甚至萎缩的环境下,公益组织数量的加速增长无疑在行业内造成越来越大的竞争压力。公益组织能够获得政府的财政资助和民间捐赠减少,除少数政府重点支持的公益组织外,大多数组织不能持续获得来自政府公共资金的支持。其次,随着我国公共服务领域的放开,企业也逐渐进入该领域,与公益组织之间展开竞争,越来越多的企业开始自己从事公益活动,而不是向公益组织捐赠来提高企业的美誉度。可以说,竞争将成为我国公益组织的一种常态,而非营利领域竞争的加剧使公益组织资源不足问题更加突出,公益组织面临着"志愿失灵"的困境,即组织动员社会活动所需的开支与组织所能募集到的公益性资源之间存在巨大缺口,萨拉蒙等人称之为"慈善不足"。因此,面对同质化竞争和资源有限性的压力,公益组织有必要采取品牌导向的营销策略,使其服务差异化于其竞争者,并通过品牌的影响力筹集组织所需的资源,以确保服务提供的品质和连续性。

(2)内部治理不善与组织公信力危机。

公益组织的公信力表现为对利益相关者的责任,而由于信息不对称,捐赠者对公益组织的捐赠使用无法持信任态度,从而影响了人们的慈善行为。2008年至2010年间,在汶川地震、青海玉树地震等重大自然灾害的催生下,大量公益组织涌现。与此同时,部分公益组织善款运作和去向不明、财务信息公开透明度低等问题也逐渐显现。汶川地震万元帐篷风波、郭美美事件、格桑花假账事件等负面新闻频频曝出,严重影响了公益组织的声誉。在公益组织的产权结构中,所有权与控制权、剩余索取权与剩余控制权都是相互分离的。这就使得组织内部人员容易利用特权谋求自身利益,如非法侵占和贪污组织资产。另外,一些公益组织以营利和避税为目的成立,在提供公共服务时公益性不足,互益性有余。此类组织行为偏离志愿性公益机制的问题引起广泛的社会负效应,公众对公益组织信任度降低,对公益组织的资金运作能力和救援效力产生质疑,并对传统公益组织的募捐活动进行抵制和消极对待。因此,在信任危机的背景下,公益组织有必要通过品牌战略的实施,在公众心中建立积极的品牌联想,提升组织声誉,并在组织内部播撒公益理念,促进从业者公益服务动机的培养和劳动捐赠行为的形成,从而最终实现组织的公信力重塑的目的。

三、品牌资产

1. 什么是品牌资产

(1)品牌资产的定义。

根据世界著名的品牌战略研究权威、品牌资产研究鼻祖大卫·艾克的定义,品牌资产是指与品牌(名称和标志)相联系的、可为组织增加或削弱产品价值或服务价值的资产,品牌资产分为以下五类,如图4-1所示①:

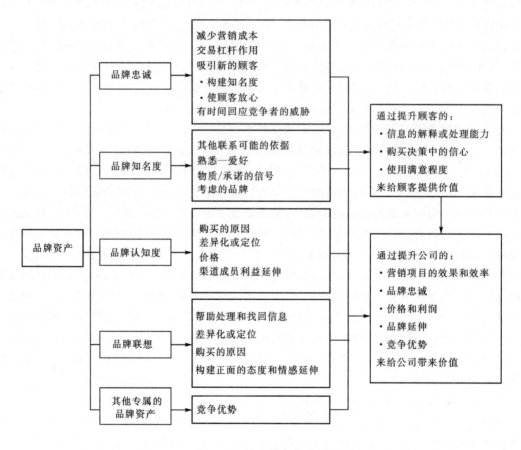

图4-1 品牌资产的分类

Keller率先提出"基于顾客的品牌资产"观点,认为以顾客为基础的品牌资产是消费者受某一品牌推广效果刺激而反应于品牌知识的差异,顾客的反应差异体现在对品牌营销感知、偏

---

① 大卫·艾克.管理品牌资产[M].北京:机械工业出版社,2012:13.

好、行为上,反应差异取决于顾客对品牌的知识。卫海英、王贵明认为影响品牌资产的因子是品牌市场地位、顾客价值取向、品牌定位、品牌创新能力和市场执行能力。品牌地位、顾客价值取向和品牌定位构成品牌资产的核心,品牌创新能力和市场执行能力是品牌持续发展的动力源泉。

综合以上观点,我们认为品牌资产是消费者基于对某一产品或企业品牌知识产生的效用反映,并将为企业带来市场效果。它来自于两个方面:其一为功能性效用,是某品牌产品实物属性给消费者带来个人功利性动机的满足或者物质性利益;其二是象征性效用,是某品牌产品给消费者带来的心理或社会性动机的满足或者非物质性利益。

(2)品牌资产的价值。

品牌资产主要创造两大价值。第一,品牌资产为受众创造价值,品牌资产可以帮助受众理解大量的品牌信息,并且增加受众对于服务的信心与满意度;第二,品牌资产为组织创造价值,品牌资产可以培养组织受众的品牌忠诚,吸引新的受众,增加组织品牌的竞争优势。品牌资产是公益组织无形的资产,也是衡量公益组织营销绩效的主要指标。

2.品牌资产的构成

(1)品牌忠诚的含义。

关于品牌忠诚,美国营销学家 Oliver 提出的定义较为成型:品牌忠诚是一种对偏爱的产品或服务的深深承诺,在未来都持续一直地重复光顾,因此产生了反复光顾同一个品牌或同一个品牌系列的行为,无论情境和营销力量如何影响,都不会产生转移行为[1]。品牌忠诚有四个层次:认知性忠诚(认可该品牌的相关品质)、情感性忠诚(对该品牌产生偏爱的感情)、意向性忠诚(有重复光顾该品牌的冲动)和行为性忠诚(切实行动追随该品牌)。品牌忠诚可以降低组织的营销成本,减缓组织外部的竞争威胁。

(2)品牌知名度。

品牌知名度是指某品牌被公众知晓、了解的程度,它表明品牌被多大比例的受众所知晓。品牌知名度有四个层次:无知名度(受众对品牌没有任何印象)、提示知名度(受众经过提示之后可以想起某一品牌)、未提示知名度(受众在没有任何提示的情况下可以想起某一品牌)和第一提及知名度(受众在没有任何提示的情况下想起的第一个品牌)。品牌知名度是品牌资产形成的基础,高品牌知名度可以弱化竞争品牌的影响。

(3)品牌认知度。

品牌认知度是指受众感知到的某一品牌提供的服务质量而形成的印象。不同公益组织所提供的服务有可能十分相似,但受众对不同服务的认知却相差甚远。显然,影响受众品牌偏好的不仅是服务的客观品质,更是服务的认知品质。而对服务的认知又来源于对品牌品质的整体认知,因此,高质量的服务与品牌往往会形成高品牌认知度,获得受众的普遍青睐。高认知度的品牌也会使得品牌下的系列新旧产品或服务均容易被受众接受。

(4)品牌联想。

品牌联想是指受众在看到某一品牌时所勾起的所有印象、联想和意义的总和,比如服务场合、组织形象、品牌理念等。品牌联想可分为三个层次:品牌属性联想(对服务特点的联想)、品牌利益联想(服务所带来的价值)和品牌态度(受众对品牌的总体评价)。品牌联想影响受众对

---

[1] Oliver Richard L. Satisfaction: A Behavioral Perspective on the Consumer[M]. New York: The McGraw Hill Companies, Inc, 1997: 74 – 81.

品牌的选择,积极的品牌联想有助于建立品牌认知,扩大品牌知名度,并且使得品牌产生差异化的形象。品牌所具有的联想可以为其他更多的系列服务所共享。

3. 品牌资产的建立

(1)建立品牌知名度。

建立品牌知名度的要点是建立品牌认知和加强品牌记忆。建立品牌知名度要求公益组织通过有效的传播,使公众对组织品牌有一定的了解和认识,甚至能在不需要任何提示的情况下想起组织品牌。

公益组织可以根据自身的资源与渠道,针对建立品牌知名度来进行持续、有效的广告传播和自媒体传播,力图提高组织品牌在公众视线中的出现频率,加深公众的印象。建立品牌知名度的另一手段是举办相关的公关活动,比如电视或广播访谈、展览、新闻报道等,在举行大型服务活动或公益活动的过程中,组织要有意识地进行品牌推广,比如突出品牌名称、品牌标志等。有时公关活动比广告传播更能让公众信赖,且成本相对较低。另外,受众的口碑传播也不容忽视。有时由组织主动推出的品牌传播很难真正渗透进公众的心中,公众倾向于相信自己身边人或意见领袖的话语,因而品牌的人际传播是最受受众信赖的。公益组织更应注重组织的服务质量,令受众满意才是建立品牌知名度的根本。

(2)建立品牌美誉度。

建立品牌知名度是使公众认识品牌,而建立品牌美誉度则是使公众认可品牌。广泛的知名度如果没有令人满意的服务作为基础,那么品牌也不能获得公众的切实支持。组织需要提供尽可能完善的、独特的服务,一方面确保服务质量稳定,另一方面要不断对服务进行改良更新,使得服务趋于完善。组织也需要注意建立良好的信誉,只有赢得公众的信任,公众才会尝试接受组织的服务,优质的服务才能持续抵达目标受众。同时,组织要加强受众满意管理。受众总会有意无意地根据自己的期望对服务进行评价,如果该品牌服务的可感知效果与受众的期望值相匹配,受众就会满意;如果可感知效果超过期望,受众就会非常满意[1]。

最先接受服务的一批受众,对品牌形成了某种看法,他们可能会有意无意地向别人提供品牌意见、影响别人进行品牌选择,这批受众被称为意见领袖。他们的口头传播会对受众形成强有力的影响。组织需要真诚对待每一位受众,并尝试培养意见领袖,促进品牌的人际传播。

(3)建立品牌认知。

事实上,受众对品牌的认知主要还是建立在对组织水平与服务质量的主观认知上,组织建立品牌认知的努力方向应该是提供高质量的服务与建立良好的口碑。服务表现是一个公益组织品牌最直接的表现,一个品牌是否有品质,首先体现在组织的服务质量、专业水平、管理能力、信用声誉等方面,受众也往往借助这些方面的信息来认识一个品牌。因此,公益组织在保证良好的服务质量的同时,应该有意识地展示组织的服务信息,比如定期、专门以图文、广告、报告等形式展示传播组织的服务活动过程与成果、组织的成员队伍与故事、组织的专业力量与硬件、组织的影响力等方面,帮助受众认知品牌。

建立与传播组织文化也是建立品牌认知的一种手段。在培训、服务过程中培养成员的服务意识,创造追求高质量服务的价值观、行为准则和习惯,形成组织独特的品质文化,贯彻落实到日常工作中的方方面面,进而感染受众,形成良好口碑。

---

[1] 黄静.品牌营销[M].2版.北京:北京大学出版社,2014:237.

（4）建立品牌联想。

任何一种与品牌有关的事物都能成为品牌联想。公益组织要建立品牌联想，第一是要把握品牌联想的关键因素，如品牌属性与品牌利益。品牌属性中，品牌名称和品牌标志是受众最能直接产生品牌联想的因素。品牌名称具有暗示性，可以描述出服务类型与暗示品牌的核心属性；品牌标志是传达品牌属性的直接载体与重要的视觉渠道。在设计品牌名称与品牌标志时要注意把联想引导到好的方向，使得联想可以把品牌与好的品质联系起来而受益。

建立品牌联想，第二是要选择品牌联想的传播工具。常用的传播工具有品牌口号、形象代言人、公共关系等。品牌口号是高度浓缩的组织理念的口语化表达，是品牌的语言标志，应设计为诉求明确，方便传播，令受众印象深刻、耳熟能详的精炼短句。形象代言人是品牌的形象标志，最能代表品牌个性和诠释品牌与受众之间的感情、关系[①]。公益组织应根据自己的资源，为品牌选择一位形象良好、知名度高、公众喜爱的形象代言人，收获品牌联想的奇效。

（5）建立品牌忠诚。

建立品牌忠诚的要点就是加强受众关系管理。受众对于品牌的忠诚度往往是多变的、易受影响的，要建立、维持与提高受众对组织品牌的忠诚，组织需要不断地强化他们与品牌之间的关系，使得受众与品牌之间建立强有力的联系。

公益组织的受众多元，这里主要介绍最需建立品牌忠诚的受众群体——捐赠者。捐赠者的支持是公益组织资源的来源之一，在众多公益组织中，要留住原有的捐赠者，争取更多的捐赠者，公益组织无比重视面对捐赠者的关系管理。对于捐赠者，公益组织可以有以下方法来加强关系管理：第一，建立捐赠者激励计划，对于经常给予组织捐赠的人士，组织可以给予一定的激励，比如节日问候与礼物、邀请免费参与活动、纪念品赠送等，这些能使捐赠者感受到自己的忠诚得到组织的重视与回报，是留住捐赠者最直接有效的方法；第二，成立捐赠者俱乐部，不断加强品牌与忠诚捐赠者的关系，使得捐赠者获得更高的参与感，也能进一步带动其他捐赠者的品牌忠诚；第三，建立捐赠者资料库，保持与捐赠者的沟通，了解捐赠者对组织的看法和意见，发掘捐赠者的需求及其变化，不断加强品牌与捐赠者的关系，以辅助上述方法更好地实施。

4. 品牌信任

至今，还没有形成一致公认的消费者品牌信任概念。主要认识包括一种行为、意愿、态度、信心、期望、信仰等。Fournier 将品牌信任定义为消费者依靠品牌的信心程度。Lau 和 Lee 认为品牌信任是由于期望这个品牌会带来积极的结果，在面临风险的情况下，消费者信赖该品牌的意愿。Chaudhuri 等认为品牌信任是一般消费者信赖品牌履行其所声称功能能力的意愿。Curviez 等认为品牌信任包含了能力、诚信和善行三个维度。Delgado-Ballester 等人认为，品牌信任是在消费者面临风险的情景下，顾客对品牌可靠性和品牌行为意向的信心期望。这一定义强调了可靠性和行为意向，前者是对品牌能履行其所声称的价值承诺的认知或评估，后者则隐含了个体对品牌的一种情感，包含了善意、诚实、可依赖性等情感本质。国内金玉芳（2004，2006）等学者也研究了品牌信任问题，但是未就品牌信任与品牌资产关系进行进一步的研究。品牌信任是消费者在面临风险的情况下对品牌可靠性、可信赖性不置怀疑的意愿和行为。品牌信任来源于两个方面，其一是基于对品牌产品认知信息的获取，其二是基于对品牌既有的情感成分。

[①] 黄静.品牌营销[M].2 版.北京：北京大学出版社，2014：240.

公益传播

案例分享：希望工程项目的品牌管理

作为一项群众参与度很高的社会公益事业，希望工程的加速发展，救助规模、实施范围的迅速扩大与滞后管理的矛盾日益突出。品牌管理逐渐被提升到攸关希望工程生命的高度。1995年甚至被确定为希望工程管理年。

随着希望工程的加速扩张，希望工程面临一系列管理问题，主要包括：①假借希望工程谋取私利；②体外循环：出于好心，未经授权进行募捐，没有纳入统一管理；③违反管理规则；④壹周刊事件，1994年壹周刊的恶意诽谤使中国青基会比过去任何时候都意识到管理的重要性[①]。

徐永光还指出过希望工程存在的八大隐患：①体外循环；②假名营私，希望工程名称权缺乏法律保护；③体制摩擦；④政策风险，1988年出台的不足千字的基金会管理办法不适应形势的发展；⑤管理疏误；⑥中伤毁誉，壹周刊无端诽谤中伤希望工程在海内外造成恶劣影响，香港地区和海外华人世界对希望工程的捐款急剧下降，尽管驳斥、澄清，但造成的损失难以挽回；⑦失准评判；⑧自砸招牌。这些问题和隐患迫使中国青基会不断强化管理和制度建设，除了先后制定、出台的《希望工程助学金实施办法》《关于创办希望小学的意见》《关于建立地方"希望工程助学基金"的若干规定》《关于做好给希望工程捐赠者复信的意见》《关于希望工程特别助学金"实施办法"》[②]，中国青基会还在清理地(市)县基金、加强动态和跟踪管理、强化社会监督(如设立希望工程全国监察委员会以及监察巡视员制度)上做过一些探索[③]。但是，这些仍然集中在项目的管理上，对于品牌的管理，尤其是危机(如壹周刊事件)管理的制度化程度还不够完善。此外，清理地县基金很大程度上涉及品牌授权制度，这方面也仍然存在很多模糊地带，面临很多风险。

对于希望工程品牌的名称管理，中国青基会很早就开始有意识地维护希望工程的名称权。在1992年4月第三次全国希望工程工作会议上，徐永光指出，对于盗用、滥用希望工程之名进行经营牟利或其他活动的不法行为，请法律顾问组研究，并准备抓一两个典型诉诸法律。到了1997年，中国青基会向国家工商行政管理局商标局申请注册"希望工程"服务商标获得批准。将一项公益性社会活动名称注册成服务商标，纳入知识产权法律保护体系，这也许是中国非营利史上具有里程碑意义的事件。

四、公益组织品牌传播

1.品牌传播的定义

"品牌"概念引入公益领域即是跨界学习的案例，"品牌"概念本是生长和发展于商业领域，至今不管在理论知识还是实战经验均有丰富成果。随着公益的发展，有些人慢慢意识到公益组织也需要建立品牌，他们希望在公益领域，也能像商业领域一样建立一些优秀品牌以更好地完成公益使命。为什么说这种学习就是市场化呢？公益组织就是学着建立一个公益品牌罢了。在这种跨界学习中，由于公益与商业的诸多区别，也没有办法照搬传统的商业组织品牌建

---

① 徐永光.叩问天人之际——徐永光说希望工程[M].方立新,王汝鹏,编.北京:中国青年出版社,2001.
② 徐永光.叩问天人之际——徐永光说希望工程[M].方立新,王汝鹏,编.北京:中国青年出版社,2001.
③ 徐永光.叩问天人之际——徐永光说希望工程[M].方立新,王汝鹏,编.北京:中国青年出版社,2001.

设以及传播理论与经验,范式也会不一样。

在品牌识别的整体框架下,选择广告、公关、销售、人际等传播方式,将特定品牌推广出去,以建立品牌形象,促进市场销售。品牌传播是企业满足消费者需要,培养消费者忠诚度的有效手段,是目前企业家们高擎的一面大旗。通过品牌的有效传播,品牌可以为广大消费者和社会公众所认知,使品牌得以迅速发展。同时,品牌的有效传播,还可以实现品牌与目标市场的有效对接,为品牌及产品进占市场、拓展市场奠定宣传基础。品牌传播是诉求品牌个性的手段,也是形成品牌文化的重要组成部分。

商业作为人类社会的一个重要领域,较之公益,发展更为成熟。随商业实践发展起来的理论知识、积累的实战经验远在公益之上。两个领域、两种形态,互相之间交流碰撞,借鉴优秀思想与成果发展自身,并无不妥。特别是作为后起之秀的公益,多借鉴身为前辈的商业也是情理之中,这种学习与发展能力自有人类社会以来便已存在,也是人类社会不断走向文明的重要力量。

2.品牌传播的方式

(1)广告传播。

广告作为一种主要的品牌传播手段,是指品牌所有者以付费方式,委托广告经营部门通过传播媒介,以策划为主体,创意为中心,对目标受众所进行的以品牌名称、品牌标志、品牌定位、品牌个性等为主要内容的宣传活动。公益组织主要以公益广告为广告传播形式,例如美国野生救援组织(Wild Aid)发布的公益广告,故事讲述了姚明飞身用手掌挡掉子弹,救助了从黑暗中走出的大象。这则公益广告视觉上充满压迫感,让人们从心里感觉保护野生动物是一件迫在眉睫的事情,体现了该组织对社会问题的一种表态。同时直接给受众一种直观的感受,即这个公益组织就是在做野生动物保护救援的,因此,对于公益组织来说,公益广告是能够最直接传播组织品牌的一种手段。

对品牌而言,广告是最重要的传播方式,有人甚至认为:品牌=产品+广告,由此可见广告对于品牌传播的重要性。根据资料显示,在美国排名前20位的品牌,每个品牌平均每年广告费用为3亿美元。人们了解一个品牌,绝大多数信息是通过广告获得的,广告也是提高品牌知名度、信任度、忠诚度,塑造品牌形象和个性的强有力的工具,由此可见广告可以称得上是品牌传播的重心所在。

鉴于广告对于品牌传播的重要性,社会在做广告时一定要把握以下几项内容:

①做广告时,要先寻找一个有潜力的市场,进行市场研究,了解公众的关注点,再运用广告等手段来宣传公益组织品牌,从而吸引更多的公众,最后不仅可以宣传到公益组织的使命、价值观,同时能够吸引关注者、支持者。

②做广告时,要把握住时机。公益组织要根据不同的时期,对广告的制作和发布采取不同的策略应对。

③一定要连续进行。广告有滞后性,如果一个广告播放一段时间看到效果不明显就不播了,这是很不明智的选择。因为这样会使之前的广告投入全部打水漂。所以,广告投放一定要持续,不能随意停下来,否则就会引起很多臆测,从而给企业和品牌带来不利影响。例如央视的公益广告经常就采用连续播放的方式,不断呈现在受众面前,让受众能够在第一时间获得此公益广告的信息。

④在做广告时一定要注意广告媒介的选择和资源投入的比例,因为在广告传播活动中,媒

介的传播价值往往是不均等的。

(2)公关传播。

公关是公共关系的简称,是公益组织形象、品牌、文化、技术等传播的一种有效解决方案,包含合作者关系、员工传播、事件管理等内容。作为品牌传播的一种手段,公关能利用第三方的认证,为品牌提供有利信息,从而教育和引导公众。

公共关系可为公益组织解决以下问题:一是塑造品牌知名度,巧妙创新运用新闻点,塑造组织的形象和知名度。二是树立美誉度和信任感,帮助社会在公众心目中取得心理上的认同,这点是其他传播方式无法做到的。三是提升品牌的"赢"销力,促进品牌资产与社会责任增值。四是通过危机公关或标准营销,化解组织和营销压力。对于公益组织来说,公关传播体现在比较大规模的组织的筹款部门与企业对接部门,公益组织通过这些部门,向捐赠者与受众传达组织的品牌,提高品牌的影响力,从而获得更多的资源以支持公益组织活动的开展。

(3)人际传播。

人际传播是人与人之间直接沟通,主要是通过公益组织人员的讲解咨询、示范操作、服务等,公众会了解和认识组织,并形成对组织的印象和评价,这种评价将直接影响组织形象。人际传播是形成品牌美誉度的重要途径,在品牌传播的方式中,人际传播最易为消费者接受。不过,人际传播要想取得一个好的效果,就必须提高人员的素质,只有这样才能发挥其积极作用。

(4)口碑传播。

战国时期的商鞅在秦国实施变法时,担心变法的推广与实施效果,于是在市场南门竖起一木头,宣布谁扛到北门就赏 50 金,一开始没有人相信,可最终还是有人执行并得到了奖赏,在没有现代化媒体的时代,通过口口相传传遍全国,人们都相信了商鞅的诚实与守信,令最终的变法同样得到了成功。

品牌传播与传播方式的选择及设计密切相关,如果传播方式选择不当、设计不合理,就不可能收到好的传播效果。因此,企业在进行品牌传播时一定要把传播方式的选择和设计放在重要的位置上。

3.品牌传播的特点

(1)信息的聚合性。

作为动态的品牌传播,其信息的聚合性,是由静态品牌的信息聚合性所决定的。菲利普·科特勒所描述的品牌表层因素如名称、图案、色彩、包装等,其信息含量尚是有限的,但"产品的特点""利益与服务的允诺""品牌认知""品牌联想"等品牌深层次的因素,却无疑聚合了丰富的信息。而它们构成了品牌传播的信息源,也就决定了品牌传播本身信息的聚合性。

(2)受众的目标性。

公益组织的受众往往有很强的目标性,通常接受公益组织的品牌理念的受众必然内心与公益组织的使命价值观有不谋而合的合拍点。

(3)媒介的多元性。

加拿大的传播学家麦克卢汉有句名言,即"媒介即讯息",也就是说,媒介技术往往决定着所传播的讯息本身。如电视媒介传播了超出报刊、广播多得多的"讯息",而网络媒介又传播了兼容所有媒介讯息的"讯息"。而在传播技术正得到革命性变革的今天,新媒介的诞生与传统媒介的新生,则共同打造出一个传播媒介多元化的新格局。这为"品牌传播"提供了机遇,也对媒介运用的多元化整合提出了新挑战。

传统的大众传播媒介,如报纸、杂志、电视、广播、路牌、海报、DM、车体、灯箱等,对现代社会的受众来说,依然魅力犹存;对它们的选择组合本身就具有多元性。而新媒体的诞生,则使品牌传播的媒介多元性更加突出。如此,品牌传播在新旧媒介的选择中,就有了多元性的前提。

(4)操作的系统性。

在品牌传播中,其系统的构成主要为品牌的拥有者与品牌的受众,二者由特定的信息、特定的媒介、特定的传播方式、相应的传播效果(如受众对品牌产品的消费、对品牌的评价)、相应的传播反馈等信息互动环节构成。由于品牌传播追求的不仅是近期传播效果的最佳化,而且追求长远的品牌效应,因此品牌传播总是在品牌拥有者与受众的互动关系中,遵循系统性原则进行操作。

(5)传播的可信性。

传播的可信性是指消费者对品牌传播信息的信任程度。在品牌建设过程中,品牌所有者总是要向市场发布关于该品牌的信息,包括新闻、广告等活动。但是,所传播的信息是否能够获得消费者的信任,就成为能否降低选择成本的关键。因此,在品牌建设的初期,采取广告策略是错误的,因为消费者明白广告是厂家自己给自己做的,属于王婆卖瓜。如果是新闻媒体自动地给予大量的客观的报道,则可以迅速取得消费者的信任,因为多家新闻媒体自动的报道,属于第三方行为,对消费者而言,具有较高的可信性。

4.公益组织品牌传播的要素

(1)公益组织品牌传播的对象。

商业组织的目的是让消费者购买其产品和服务,最终实现盈利,往往赢得消费者即可,因此商业组织品牌传播的对象相对单一。虽然也会涉及渠道商、合作伙伴、政府与媒体等对象的沟通,但是这些对象并不是其生死存亡的关键所在,而且往往处理好与消费者关系的这一关键命脉,这些要么随之而解,要么已经无足轻重。

公益组织却是另一番光景:"Helen 和 Steven(2007)研究发现,在非营利背景下,有效的管理品牌比仅满足捐赠者需要更为复杂。为了真正有效,非营利品牌需要关注诸多组织目标,包括有关事业本身的教育与传播、形象和声誉建设等,并且服务目的的多样性是非营利组织建构具有一致性的品牌的最大挑战之一,非营利组织不仅要直接服务于受益者,而且要致力于其他大量支持性活动,如教育等活动。"

Laildler-Kylander 等(2007)指出非营利品牌至少要关注个人捐赠者、机构捐赠者、员工、志愿者、受益者和潜在合作伙伴六种利益相关群体,并同时反映后向筹资活动和前向项目活动。并且,多元利益相关者的关注也使得非营利组织难以清晰界定品牌目标并带来品牌建设困难。Helen 和 Steven(2007)进一步指出,如何向不同受众群体传达多元化信息是非营利组织品牌化面临的一个重要挑战。与企业不同,公益组织所面对的这些利益相关方一旦有所缺失,将危及其工作的正常推进。比如资方不捐款便无运作资金;政府的不认可公共政策便不会改变;受益对象的不接受,公益组织的使命便未达成等。因此其品牌传播往往不得不考虑到多个利益相关方。

除了因利益相关方多元而产生多元信息传达的困难外,公益组织品牌传播还有一个尤为突出的难题。企业的品牌传播是增强消费者的倾向性,往往无需让对立的人产生改变,例如无需去让一个没有购车需求的人买下一辆车。而公益组织做传播(特别是很多倡导机构)却往往要让传播对象直接改变观念或行为,这是一种180度的转变。比如让吸烟的人放弃吸烟、让不遵守交规的人遵守交规、让歧视性少数群体的人不再歧视、让人们改变对残疾人的刻板印象等。如果说商业组织的竞争对手是同类企业,那么公益组织的最核心的竞争对手是受益对象的现有观念及行为。传播的过程即是公益组织所持有价值观与受益对象所持价值观的一场博弈。

(2) 公益组织品牌传播的渠道。

Stride(2006)指出,"企业品牌是消费者需求的内容反映。非营利组织品牌则是组织宗旨与使命的理念表达"。在商业领域,通过市场调研,进行市场细分,寻找到目标消费群体并洞察其需求,激发其欲望,往往存在迎合目标消费者,甚至操纵目标消费者,穷极手段让其产生消费的行为。

但是,对于公益组织而言,往往有其坚守的理念和价值观,没有办法在价值观上极尽迎合之事,也会尊重利益相关的志愿与自主精神,因此在传播内容的处理上也与商业传播不同。再者,前文谈到,由于公益组织的利益相关方多元,与商业传播一个传播对象、一致的传播内容、传递一致的品牌定位与信息不同,公益组织面对多个传播对象,以不同的传播内容,传递不一样的品牌信息。这就要求公益组织要理清不同的传播对象与目的,以其为中心,制定不同的传播内容并传递不一样的品牌信息。

在传播渠道的选择上,由于公益组织面对的传播对象多元,所以面对不同的对象往往需要选择不同的传播渠道以便精准沟通。比如,若要影响政策的制定者,那么传播渠道就应该选用那些以政府官员为对象的媒体,并且在不同渠道、面对不同受众时,公益组织所要传播的内容也要做相对应的处理。例如,壹基金成立的初期阶段,需要让政府和专业人士充分了解组织的具体运作。在对外传播时,其选择《环球慈善》《公益时报》等在政府部门发行的专业媒体,让政府知道其开展的项目。为了增加权威性也会有意选择上央视的采访。面对这样的专业媒体以及党报等政府媒体时,壹基金会突出其规范化的背景,始终会强调"中国红十字会",以塑造机构合法化的形象。比如在《公益时报》等媒体上,对于壹基金的报道,均使用了"中国红十字会李连杰壹基金计划"的名称,强调主管部门。同时报道内容都与项目、活动有关。

作为一个新的公益组织,需要增加机构品牌和社会大众的联系,赢得公众的认同。其选择一些面向大众的市场媒体来进行品牌传播。比如在2008年汶川大地震期间,李连杰接受了《南方都市报》《南方人物周刊》等媒体的专访。在这样的媒体上,机构名称会使用"李连杰壹基金计划",突出壹基金作为草根组织的独立性,以获得社会大众的认同。传播内容也不是突出项目,而是突出宣讲自身的成长、慈善的理念等。传播的内容会突出人物性格,故事性会多一些,和受众的情感沟通会多一些。这样受众会比较容易接受壹基金的公益理念。

另外,由于公益组织的公益属性,很多商业机构需要花重金购买才能获得的渠道,公益组织往往可以低价甚至免费获取,除了关注各渠道的合作政策外,很多时候需要公益组织以联合共赢的姿态主动出击、大胆谈判并在获得使用权后完美执行。

(3) 公益组织品牌传播的意义。

传播对品牌力的塑造起着关键性的作用。首先,商品力、品牌文化和品牌联想等构成品牌力的因素只有在传播中才体现出它们的力量。我们知道,品牌力主要是站在消费者的角度提出的,而要使有关品牌的信息进入大众的心智,唯一的途径是通过传播媒介。如果少了传播这一环节,那么公众无从对公益组织及其使命与行动有进一步的了解;品牌文化和品牌联想的建立则几乎是不可能的。

其次,传播过程中的竞争与反馈对品牌力有很大的影响。传播是由传播者、媒体、传播内容、受众等方面构成的一个循环往复的过程,其中充满竞争和反馈。在现代传播日益发达所形成的"传播过多"的社会中,人们再也不能企望接受所有信息,而是"逐渐学会了有选择地记取、接受,即只接受那些对他们有用或吸引他们、满足他们需要的信息"。比如,在电视机前,当消费者不满某个品牌的广告时,就会对该品牌的产品不满。如果绝大多数的人都产生这样的情绪,传播者在销售的压力下,就不得不重新考虑其传播内容。同样,如果只有一个人不满企业的一个公关活动,传播者则会站在目标市场大众的基础上,坚持这个活动,不会因为一个人而改变其运行。因此在传播中塑造品牌力就必须考虑到如何才能吸引、打动品牌的目标消费者,考虑如何在传播中体现出能满足更大需求的价值。

再次,传播过程是一个开放的过程,随时可能受到外界环境的影响。在现实生活中,外界环境通常会对传播过程产生制约、干扰,从而影响传播的进行。

(4)如何进行公益组织品牌传播。

①品牌传播前的准备工作。

a.在做品牌传播之前,先要做好品牌建设。

在自己的品牌原点夯实自己,让自己有能力发声,让自己有实力传播,直观来说就是品牌自身的品质保障。就如前面几节所述,在进行公益组织品牌传播前,需要进行品牌定位、创建等,才能有更好的基础去进行公益组织品牌传播。

b.品牌发声。

品牌发声即品牌传播,那么如何传播呢?首先要了解品牌受众的接受信息渠道,看他们适合什么样的传播途径,再去根据具体实行品牌传播。微博、微信、贴吧、公交站、地铁、事件、视频等为合理渠道。

c.品牌的消费者回声。

在品牌达到一定知名度后,要懂得倾听回声,然后回归原点夯实自身,把自身原点的短板优化,完善质量服务体系,使自身品牌美誉度得到提高。

d.品牌创新及品牌崇拜。

微笑曲线的重视,然后在品牌的不断创意和研发中,让品牌成为崇拜,从而使品牌成为"老字号"。例如很多"国字头"的公益组织,它们在日积月累中不断地积攒下好的声誉,不断地吸引支持者,将支持者转变为"崇拜者"。也有很多民间公益组织在积累崇拜者这一方面就做得很好,例如"桂馨慈善基金会",它们现阶段就发展得比较成熟,通过各种公关行动、明星代言等做好品牌传播,因此他们的筹款基本上是固定的,甚至对于捐赠者还有比较严格的要求,只有能够做到他们的要求的公益组织或个人才有资格进行捐赠,即使是有许多的要求,但基金会每一年都不缺少捐款。由此可见,"桂馨慈善基金会"在进行自己组织的品牌传播时是非常成功的。

②怎样进行有效的品牌传播。

首先,公益组织品牌与媒体联盟。越来越多的组织发现,单一的营销竞争模式很难再承担起品牌生存与发展的重任,联合营销是新时代品牌促销与传播的营销利器。联合营销是指两个以上的企业或者品牌在资源共享、共担共赢的原则下,向合作品牌开放营销资源,借以优势互补,实现提升品牌的营销方式。联合营销的精髓就是"联合",其实践活动可以分为两种形式:品牌联合并推广企业品牌与媒体联盟,就是企业资源和媒体资源里应外合,借力打力,互相发挥各自特长。

其次,广告策划、公关策划活动相结合。做过终端销售的人都知道,卖场和超市里的排面位置和出样数量,决定了消费者购买时接触到产品的机会,从而直接影响到企业的销售业绩。根据"媒体货架"理论,电视广告资源也就像超市里的货架一样,谁的出样最多,谁能够拿到最抢眼的位置,谁就更能够吸引消费者目光,商场的货架把产品铺到消费者面前,而广告要把货铺到消费者心里。

最后,品牌策划传播多管齐下,全面整合。在互联网时代和速度制胜的今天,随着激烈的竞争以及消费行为日趋理性,品牌传播更为讲究实效化。品牌迅速崛起,证明品牌传播就像打仗作战一样,要讲究实效主义,多管齐下,各种媒体全面整合,同时建设品牌知名度、美誉度、可信度,使广告投入节约化,广告效果最大化。

五、公益组织品牌定位

1. 公益组织品牌定位的定义

定位理论最早出现于20世纪60年代末美国广告界的一些文章里,到1972年在美国很有影响的《广告年代》上正式出现。当时定位理论强调通过广告攻心,将产品潜移默化定位在顾客的心中,而不改变产品的本身。到20世纪80年代,美国著名营销专家菲利普·科特勒开始把定位理论系统化、规范化。他指出,定位就是树立企业形象,设计有价值的产品和行为,以便使细分市场的顾客了解和理解企业与竞争者的差异。可见,要想使企业在公众心目中留下清晰、深刻的印象,就必须有准确的形象定位。余明阳和杨芳平在《品牌定位》一书中这样对品牌定位下了定义:企业以消费者、竞争对手和企业自身为主要维度,以行业、市场等要素为辅助维度,从产品、价格、渠道、包装、服务、广告促销等方面寻找差异点,塑造品牌核心价值、品牌个性和品牌形象,从而在目标消费者心中占据有利位置。公益组织固然不同于企业,因此,公益组织的品牌定位和企业的品牌定位在许多方面都会有所不同。在企业品牌定位的基础上看,我们可以这样来定义公益组织品牌定位:公益组织的品牌定位是为公益组织设计形象和价值的行为,创造差异并且要让社会知道这种差异,公益组织最好拥有自身发展的定位模式。

北京市银杏基金会(简称"银杏基金会")是经北京市民政局批准成立的非公募基金会,成立于2015年7月20日,由银杏伙伴、南都公益基金会、浙江敦和慈善基金会、心和公益基金会和中国人民大学非营利组织研究所共同发起。银杏基金会主要资助青年人去突破成长上的瓶颈,是一个支持推动某一公益领域发展的领袖型人才的平台。它倡导社会各界一起支持公益人才、搭建人才成长的支持体系。基金会中心网由国内35家知名基金会联合发起,于2010年7月8日正式成立。基金会中心网的使命是建立基金会行业信息披露平台,提供行业发展所需的能力建设服务,促进行业自律机制形成和公信力提升,培育良性、透明的公益文化。许多公益组织都会有自己的定位,不可否认的是,越来越多的公益组织为了在激烈的竞争之中生存下来,必须要做好品牌的定位,否则将会被同质化的其他公益组织驱逐出市场。

2. 公益组织品牌定位的意义

就塑造公益组织品牌定位的意义而言,主要可以概括为以下几点:

(1)公益组织品牌定位是公益组织无形资产的重要组成部分。

无形资产是组织资产的重要组成部分,它是不具有实物形态而以知识形态存在的重要经济资源。美国可口可乐公司的老板曾说过,如果公司在一夜之间被大火烧为灰烬,第二天各大银行就会主动上门来向公司贷款,因为公司还有360亿美元的无形资产。可见,无形资产的价值可以远远超过有形资产。

自然灾害可以损毁有形资产,但却不能减少无形资产的价值。世界上许多著名的组织,其无形资产都具有很高的价值。因此,一个组织要不断地发展、维系自己的无形资产,就必须充分重视组织品牌的定位。

(2)公益组织品牌定位是组织生存发展的精神资源。

公益组织品牌定位之所以能以精神资源作用于组织的生存发展,是因为组织品牌具有以下功能:

①规范与导向功能。

组织品牌是把组织的价值观念和行为规范加以确立,为组织的生存与发展树立的一面旗帜,向全体员工发出的一种号召。这种号召一经为广大员工所认可、接受和拥护,就会产生巨大的规范与导向作用。像日产公司强调的"品不良在于心不正",德尔塔航空公司倡导的"亲和一家"等,都是在教育引导、规范着员工的言行、态度,让他们在尽善尽美的工作中注意把自己的形象联系起来,使本组织成为世界一流的组织。

②凝聚与整合功能。

组织因不同的人从事不同的工作,人的性格、爱好、追求又不一样,如果没有一种精神力量把他们"粘合"起来,组织就会成为一盘散沙。组织形象确立的共同价值观和信念,就像一种高度的理性粘合剂,将组织全体员工紧紧地凝聚在一起,形成"命运共同体",产生"集体安全感""心往一处想,劲往一处使",成为一个和谐、默契的高效率集体。

③激励功能。

良好的组织品牌可以使组织内部的员工产生一种骄傲与自豪。这种感觉可以让员工保持一种士气高昂、奋发进取的精神态度。因为每个人都有受到尊重的需要,希望得到他人的尊重与羡慕。因此,当员工在与别人谈起"值得骄傲"的组织时,那种对组织的热爱与爱戴就不言而喻了。这种对组织的热爱会产生强烈的激励作用,诱导并刺激着员工的工作热情和积极性。

④辐射作用。

组织品牌的建立,不仅对内有着极大的凝聚、规范、号召、激励作用,而且能对外辐射、扩散,在一定范围内对其他组织乃至整个社会产生重大影响。像我国20世纪60年代的"铁人精神"以及在日本企业界经常听到的"松下人""丰田人"的说法,都是组织形象对外辐射的典型范例。

3.公益组织如何进行品牌定位

公众的喜好与要求,是千奇百怪、千变万化的,处于不同地区、不同行业的公众对一个组织会有不同的看法与评价。因此,公益组织在哪方面出名,便成为树立品牌形象的关键。

认识到这一点,我们就有必要来系统研究一下公益组织品牌是怎样定位的,哪些因素会影响公益组织品牌的定位。

(1)组织品牌定位要素之一:主体个性。

主体个性,是指组织在其品质和价值方式方面的独特风格。唯物主义强调物质决定意识,所以,组织形象定位必须以主体的存在特征作为基础,否则定位是虚假的。当然主体有些共性,比如都要有良好的服务质量,都要有涉及公众所需求的产品或服务项目,这些都是共同的。但更值得思考的是个性特点,像组织目标定位、组织精神定位、组织风格定位等。

公益组织品牌定位必须是组织所具有的个性,不能夸张,也不能捏造,否则一定会被公众遗弃。举一个商业组织的案例,像劳斯莱斯是以"不求廉价便利,只求高档豪华"来作形象定位的。但这种定位必须以过硬的产品及服务作为基础。如果一家品质、服务平平的汽车品牌,也提出高档豪华的形象定位,其结果只能事与愿违。

因此,公益组织品牌定位不是空泛的,也不是随心所欲的,而是实实在在需要以自身品质、价值方式为其基础和保障的。

(2)组织形象定位要素之二:表达方式。

传达方式是指把主体个性信息有效准确地传递到公众方面的渠道和措施。主体个性信息如果不能有效传达,公众根本无法了解和把握。因为信息时代,"好酒也怕巷子深"。广告与公关宣传也要把定位宣传到位,IBM 的广告和公关无时无刻不在宣传着服务的理念,这样的配合,使 IBM 不容置疑地大获成功,成为蓝色巨人。

(3)企业形象定位要素之三:公众认识。

主体个性确定以后,在有效的传达方式使用之后,真正达到形象定位完成的标志,应是公众认知。公众对公益组织形象的认识是在获得公益组织提供服务的同时,也要能获得精神上、感受上的满足,才能使公益组织形象更易、更深地被公众认识、接受。

上述三要素,分别从主体、通道、客体三个方面构成了完整的公益组织定位,使得公益组织形象的功能和效应得以发挥。

4.公益组织品牌定位的方法

公益组织品牌定位的方法有很多,主要有以下几种。

(1)个性张扬的定位方法。

个性张扬的定位方法主要指充分表现公益组织独特的信仰、精神、目标与价值观等,它不易被人模仿,是自我个性的具体表现。这既是组织形象区别于他人的根本点,又是公众认知的辨识点。因此,组织形象定位时一定要注意把这种具有个性特征的哲学思想表现出来。这种个性形象可以是整体性的,也可以是局部性的,如组织的人员个性、产品个性、外观个性、规范个性等。当然,这种个性也应是组织整体个性的代表性、集中性的表现。

(2)优势表现的定位方法。

在这个"好酒也怕巷子深"的年代,公益组织要想在激烈的市场竞争中立于不败之地,除了利用人性的张扬之外,还必须扬其所长避其所短,重点发挥公益组织的优势。公众对公益组织品牌的认识实质上是对其优势性的个性形象的认识。公益组织给予公众这种优势性形象的定位,才能赢得公众的好感与信赖。因为公众都会不同程度地得益于这种品牌定位。当然,组织也同样因这种定位而获得更高的社会效益。不同特色的公益组织都有不同特色的优势,只要抓住其优势特色进行定位,就可以很好地发挥作用。

(3)公众引导的定位方法。

这是指公益组织通过对公众感性上、理性上、感性与理性相结合上的引导来树立公益组织品牌的定位方法。

感性引导定位方法主要是指公益组织对其公众采取情感性的引导方法,向公众诉之以情,以求公众能够和组织在情感上产生共鸣,进而获得理性上的共识。

理性引导定位方法主要指对公众采取理性说服方式,用客观、真实的组织优点或长处,让公众自我作出判断进而获得理性的共识。这种理性引导公众的定位更有利于培养起公众对公益组织的信任。

感性与理性相结合的引导定位方法综合了感性与理性的双重优势,可以做到"情"与"理"的有机结合,在对公众"晓之以理""动之以情"的过程中完成形象定位。这种既表现出组织的价值观又带有人情味的品牌定位,能适应不同公众的多方面需求,更能赢得公众的青睐。

六、公益组织品牌营销

1. 品牌营销的含义

品牌营销的概念源于企业,是指企业通过塑造特定的企业形象及品牌形象,创造品牌价值,提高品牌竞争力,从而影响、培养和满足特定消费需求的市场营销活动。品牌营销是以产品营销为目的、以品牌魅力为手段,将二者紧密结合的营销方式。这种营销活动既注重产品的销售,又致力于品牌的建立和品牌资产的积累,一方面利用品牌价值提高营销效益,另一方面在营销过程中积累品牌资产。而公益组织的品牌营销"是将企业的营销战略与公益组织或者公益活动联系在一起,借助公益活动与消费者沟通,利用营销策略使消费者对公益组织产品或服务产生偏好,在作购买决策时优先选择该组织服务或对该组织或品牌产生好感并影响潜在消费行为的一种营销行为"。

弗斯顿博格认为:"现代非营利机构必须是一个混合体:就其宗旨而言,它是一个传统的慈善机构;而在开辟财源方面,它是一个成功的商业组织。当这两种价值观在非营利组织内相互依存时,该组织才会充满活力。"因此,公益组织必须吸纳营销的理念。而"未来的营销是品牌的战争",现代营销竞争正越来越体现为品牌的竞争,公益组织要成功营销,就必须树立品牌。所以,将品牌营销引入公益组织,研究品牌营销在我国的应用具有十分重要的理论价值和现实意义。

2. 我国公益组织实施品牌营销的必要性

近年来,我国公益组织呈现出蓬勃发展的态势,公益组织的业务范围涉及科技、教育、文化、卫生、劳动、民政、体育、环境保护、法律服务、社会中介服务、工商服务、农村及农业发展等社会生活的各个领域。根据《公益组织蓝皮书:中国公益组织报告(2016—2017)》显示,截至2015年年底,全国共有公益组织66.2万个,比上年增长9.2%,与2014年度的60.6万个相比,数量增长了5.6万个。

各类公益组织的逐年增长,使得我国公益组织也开始和营利组织一样,处于竞争的市场环境中。例如,学校之间相互竞争抢生源,医院之间相互竞争抢病源,团体之间相互竞争抢成员……面对众多公益组织提供的在质量、价格上差别很小的产品或服务时,公益组织主要目标顾客之一的捐资者,他们更愿意将财务和爱心献给具有良好形象、品质和信誉的公益组织,消费者也更愿意购买有着良好品牌形象组织提供的产品或服务。在激烈竞争的环境下,面对有限的捐资者和消费者,公益组织不得不考虑自身的生存问题,要在众多的竞争者中脱颖而出,公益组织就必须实施品牌营销。

3. 我国公益组织实施品牌营销的可行性

(1)公益组织自身品牌意识的增强。

随着我国公益组织自身的不断完善发展,数量上的不断增多,公益组织之间在资源募集上存在着一定程度上的竞争关系。公益组织品牌的建立及营销是在组织发展到一定规模,并有实力进行运作开始的。随着组织的实力增强,公益组织经营者在管理上意识到公益组织自身形成具有公信力的品牌能够获得合作者更高的可信度、公众更广泛的公信力,由此拓宽慈善资源的募集渠道。同时，品牌知名度的提高，能够被组织所服务的人群关注到，从而准确地寻找相应的公益组织寻求帮助。政策放宽后，大量的民办公益组织不断出现，越来越多的企业经营者、各行业的精英人士都纷纷投入慈善事业，并积极尝试建立面对不同服务人群的公益组织。这批公益组织领导中较多具有成熟的商业组织管理经验，深知品牌对于一个组织发展的重大意义，在建立品牌和品牌管理上相较于官办公益组织领导者具有更专业的市场经济思维。与此同时，民间公益组织不断地发展壮大，使具有政府背景的公益组织不得不接受挑战，进而学习并认同市场经营法则，开展自身组织的营销，建立并强化自身具有公信力和强实力的慈善品牌。

(2) 公众慈善意识及对公益组织关注的增强。

"扶贫济弱，仁爱慈孝"历来是中华传统文化倡导的美德，自2008的公益元年后，公民对各类公益组织的关注以及参与慈善救助的热情空前提高。这时，具有较高知名度的公益组织更能够得到人们的信赖，因为公益组织的服务对象是那些最需要基本生存需求的弱势群体，这一群体最能够引起爱心人士的注意，在捐赠者提供金钱和物资的同时也寄予了希望和祝愿，所以具有公信力的慈善品牌是每一个捐赠者都需要的，也是慈善事业进步发展的需要。

(3) 新媒体传播技术不断创新带来的新契机。

公益组织品牌的传播，离不开先进媒体技术的支持，近年来，随着媒体技术的快速发展，人们接收和传递信息的成本越来越小，速度越来越快，范围越来越广，尤其是自媒体的广泛应用，已成为个人和组织传递信息的重要载体和平台。公益组织运用图片、视频、短信息、留言、评论等形式通过自媒体平台搭建与社会公众的交流平台，使人们更深入地了解公益时事与公益项目的详细信息，增强了自身运作透明度和品牌公信力，调动更广泛人群的积极参与。公益组织通过便捷的自媒体传播渠道发布信息，能够在为组织募集资源的同时传播慈善文化与能量，引发更多爱心人士对公益的关注。

4. 我国公益组织实施品牌营销的现实意义

菲利普·科特勒认为，品牌从本质上说，是销售者向购买者长期提供的一组特定的特点、利益和服务的允诺，最好的品牌传达了质量的保证。一个公益组织的品牌，不仅仅是其产品或服务的标志，更多的是其产品或服务的质量、性能、满足捐资者和消费者效用的可靠程度的综合体现。因此，实施品牌营销对公益组织具有十分重要的现实意义，即能够获取更多的社会资源，缓解生存压力。资源是组织生存和发展的基础，资源匮乏是制约我国公益组织生存和发展的瓶颈之一，而品牌营销，正好可以帮助公益组织吸引社会各方资源，缓解生存压力，主要体现在以下两个方面：

第一，能够获取必要的资金支持。公益组织的"公益"性质，决定了它不能以营利为目的，通过获利来获得资本；又因为它的民间性，决定了它也不能像政府部门一样，完全依靠国家财政支出。为了开展活动，公益组织往往把争取政府和各种社会力量的支持作为主要的资金来源渠道。通过品牌营销，公益组织树立起良好形象，使捐资者和消费者对其产品或服务产生吸引力和信赖感，不但会吸引捐资者和消费者会慕名而来，购买产品，享受服务，还能提高捐资者和消费者的忠诚度，反复购买，重复使用，从而使公益组织获取源源不断的资金支持。

第二，能够获取必要的人员支持。公益组织有一个富有表现力的特点，它们允许人们表达自己对社会目的和价值的承诺。一个强大的公益组织品牌，意味着有明确的组织使命和愿景，意味着为公益组织从业人员和志愿者搭建起实现其社会目的和价值承诺的平台，这就像磁石一样,会吸引众多与非营利组织有相同价值观念的专业的从业人员和志愿者投身于组织所从事的事业当中,从而为公益组织的生存和发展提供必要的人员支持。

要规范公益组织管理,实现可持续发展。在一个成功的公益组织品牌背后,必须有出色的公益组织管理。特别是在这个互联网时代,摧毁一个品牌比创建一个品牌要容易很多。如2011年6月从新浪微博引发的"郭美美事件",对"中国红十字会"这一品牌产生了极为恶劣的影响,甚至引发了全社会对慈善组织的信任危机。随着公众整体素质的提高,公众的判断能力和识别能力不断提高,会越来越注重对公益组织营销活动的感受和评价。公益组织要获得更多公众的良好评价,树立其品牌形象,就必须不断规范公益组织和员工活动,根据公益组织的行业特征和自身特点设计独特化或大众化的标准行为规范系统,并在实践中严格遵守和履行,使公众对组织的实际感受值和对组织的期望值基本持平,从而对公益组织满意。同时,公益组织要使自身的品牌永葆青春,就必须及时了解公众的愿望与要求,改正与完善自身产品或服务的质量,根据公众的要求,进一步提供新的服务项目,从而使公益组织进入新的循环,实现可持续发展。

第二节　媒体公共关系

一、公关关系概念

"公共关系"一词是英语"public relations"的中文译称。它有两种用法:其一是"公开的、公共的关系";其二是"公众的关系"①。《韦伯斯特20世纪新词典》定义公共关系为:"宣传与一般公众建立的关系,使公司、组织或军事机构向公众报告它的活动、政策等情况,企图建立有利的公众舆论的职能。"

1978年,在墨西哥举办的第一届世界公共关系大会上,公共关系实践被定义为"一种分析趋势并预测其结果,给组织管理者提供咨询,实施对组织和公众有利的且有计划的行为的艺术和社会科学"。公共关系包括三大要素:主体是公益组织,客体是利益相关方,沟通要素是传播。

二、公共关系产生的社会背景

商品经济的高度发展为公共关系提供了现实基础。19世纪末20世纪初,欧美市场经济化国家的商品经济已经达到了高度发达状态,发达的商品经济与以往的自给自足的自然经济不同之处是,它建立在社会化大生产基础之上,通过市场与分工两个支点,由竞争杠杆进行调节,形成了竞争已经十分激烈的市场经济系统。公益组织必须不断与外界交换信息、能量,树立自身良好的社会形象,才能在竞争中占居有利形势。可见,公共关系正是以这一开放竞争的社会经济环境作为培育和发展的基础。

政治民主化的发展为公共关系提供了政治前提。经济的开放化、市场化与政治的民主化、公开化是相辅相成的。相对于以往的社会形态,资本主义制度体制在客观上促成了社会各方维持一种相互依赖、彼此合作的关系。政治民主化构成了公共关系作为社会开放背景下的社会信息交互活动正常发展的必要制度化支撑之一。

传播现代化为公共关系的发展提供了技术与中介支持。在工业革命以后,世界性市场逐

---

① 卢山冰.公共关系理论发展百年综述[J].西北大学学报(哲学社会科学版),2003(2):168-173.

渐形成。而传播技术的广泛应用,打破了原来社会的闭塞和国与国之间、地区与地区之间的隔绝状态。交通与信息传播条件的这种变化,为人与人、组织与组织、国与国之间的联系与交往提供了技术与工具,更为公共关系的产生和发展提供了技术与中介支持[①]。

三、媒体对公共关系的影响

网络媒体改变了传统的传播授受双方的地位和关系,公共关系将更好地朝着双赢方向发展。在公共关系中,公益组织往往通过各种大众传播媒介或组织自有的小众媒介,根据事先的计划,与公众进行信息的交流与沟通[②]。网络媒体为社会公众提供了最为便利的媒介和载体,前所未有地满足了公众的媒介接近权,其中包括有最重要的媒介表达权。公众可以利用网络随时随地与公益组织、他人之间进行沟通、交流,由此自发地组成了一个结构松散但却空前强大的受众群体。这样就使得媒介的控制权发生了变化,大众媒体垄断话语权的局面被打破。

另外,新媒体对公共关系最重要的影响是扩大了公众的话语权。这场始自于媒介领域的革命有力地驱使着公共关系的再次回归,促使公益组织重新审视自己的定位与界定公众的权利,立足公开、公平,真诚面对公众进行公益传播,公共关系的透明度再次得以提升。近些年来,一部分公益组织将公众放在与组织对等的位置上来解析公共关系的含义和功能,尊重公众的权利,切实考虑公众的需要,倾听公众的呼声,通过富有人情味和人文情怀的公关活动来争取公众的理解和支持,与公众之间建立和谐的关系。把社会收益纳入公关发展的轨道中,会使公共关系呈现双赢的局面。

1.纸质媒介与公共关系

纸质媒介也就是我们常说的印刷媒体,通常指报纸、杂志、书籍等传统的大众媒体,它们都是公关常常借助的手段和对象。

(1)报纸。

报纸的特点主要集中在:①价格低廉,是"人人都看的报纸",读者也不受局限,面向一般的大众;②内容以新闻报道为主,主要介绍最近发生的社会事件;③发行量较大,一般为几万甚至几十万份;④广告收入为主要的来源,一般占到了报社收入的70%,另外的30%来自发行量;⑤并且相对于其他的媒体来讲,阅读的选择性更强,适合于深度报道[③]。

但是,同时报纸也存在着一些缺点:首先,报纸不具有保存性和重复阅读的价值;其次,它以语言文字符号作为传递新闻信息的手段,生动性不强;再次,它的信息量受制于版面的数量,现在很多报纸为了赢利加大了广告版面的空间,在一定程度上限制了新闻的报道。

报纸是公共关系的一个很重要的载体,其中蕴涵着很多公关机会。报纸可以说是新闻报道的合成物。每一份报纸都包含着许多新闻报道和资讯,而其中很大的一部分并不是报社人员自行采写的,而是依赖外界主动提供新闻线索和现成的新闻稿。这就涉及报纸的公关机会——如果你有新闻要发布,那就主动通知报纸,不要等报纸来找你。

作为公关人员,平时要注意多收集一些与组织相关的信息,并将这些材料整理成新闻稿,或者是以直接新闻稿的形式,交给报社。同时还要关注和追踪报社编辑对于递送的材料的采用情况,是否达到了预期的效果。此时,公关人员和报社编辑、记者的私人关系就很重要了,在一定程

---

① 卢山冰.公共关系理论发展百年综述[J].西北大学学报(哲学社会科学版),2003(2):168-173.
② 华艳红.试论网络媒体对公共关系的影响[J].嘉兴学院学报,2003(5):100-102.
③ 陈先红.现代公共关系学[M].北京:高等教育出版社,2009:320.

度上直接影响了公关的效果。因此,对于报社的人员的关系也成了公关人员的重点公关目标。

(2)杂志。

同属于纸质媒体的杂志,在内容、时效性与制作上与报纸都有很大的不同,杂志的内容比报纸的内容集中在深度报道,内容更深更丰富一些;并且它的出版周期比报纸的要长些,通常是月刊或季刊;在制作上比报纸要精致丰富得多。

杂志也有自身难以克服的缺点,由于出版周期长,新闻的时效性差,并且受众范围有限,以及杂志本身的特殊性,将一些人排挤在外,相对于报纸来讲不是很普及[①]。

对于杂志的公关机会,在一定程度上和报纸相似。但是,杂志是一种比报纸还倾向于深度报道的媒体。报纸具有新闻快餐化的倾向,而杂志可以进行多层次的连接,进行深度报道,一般适合于重大的有意义的事件。另外,杂志图文结合,要求公关人员做好图片的整理工作。还要强调的是,杂志的出版周期比报纸长,时效性相对较差,所以不适合短期的公关。

(3)书籍。

一本书从交稿到出版一般需要一年的时间,时间跨度更大,对于公关活动来讲既有利又有弊。一方面,书籍的时效性比较差,不会带来即时的收益;另一方面,一本书尤其是名家的书或是一本精装的书,所产生的影响远远在其他媒体之上,因为在人们的心中,书都是经验的积累和智慧的结晶,读者都会认真地阅读思考。

但是在运用中,要注意公关的选择性。在公关的过程中公关人员应当协助作家收集资料,必要时还要进行经济的援助和媒体的宣传等。切忌不可贪图会立刻收到回应,这种公关的积累是靠长时间才能产生效果的。

一般来讲,书的适用性很强,如果广告和推广色彩很浓的话,这本书就彻底失败了。所以,一定要注意适用性和引导性的把握,将读者想要的东西通过书传达他们,同时还引导读者,在他们心目中树立该机构行业权威和领导地位,进而增加其对组织的好感以达到公关的目的。

2. 电子媒介与公共关系

(1)广播。

广播与其他媒体相比,主要特征是:第一,首次将听觉带入了大众传播媒介,打破了单纯的文字传播方式;第二,覆盖面广、速度快,可以在事情发生之后较短时间内传播到很大范围的领域,不受国家领土的限制;第三,广播还具有价格低廉、便携性和随意性的特点,不仅可以随时随地收听,而且将眼睛从接收信息过程中解放出来,变得更加随意和方便;第四,拥有特定的宣传群体,如司机,通常都是广播的主要受众[②]。

但是,广播媒体的缺点在于顺时收听,选择性差,声音稍纵即逝,保留性差。广播的公关机会,主要适用于那些需要在短时间内进行公关的宣传活动。

(2)电视。

电视首次将视觉和听觉结合在一起,通过影像、画面、声音和字幕来传递信息,给受众以强烈的现场感和视觉冲击力,同时兼具传播范围广和时间短的特点,具有一定的时效性。但是它与广播媒体一样都是流媒体,难以保存,并且选择性差。

从公关机会来看,与报纸媒体一样,都是公关人员自己去主动寻找媒体,主动向电视媒体

[①] 陈先红. 现代公共关系学[M]. 北京:高等教育出版社,2009:321.
[②] 陈先红. 现代公共关系学[M]. 北京:高等教育出版社,2009:322.

提供新闻稿件或新闻稿,另外就是参加一些访谈对话节目,在此特别注意的是,对于出席人员的选择上一定要选择能够能言善辩、从容镇静的,这同时也是对于公关人员的基本要求。

(3)电影。

电影是一门利用、借鉴和综合了科技、戏剧、绘画、文学、音乐等多种手段的独特的艺术。电影极具感染力和表现力,能牵动公众的情绪,达到良好的传播效果。随着数字电影和"微电影"的兴起,制作电影的成本和技术要求大大降低,电影开始为组织所广泛运用,成为叙述组织故事、传播组织理念、推广组织项目的一个有力工具。现在公关人员通常以"植入式广告"的方式进行宣传和公关推广。

3. 新媒体与公共关系

(1)网络媒体。

作为一个新兴媒体形式,网络媒体吸收了传统媒体的许多优点,同时又克服了它们的缺点。首先是网络媒体的互动性和多媒体性、信息传播的同步性和异步性、信息传播的开放性和信息共享性、信息量巨大且发布操作简单、费用低廉、很强的时效性[①]。网络传播是革新性的,它开放、快速,具备交互功能,受众反馈迅速,信息内容包罗万象,不仅兼有传统媒体的优点,而且突破了人际传播一对一或一对多的局限,在总体上形成了一种多对多的网状传播模式,为各类媒介的融合提供了便利。

但是,网络媒体也有很多弊端,产生了许多矛盾,比如传媒市场环境与传媒运营体制和理念的矛盾、新闻传播最大化快捷与确保新闻真实可靠的矛盾、网络传播泡沫与非泡沫的矛盾、个性化互动性传播与控制性议题设置传播的矛盾、精英话语传播与平民话语传播的矛盾等。所以,网络在给组织媒体公关机会的同时,也向他们提出了挑战。

(2)自媒体。

这里的自媒体是指应用于活动现场或组织所在处的信息媒介,可供组织用于展示,具有实物性、实地性与实时性等特点。组织线下活动可使用的自媒体大致可分为四类:口头传播媒体、印刷媒体、展示性媒体和可携带式媒体。

口头传播媒体主要指组织活动中的发布和咨询人或设施,如活动联系人、解说员、活动咨询处、招待处等,当场解答受众问题,协助受众理解信息,这种传播方式直截了当,权威性强,反馈及时,而往往被看成能代表组织的形象,起到公共关系的作用。印刷媒体是指面向特定组织或公众发放的纸质资料,如书籍、年度报告等,由机构编辑,常被作为大众传播媒介的信息来源和组织资料的正式展示而得到重视,具有一定的传播效果。展示性媒体是指公益组织制作的幻灯片、视频等多媒体资料,供前来组织参观访问或参加活动的人员观看,内容多为介绍性的信息或资料,如组织历史、组织架构、组织使命、组织成果等展示,起到组织形象宣传的作用。携带式媒体是指组织发放给公众随意拿取、携带保存的组织资料,如宣传册、纪念册、光盘等,由组织编辑制作,应长期放置于组织对外接待的地方。

自媒体通常是组织在线下活动中使用,其公共关系作用表现在为公众获取组织信息提供方便和对外宣传、树立组织形象两个方面。对于具有一定保存价值的服务性信息,组织要积极使用和制作自媒体,方便公众随时获取与翻看,加深对组织的印象。细致周到、迅速方便的信息提供往往能体现组织的专业形象和服务水准,精心设计、简洁美观的组织材料也会为组织形

---

① 陈先红.现代公共关系学[M].北京:高等教育出版社,2009:325.

象加分,有时候这比大众传播与网络传播更为有效。

四、新媒体在公共关系中的地位与作用

我国著名的国际政治研究专家潘光教授在联合国多哈会议上演讲时强调:迅速兴起并风靡全球的网络媒体具有速度最快、范围最广的传播功能,正以神奇的力量把人类带入崭新的网络时代。网络的日益普及,不仅改变了人们的生活方式、工作方式和交往方式,而且由此带来的网络文化对传统文化所产生的冲击,正逐步改变着人们的思维价值和精神世界[①]。

公共关系是组织—公众—环境系统的关系生态管理,具体地说,就是公益组织运用调查研究和对话传播等手段,营造具有公众性、公开性、公益性和公共舆论性的关系生态,以确保组织利益和公共利益的和谐。研究新媒体的发展颠覆了传统的传播方式,使组织与公众之间的沟通传播,不再单纯依靠大众媒体,而更多地倚重新媒体[②]。

新媒体改变了社会大众的关系,人人都是大众传播者。大众传播媒体预设了自己的受众群体,同时也预设了被动接受信息的一方,构成一个大众传媒发布、受众接受的单项传播模式,并且通过议程设置和执行"守门人"的职能,有效地操控着受众的参与性。由此可见,通过"点到面"的传播,大众传媒有效地把个体建构为受众。但是,新媒体赋予了网民更高的参与程度,把分散的、大量的受众培养成为记者、编辑、传播者,促成了人人公关时代的来临。新媒体使信息发布点更加"个体化""平民化",最终实现了"面到面""网到网"的公关传播模型。在新媒体的自主世界里,个体的社会参与性大大加强,全面公关时代来临,人人都是公关人。

五、如何利用新媒体做好公共关系管理

随着网络时代的进步,新媒体开始越来越多地占据人们的精力,也逐渐成为组织公共关系管理与处理的重点领域。那么如何运用好新媒体来为组织公共关系服务,以下有几点建议:

1. 设置专门的新媒体岗位负责人

随着新媒体的迅速发展、壮大,以及其对人们产生的影响之深远,公益组织很有必要设置专门的岗位负责人,用于"发送组织消息,与受众互动,检查舆情,收集受众信息",充分利用好新媒体的特性,为组织发展带来更大效益。

2. 用词不要过于官方

新媒体的主流群众是年轻人,而随着新媒体的不断发展,过于官方的说辞很难吸引民众注意力、拉近组织与民众之间的距离。平时的一些公关推文、信息发送等可以语气稍微轻松活泼一点,增强与观看者的互动和趣味性,这样比较吸引人们关注、转发。不过用词也不可过于轻浮、幼稚,这样会适得其反,要把握好度。尤其需要注意的是,当出现公关危机时,在新媒体发送的消息不可过于官方、高高在上,很容易引起民众反感心理。而且,新媒体的消息传播速度非常之快,俗话说"好事不出门,坏事传千里"。因此,当这种情况出现时,组织切记用词诚恳,描述清楚事实。

3. 会抓热点

公关很重要的一个职能就是让公众了解组织的使命,让公众对组织有一个正确的认知。所以,组织在利用新媒体做公关时,要时刻注意热点信息,寻找相关热点信息与组织的联系,及

---

① 潘光."文明的冲突"与文明的对话[N].文汇报,2006-06-05.
② 王晓芸.政府公信力建设背景下的新媒体公共关系研究[D].武汉:华中科技大学,2008.

时在自己的平台上发表一些组织的态度和看法,让公众可以从多方面、多角度去理解组织的使命,对组织有个更加清晰的认知。为什么要抓"热点"？因为热点事件往往在那一个时间段特别吸引人们的注意力,大家更愿意点看相关消息。而组织平时发送的消息,民众的阅读率未必有那么高。另外一方面,和热点相连,更容易激起人们的共鸣,更容易让人们自动转发,从而间接帮助组织做公关。但是,需要注意的是,不是任何热点都可以抓,一定是要和组织使命、价值观一致、有所联系的事件。而且,发表的看法和态度,一定要是组织可以负担得起的责任,不要夸大其词、虚张声势。

第三节 媒体危机管理

一、危机的概念

公益组织的公共关系,经常会受到各方面因素的影响,并非总是处于平稳的发展状态。这是一个"危机四伏"的转型时代,由于社会环境变化快速而带来高度不确定性,公益组织只要与外界有所互动,就随时处于危机的威胁当中。根据美国公关专家 Kathleen Fearn-Banks 的定义,危机是指对组织可能造成潜在负面影响的重大事件,此事件也可能波及到该组织的公众、产品、服务或名声,因其冲击到组织的正常运作,甚至威胁组织的生存[①]。

社会的发展为危机的发生与传播带来了很多复杂的因素。大众媒体的报道加速危机的蔓延,也扩大了危机的冲击面;科技的发达使得组织的疏失与危机风险增加;社会变化趋势导致组织面临变动的风险;公众的权利与表达意识增强,对组织的要求与监督加强;网络的发达使得危机传播迅猛,为危机管理带来了很大的挑战。危机是对公益组织公共关系最富挑战性的考验,面对危机,公益组织需要在时间压力和不确定性很强的情况下对其作出关键性决策。危机可能带给公益组织以毁灭性的打击,组织能否化险为夷、安然度过危机,公众是否给予组织信任与支持,取决于组织是否有高度的应变能力与危机沟通能力。公益组织对危机事件的处理集中反映了公共关系工作的水平。

二、危机的主要特点

1. 突发性

突发性是指危机的发生不可预测。危机常常是突然爆发、出乎意料的。危机发生的具体时间、实际规模、具体态势和影响深度令人始料未及,当事组织往往毫无应对地准备甚至失去反应能力。

2. 危害性

危害性是指危机往往对当事组织造成较大的负面影响。由于危机的突发性,当事组织常常措手不及,将产生较大程度的混乱。危机爆发后会带来对组织不利的舆论,组织的公信力将遭受相关公众的怀疑,组织的正常运作将受到阻碍,甚至正常秩序被破坏。危机对组织的生存与发展具有立即而明显的威胁,具有较大的破坏力与负面影响。

2011年年末,中国红十字会召开的理事会上公布的财务报告显示,当年个人捐款虽然没

---

① Kathleen Fearn-Banks. Crisis Communications:A Casebook Approach[M]. New York:Lawrance Erlbaum Associate,1996.

有详细统计,但有很大的减少,原因之一是"6月以来遭遇的'网络事件'引发的信任危机"。而整个公益领域的无形资产也蒙受巨大损失,据中民慈善信息中心统计,2011年6—8月慈善组织接收的捐赠数额降幅达86%。中国社科院社会政策研究中心发布的《慈善蓝皮书》(2013)中的一篇文章摘引了2012年3月"郭美美事件"之后中国红十字会对部分10万元以上的大额单位捐赠人进行的一次问卷调查。该次调查共发出问卷300份,回收率仅为20%,另外,80%的捐赠人拒绝回答问题。文章称,"为何80%的单位捐赠人都不肯回答问题,意味着他们在观望红会发展的态势"。2013年四川芦山地震之后,红会募集额不仅显示出"寒冬",并再次响起重查"郭美美事件"的呼声。时间过去四年,红会面临的巨大公信力危机仍在持续,使这家具有国际背景和中国政府背景的实力雄厚的公益领域知名组织蒙受损失,无形资产遭重创[①]。

3. 紧急性

紧急性是指危机留给当事组织的决策时间短。由于危机的突发性与危害性,当事组织必须在极度紧张的情形下作出决策,而且容许决策思考过程的时间非常短促,在此情形下,缓慢决策与失误决策都将给组织带来更大的损失。这是危机对当事组织公关效率与水平的极大考验。

4. 传播性

传播性是指危机传播速度往往极为迅速与广泛。在新媒体的时代,网络已经成为公益组织危机的触发器与放大器。社交媒体的发展,使公众获取信息的便捷性与自主性大大增强,信息的传播渠道更加畅通,组织的负面信息很容易通过网络扩散开去。即使是一个很小的负面信息,都有可能迅速地在社交媒体上传播并演化,使组织的声誉受损。

5. 二重性

二重性是指危机是危险和机遇的混合体。危机是一把双刃剑,"危机"二字便很好地诠释了这一点。危机的负面影响显而易见,但危机中也蕴含着机遇。危机的爆发使当事组织认识到自身的不足,使组织得到公众的密切关注,此时若处理巧妙、得当,并且及时地有针对性地对组织运作进行改善,则将迎来建立品牌、获取公众理解与好感、扩大影响力的好机会。

三、危机的主要类型

1. 资产危机

公益组织的资产包括四类:不动产(如建筑)、经济资产、电子资产、智力资产。公益组织的财务管理模式与管理经营模式都对资产产生影响。当遭受自然灾害、保管不善、投资不当等自然或人为的损害时,公益组织有可能遭遇资金亏损。

2. 收入危机

目前,公益组织的收入主要有五类来源:政府补贴或资助、基金会和资助机构支持、企业捐赠、个人捐赠以及服务收费。公益组织的收入危机主要表现在收入来源的减少与服务成本的上升两方面。人员低效、信誉受损、责任缺失、合作破裂,甚至物价上涨等都可能导致公益组织收入缩减。

3. 人员危机

公益组织面对的利益相关方主要有政府、企业、捐赠方、服务对象、内部成员(志愿者)、媒

---

① 康晓光,冯利.中国第三部门观察报告(2014)[M].北京:社会科学文献出版社,2014:50.

体和普通公众等。在公益组织运作项目或执行活动时,利益相关方都有可能因为各种各样的风险而产生人身伤亡、财产损失、权利侵害、合作破裂等问题,从而造成不可逆转的损害。

4. 责任危机

公益组织的根本任务是提供社会服务、实现社会目标。公益组织有以下几方面的责任:保障服务的提供、保护捐赠者的利益、保护服务对象的利益、保护组织成员的利益、保证接收的资助有价值等[1]。这些方面的责任缺失都会导致公益组织的责任缺失。

5. 信誉危机

公益组织的信誉包括组织声誉、社会地位、组织形象、公众信任等方面。公益组织的信誉问题最容易招致舆论的不满,并且容易引发连锁反应,带来收入危机。服务低效、质量下降、贪污腐败、违反伦理、欺诈瞒骗等不良行为与因素都会导致公益组织的信誉受损。中国近年来最深陷信誉危机的公益组织莫过于中国红十字会。随着"郭美美事件"的曝光,中国红十字会接连被曝出制度建设、品牌管理、信息公开等方面的一系列问题,陷入空前的信誉危机,2012年接受社会捐赠与2011年相比下降6.79亿元,同比下降23.67%[2]。

6. 环境危机

公益组织的生存与发展离不开其所在环境因素的影响。不利于组织发展的法律法规,政府、企业、其他公益组织、媒体、公众等针对公益组织发起的对抗活动,地区的文化限制,整体经济发展的紧缩,市场竞争情况的不良趋势等种种环境因素都有可能给公益组织带来生存或发展危机。如2010年国家外汇管理局实行捐赠外汇管理新规之后,对境内企业接受或从国外非营利组织获得捐赠进行了严格的规定和限制。繁复的经手环节以及多重手续费使得国外捐助资源流失,诸如北京慧灵智障人士社区服务机构等一系列运营资金部分依靠国外基金会的公益组织受到巨大影响。2011年北京慧灵出现了34万元的亏损,进而形成收入危机。

四、导致危机的主要因素

1. 公益目标的偏差

当公益组织被作为谋取私利的平台或工具时,公益组织必然会遭遇危机。非营利性是公益组织的第一个基本属性。公益组织可以开展一定形式的经营性业务,在这些业务中往往会产生一定的超出经营总成本的剩余收入。但是,无论开展何种形式的经营业务,其经营收入都不能作为利润在成员之间进行分配,而只能用于组织所开展的各种社会活动及自身发展。公益组织的宗旨不是为了获取利润并在此基础上谋求组织自身的发展壮大,而是为了实现整个社会或者一定范围内的公共利益。因此,公益目的不纯是组织各利益相关者们最不能容忍的问题。

2. 财务管理混乱

公益组织需有效地对其财务进行管理,严格按照捐赠人意愿,努力遵守相关法律。通常,公益组织的财务管理容易出现几个方面的问题:财务记录不准确、不及时;财务审计不及时;缺乏第三方专业机构审计;善款乱用、挪用;善款收支与预算之间出现重大误差;善款未按捐赠人意愿支出等[3]。对公益组织来说,财务问题是极为敏感的问题。例如,中华少年儿童慈善救助基金会"48亿巨款神秘消失事件"使儿慈会面临公信力危机。2012年12月10日,网络举报人

---

[1] 周志忍,陈庆方. 自律与他律——第三部门监督机制个案研究[M]. 杭州:浙江人民出版社,1999:36.
[2] 彭建梅,刘佑平. 2012年度中国慈善捐助报告[M]. 北京:中国社会出版社,2013.
[3] 康晓光,冯利. 中国第三部门观察报告(2014)[M]. 北京:社会科学文献出版社,2014.

周筱赟微博举报,中华少年儿童慈善救助基金会2011年的账目上,一项"支付的其他与业务活动有关的现金"金额为47.5亿元,远远高于当年接受捐赠收到的现金8000多万元。周筱赟怀疑基金会可能存在洗钱行为。当晚,儿慈会发文澄清,由于财务人员的重大失误,账目中一项本应为4.75亿元的金额被写成了47.5亿元。然而,周筱赟随后发了两条微博,一条名为"小数点点错了,你信吗",另一条是"中华儿慈会在说谎吗"。公益组织以为很简单的财务问题,却引发了公众对其公信力的质疑。

3. 效率、效果差

公益组织不能满足于资金是否合理合法使用(如是否按捐赠意愿支出),资金使用的效率和效果不尽如人意,也存在引发公信力危机的可能性。公益组织发展到一定阶段,人们不仅要看到捐款是如何使用的,也要看捐款使用的效率和效果。例如,所建校舍应验收合格;所购营养午餐应符合学生成长需要;所进行的培训应有助于直接改善接受培训的人的能力;所执行项目不仅能使直接受益者受益,也能使间接受益者受益;项目能够产生超越项目直接产出的良好的项目效果及影响(如人们的意识转变、行为转变、体制变革)。

4. 内部反馈机制阻塞

内部反馈机制主要指"内部人举报"制度,以及内部是否有正规或非正规的交流渠道,或者内部是否有可供员工发现机构问题并可以提出问题进而得到反馈的渠道、制度、机制。如果公益组织内部设立"内部人举报"制度,则有助于组织自查、自省,问题可以内部消化。内部举报人不是给组织捣乱,制造麻烦,而是组织的自我"净化器"、公益维护者及组织自我完善的必备机制之一。当内部反馈机制阻塞,内部人发现机构存在问题,却没有有效的传达通道,就可能会对机构失望,而将内部问题外部化,即所谓的"内部人爆料",向公众披露,给公益组织造成难以收拾的局面。

5. 透明度低

公益组织的透明度主要指公益组织及时、主动地向利益相关者汇报准确、易懂且便于利益相关者了解机构所有信息的程度,也指公益组织使利益相关者实施其知情权的程度。它既包括财务信息,也包括项目实施信息,还包括管理信息、治理状况等。不同的利益相关者对公益组织信息披露感兴趣的方面不同。例如,捐赠方或资助方关注资金使用后及时向其汇报资金使用的情况及效果;公众的"胃口"则多样,他们需要了解公益组织的方方面面,需要公益组织提供便于其随时了解信息的便利通道,比如所捐的钱用在哪里、受益者具体情况。中民慈善信息中心发布的《2011年度中国慈善透明度报告》显示,84%的受调查公众对公益组织的信息公开状况表示不满意,只有8%的受调查公众表示满意。"慈善透明"这一行业和专业问题进入公众视线,成为年度中国最大的社会热点问题之一[①]。可以说,公益组织的透明度几乎成为挑战公益组织公信力的"头等大事"。

每一个学者都有其独特的观点和做法,而根据危机公关利益权衡理论,基于危机公关系统框架之内,将危机事件的临场应对策略分为全面情报收集、利益权衡分析、主动出击应对、持续信息强化、寻求共同利益点、辅助性要素介入、明确应对姿态、淡化与转移八个步骤(如图4-2所示)。

---

① 来源于中民慈善捐助信息中心的《2011年度中国慈善透明度报告》。

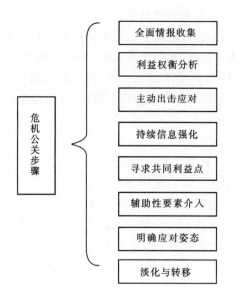

图4-2 危机公关步骤图

五、危机处理的原则与策略

1. 危机公关"5s"原则

(1)承担责任原则(shouldering the matter)。

危机发生后,公众会对当事组织产生强烈的不信任,质疑声音此起彼伏。此时当事组织负责任的态度将是赢得公众理解的第一步。即使当事组织对危机的发生有百般的委屈,此时要做的也不应是一味地辩解,当事组织应该首先承担责任,而不是强硬地坚持自己的立场,疲于寻找、追究其他方的责任,否则将有逃避问题、推卸责任之虞,引起公众的反感。

危机公关的首要目的是最大限度降低损失,首先承担责任,可以专注于问题本身的解决,避免把问题复杂化,及时止损,建立对当事组织自身而言相对有利的舆论位置,为危机处理争取下一步决策的时间。一个作风踏实、承担责任的组织时刻将公众的利益放在第一位,并且用行动来切实维护公众的利益,这种形象往往就能给公众以安慰,也是公众心理上的期待。公众在情感上接受的是积极寻求改正的态度,这在有些时候甚至他们对真相的要求。因此,当事组织首先承担责任的态度、主动认错的非对抗姿态,可以及时挽回公众的信任,争取公众的理解,从而进一步搭建与公众沟通的桥梁,赢得公众的认可与支持。

2011年4月15日,网友肖雪慧转发微博,贴出了一张付款单位为"上海市卢湾区红十字会"的餐饮发票,这张标注消费了9859元的发票一经公布,很快被上万网友转发,并引发网络热议。事件爆发后,上海市红十字会当日表示,迅速调查此事,次日表示,"并非社会各界捐赠的救灾救助款,系公务活动消费,人均消费水平明显高于标准。目前,超标款项已全部退回",并决定"向全市红十字会系统通报批评卢湾区红十字会在公务接待活动中铺张浪费现象,并要求全市红十字会系统,要厉行节约",态度非常诚恳,公众对上海市红十字会给予了一定的理解。

(2)真诚沟通原则(sincerity)。

新媒体时代使得组织动向更为透明,信息传播也极为广泛。在危机发生后,当事公益组织声誉已经受损的情况下,不宜避而不谈,沉默畏缩,甘当埋头的鸵鸟,也不宜闪烁其辞,转移话题,顾左右而言他,这些都是心虚的表现,使得当事组织在危机的漩涡中陷于更不利的位置。危机发生后,当事组织不应有侥幸心理,而应主动发布真实准确的信息,主动与媒体联系,主动与公众沟通,以诚意、诚恳、诚实的姿态,获得公众的理解。

真诚沟通的关键,是尊重公众的感受。在危机发生之后,公众的质疑与愤怒都是真实且正常的。逃避或者对抗,都不利于消除公众的焦虑以及获取公众的信任,只会令公众的情绪无法得到疏导与平静。重建信任是危机沟通成功的基础,因此当事公益组织不仅要着眼于事实,更要着眼于公众的情绪。首先应主动发声,表达沟通的诚意,安抚公众的情绪,照顾公众的感受。此外,沟通的过程中,态度需诚恳友好而非"委屈诉苦",语气应温和亲近而非姿态高傲。同时谨记诚实沟通——说真话,不隐瞒。真诚沟通的作用在于以坦诚的态度对公众的心理带来积极的影响,这为决策选择的可能性提供铺垫,使当事组织本身成为信息发布的中心,控制事态的发展。

(3)速度第一原则(speed)。

当今是网络与新媒体的时代,网络中信息的传播速度极为迅速,尤其是社交媒体,不再是传统媒体点对面式的传播,而是一个信息中枢,一旦发布就以爆炸式的速度和效应传播出去。在危机出现的最初 24 小时内,消息会像病毒一样高速传播。此时可靠的信息往往不多,到处都充斥着谣言和猜测。公益组织的一举一动将是外界评判公益组织如何处理危机的主要根据。媒体与公众都密切注视着公益组织发出的第一份声明。而对于公益组织在危机处理方面的做法和立场,不论舆论赞成与否,往往都会第一时间见诸媒体报道之中[1]。

处理危机的关键,是能否首先控制住事态,使其不扩大、不升级、不蔓延。因此,公益组织必须当机立断,快速反应,果决行动,以最快的速度并且有策略地与媒体和公众进行沟通,主动掌握话语权,尽可能杜绝谣言产生与传播的机会,降低滋生不利组织的舆论的风险,从而控制事态的发展,为下一步妥善处理危机争取更有利的舆论空间与策略时间。

(4)系统运行原则(system)。

危机的发生与发展是不确定的,如果当事公益组织无法在较短时间内制定详细的处理方案,无法快速收集信息、精确估计环境的变化,危机处理的决策制定与应急行动将遭受严重的影响。危机公关的系统运作有利于及时发现、收集信息,并对信息进行分类、整理、评估、记录,向各个部门提供客观的、重要的信息,并上报决策层,从而开展有效的、严密的公关活动,加强与公众之间的协商对话,避免决策者以个人既有的思考模式处理危机而导致决策失误,也避免了出现公众对公益组织的敌视现象,建立起公益组织与公众之间新的信任与合作关系,进而顺利地解决危机[2]。

危机发生时,公益组织内部人员应该全体进入反应状态。首先要清醒地认识危机,迅速统一观点,组建专项负责危机公关的小组,集中资源,系统部署与决策危机公关事宜,一方面保证危机公关行动的高效,另一方面保证对外口径一致,避免因压力与惊慌而造成失误,使得危机加重。在控制事态之后,也需要当事公益组织内部的系统运作,以及时准确地找到危机的症结,迅速作出处理的决策,从而彻底消除危机。

---

[1] 游昌乔.危机公关:中国危机公关典型案例回放及点评[M].北京:北京大学出版社,2006:9.
[2] 游昌乔.危机公关:中国危机公关典型案例回放及点评[M].北京:北京大学出版社,2006:10.

(5)权威证实原则(standard)。

危机发生之后,公众对当事公益组织往往心存怀疑,当事公益组织的解释不一定能取得理想的效果,或者根本丧失了公信力。此时,第三方证实起到了借用公信力的作用。第三方在危机公关中的角色,最主要是信用、社会能见度或者知名度等象征资源的借用和转移,这样的象征资源可能恰恰是陷于危机漩涡中的公益组织所不具备的。

明星(著名的演艺明星或运动员)、专家(医生或学者等专业人士)、领袖(意见领袖或行业权威)、新闻媒体、有特别经历的人(受害者、幸存者等),甚至普通人,这些都是公益组织可以寻求坦诚合作的第三方,在危机处理时他们话语往往比公益组织的"自说自话"要来得有分量,让公众觉得可信,有利于引导舆论并弱化负面舆论的不利影响,加快解决危机的步伐。

利用权威证实需要注意的是,此第三方的背书与当事公益组织本身应是出于真实坦诚的合作,而不是利益关系的驱使,否则有违公共关系的伦理。对公众的欺骗与愚弄只会把组织拉入更加严重的危机。

2007年3月,"地球一小时"活动被正式推出,2009年中国加入熄灯大军行列。2011年3月"地球一小时"熄灯活动开始之前,有网友将抵制贴在人人网等论坛上热传,批判"地球一小时"作秀大于行动,称全网大停电对电力系统是个巨大的安全隐患,并且即使熄灯也会浪费电。一时间灯熄还是不熄,成为了公众热议的问题。2011年3月23日活动当天,世界自然基金会长江中游项目负责人发布了调查结果,"集体熄灯"不会对电网造成伤害。随后3月25日果壳网的"谣言粉碎机"栏目也发文对此做出科学的解释,4月6日《北京科技报》也对此发稿引用清华大学电机工程与应用电子技术系电力系统研究所所长沈沉的结论,"地球一小时"不会对电网的安全运行产生冲击,不存在电没有用就会浪费的问题。在接下来的每年3月,关于作秀,关于电网,相同的一幕都会上演。不同的人在质疑,"地球一小时"也在坚持每年在微博进行澄清和解释。2012年4月2日@地球一小时转发@科学松鼠会和@国家电网报的辟谣文章。2013年3月20日@地球一小时发布微博"关于地球一小时的答疑"。2014年地球一小时创始人安迪·雷德利接受《中国故事》记者采访,对中国的各种质疑发表自己的观点予以澄清。2015年1月20日@地球一小时再度微博转发权威第三方资料和数据辟谣。伴随着越来越多的公众开始知晓"地球一小时",避免了许多因不了解而带来的质疑。

2. 危机处理的策略

(1)危机公关的总体行动策略。

①尽快搜集真相。

危机发生后,当事公益组织必须第一时间搜集事实资料,调查危机的状况与产生原因,并迅速预判危机发展,在最短时间内针对危机严重程度以及事态发展制定组织反应方式。危机发生后的几小时或几天内,应该注意的是技术控制(如调整产生危机的项目运作程序)以及伤害情况(如人身伤亡、财产损失);后续应该留意危机的波及面或恶意指控;危机之后的几个星期,需要注意的是政治、经济、社会等各层面因危机而产生的连带影响[①]。

②尽快公布真相。

为了首先取得危机事件的解释空间,防止谣言滋生,当事公益组织应该尽快公布事件真

---

① 吴宜蓁.危机传播:公共关系与语艺观点的理论与实证[M].苏州:苏州大学出版社,2005:37.

相,不给人以"有难言之隐"的印象。而在真相公布的程度上,组织应该充分考虑危机的本质与真相涉及的层面,适当、适时地公布。很多时候真相的调查需要时间,在这种情况下,当事公益组织应该根据阶段性的调查结果,随时发布最新信息,最大限度降低外界的臆测空间,并使外界得知组织随时掌握事件最新状况,传达出组织解决问题的诚意与决心。

③成立危机处理小组。

危机处理小组相当于危机中的"作战指挥中心",成员通常包括组织最高主管和公关、法律部门的主管,以及危机管理专家,以集中资源制定危机处理决策。危机处理小组可以遵循"C3I教条"来进行危机处理——指令(command)、控制(control)、沟通(communication)与智慧(intelligence)。"指令"要求危机处理小组成为危机处理的中心,并设立一个小组指挥者,以确保决策的贯彻力;"控制"是全面掌握与把控事态及舆论发展,逐个排除威胁因素,防止危机扩大与升级;"沟通"要求危机处理小组统筹组织与各利益相关方的双向沟通,把握与管理信息发布;"智慧"是指搜集信息,了解外界态度,预判事态发展,妥善做出危机处理的决策。

④慎选发言人。

组织应该安排专人即发言人负责对外沟通。发言人不一定是组织的最高主管,但必须是具备专业权威的组织代表者,亦可为组织的公共关系部门负责人。发言人应该是具备与媒体记者互动的经验,了解媒体,能妥善回应媒体提问,善于对外解说组织立场的人。面对危机的压力与媒体的"穷追猛打",发言人需要具备过硬的心理素质,头脑冷静、思维清晰、情绪稳健、言辞审慎、态度诚恳,不放弃任何话语权,确保在危机处理与组织表达上有滴水不漏的表现。

⑤尽快澄清负面报道。

为了避免危机扩大、升级,对于出现的负面报道,当事公益组织不能沉默,否则那些对组织处理危机有利的信息会陷入"沉默的螺旋",使组织错过安抚舆论的机会。当事公益组织应该尽快澄清负面报道,并快速回应质疑、指控、谣言等可能会对组织造成进一步伤害的信息,寻求公正的支持与表达,适当提出组织的立场,获取相对有助于组织下一阶段危机处理的舆论环境,以免舆论进一步往不利于组织的方向发展。

⑥寻求危机策略联盟。

寻求公正第三方的支持,避免孤立无援,这个做法被称为"危机策略联盟"。动员并协调组织内外部的资源,可以使组织的沟通信息更具可信度①。有时深陷危机漩涡的公益组织会饱受公众质疑,话语权大大减弱,寻求第三方的支持有助于重建公众的信任,打开沟通的突破口。政府部门、关键媒体、意见领袖、其他公益组织以及普通公众都可以成为当事公益组织寻求支持的对象,当事公益组织应该充分动员公正第三方的力量,打破自说自话的局面,在危机中重建公信力。

⑦掌握议题建构的权力。

在危机中,关于当事公益组织的负面信息将扑面而来,媒体将接连报道,倘若在信息不明朗的情况下,谣言将很快滋生并传播,当事公益组织很容易被汹涌的民意裹挟,失去议题建构与把握舆论的机会。鉴于此,公益组织应该时刻扮演媒体信赖的消息来源,主动发布,不断沟通,加大信息发布的频率与透明度,让组织自身成为消息发布的中心与官方渠道,牢牢掌握议

---

① 吴宜蓁.危机传播:公共关系与语艺观点的理论与实证[M].苏州:苏州大学出版社,2005:40

题建构的权力,从而控制事态的发展,不让危机升级。

(2)危机公关的利益相关方策略。

①内部策略——团结运作。

危机发生后,当事公益组织的成员也是危机的受害者和承担者,因此,稳定内部情绪,保证内部正常团结运作,避免外部危机转化成内部危机是组织平稳度过危机的基础。当危机发生时,当事公益组织决策者要立即召开成员会议,开诚布公、全盘托出地告诉成员发生了什么,表明自身态度与立场;提出原则性的解决方案,统一认识;做好内部公关,协调各部门,切实保障成员利益;明确危机阶段各成员的言行原则,从专业角度指导成员度过组织危机时刻。只有从心理上与行动上保障组织在危机中仍正常运作,才能增强成员对度过危机与对未来的信心,避免引起猜测与恐慌,帮助组织上下齐心协力共度难关。

②公众策略——真诚发声。

公众及其舆论是危机中当事公益组织最大的压力来源,公众的态度将影响组织所有的利益相关方,因此,危机发生后,当事公益组织必须争取公众的理解、信任与支持。公众策略可以概括为"4s"[①]:一是道歉(sorry),冷静对待公众的意见,真诚地为危机向公众道歉,查明事实真相,尽快给公众以圆满合理的解释;二是不争(shut up),永远不要与公众去辩论谁对谁错,因为喋喋不休的自我辩解很容易令公众觉得当事公益组织缺乏诚意;三是展示(show),不要沉默,必须重视与公众的沟通,建立有效的沟通渠道,适时发声表达自身的观点与立场;四是满足(satisfy),要以维护公众的利益为根本,尽量站在公众角度考虑问题,并且给出能与公众的期望相一致的解决方案,尽快处理投诉与有分寸地作出让步。

③媒体策略——积极沟通。

媒体是危机爆发的途径,也是危机控制的关键,媒体在报道危机时有两个特点:一是媒体没有义务按照组织的希望去确定报道角度或重点;二是媒体有可能因为不准确的描述而背离了组织所想表达的内容,因此组织必须要有正确的心态,不可站在媒体的对立面,而应该积极与媒体沟通,获得媒体的理解与支持[②]。危机发生后,当事公益组织应该全方位配合记者采访,对记者的询问保持友好态度,并在消息发布上平等对待每一个媒体,不回避,不发布不准确的信息。在准备充分、报批获准的情况下,可召开新闻发布会,对媒体及公众关心的问题进行合理解释与圆满答复,掌握报道的主动权。

④政府或主管部门策略——主动配合。

危机发生后,如果能获得政府或主管部门的行动支持,则其权威性往往有助于挽回公众对组织的信心。危机发生后当事公益组织应该以最快的速度将事件全面地报告给政府相关部门,定期向主管部门报告事态发展情况,主动配合相关部门的调查,及时发布公正的报告,以赢得政府或主管部门的理解、信任与支持。危机解决后,当事公益组织仍应该对危机进行全面的总结,提出当前与未来的整改方案,送交政府或主管部门,以增强其对组织的信任。

⑤资助者策略——妥善安抚。

资助者的支持是公益组织度过危机以及从危机后重建、恢复的关键。危机发生后,当事公

---

① 游昌乔.危机公关:中国危机公关典型案例回放及点评[M].北京:北京大学出版社,2006:17-18.
② 游昌乔.危机公关:中国危机公关典型案例回放及点评[M].北京:北京大学出版社,2006:17-18.

益组织应该主动与资助者接触,做好及时、坦诚、充分的沟通与妥善的安抚,表现出组织对处理危机的信心与决心,最重要的是,提出切实可行的解决方案,展现组织应对与解决危机的能力,使得资助者心里有数、放心信任,避免资助者对组织产生质疑、否定与背弃,促使资助者雪中送炭而不是釜底抽薪。

六、新媒体危机公关处理的思考

面对高速发展的新媒体,在处理新媒体引发的危机事件时,需要高度控制、密切关注危机事件的"前因后果",适度参与、积极应对新媒体,系统控制、科学管理危机事件处理的全过程,才能够达到事半功倍的危机公关效果。

1.高度重视,密切关注

信息全球化的今天,隐瞒危机信息几乎没有可能,封锁消息反而为流言的传播创造了条件,要让流言传播失去赖以生存的土壤、避免过度恐慌的最有效办法,除了及时外,还需要准确、透明地向公众告诉危机的真相①。公益组织要在这个全民皆媒体的大环境下高度重视本组织的新媒体工作,例如日常的公开推文务必字字斟酌,确保无误,意思准确才公之于众,当发生危机事件时,不逃避,不推搪,密切关注整个处理过程。

2.适度参与,积极应对

正确了解新媒体是重要前提,适度参与和积极面对是明智选择。公益组织可以依托新闻发布原则,或是建立新闻发言人制度,公布新闻消息,达到危机公关、化解危机的目的。

(1)新闻发言人制度。

可以通过固定的、经验丰富的代理人,在新闻媒体面前,第一时间或者持续性地发布新闻消息,以保持新闻传播的一致性和标准化。

(2)官方微博。

这逐渐成为重要危机公关的手段之一,通过官方微博可以在第一时间现场直播事件始末,不仅可以保证危机主题掌握话语权,更可以获得公众的"同情",从而为后续的工作做铺垫。

3.系统控制,科学管理

在正确辨析和积极应对媒体之后,建立危机公关系统将成为一种必然趋势,这个系统不仅仅只是新闻发言人、官方微博这么简单,而是建立在具备专业化的危机公关团队、系统化的危机应急机制、全方位和多元化的媒体关系、规范化的处理流程之上。

专业的危机公关团队能够有效地保证面临危机事件处变不惊,稳妥地处理,使危机事件有可能迎刃而解;系统化的危机应急机制,能够在危机发生之前对各种危机可能性进行推断和演练;全方位和多元化的媒体关系能够给媒体提供具备足够新闻价值的信息,从而保证在媒体传播的同时,实现对危机的化解;规范化的处理流程则是面对新媒体的冲击,科学、规范的流程是必不可少的。

综上所述,当前新媒体带来的冲击和影响都非常大,尤其是自媒体形态。因此在媒体危机公关处理里,我们应该利用媒体的优势,根据实际情况运用媒介危机处理的操作流程,转危为安。

---

① 何宝庆.社会组织如何与媒体互动应对公共危机事件[J].科技信息,2013(9):485-486.

公益传播

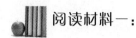阅读材料一：

自媒体时代,公益组织拿什么拯救公关危机[①]

窦瑞刚[②]

官微要放下架子和网友平等互动、坦诚交流。必须调整内部管理架构和决策流程快速应对。需要加强对传播、危机公关处理等能力的培训。

儿慈会微博危机回放：

1. 官微22小时无回应引爆信任危机

最近,中华少年儿童慈善救助基金会(以下简称儿慈会)9人出国考察,成为公众关注的话题。

事情的起因是10月24日下午14:56分,《新快报》的记者刘虎,在实名微博上用"惊爆:儿慈会疑用公款出国考察"等字眼,以网友爆料的名义,指出儿慈会10余人计划10月29日赴美考察,"极可能非正常使用善款",并@儿慈会官方微博,要求解释。

该微博发出以后,儿慈会官方微博没有及时进行正面回应。该微博直到当晚20点之前,也并没有得到多少关注。当晚20:17,该微博被有近2万粉丝的《南方周末》记者刘长转发,形成这个事件在微博上的第一个重要新闻爆发点。刘长转发的评论内容是"十几人的机票恐怕就要几十万吧?考察费用谁出,这是关键"。他的这个转发,得到22条网友的转发。其中一个转发的网友是有15万粉丝的迟凤生律师,她于20:18分跟转,对微博内容无评论。她转发之后有119条转发,后来她于20:56再度转发,评论内容为"盯住",又有85条转发。

20:21分,有30万粉丝的"分享投资白文涛"转发了迟凤生律师的微博,也是无评论内容的转发,有30条转发;随后,有11万粉丝的"老徐时评"于20:23也无评论的转发了迟凤生律师的微博,得到网友122条转发。至此,该事件逐步得到了更多网友的关注,开始形成一次严重的公关危机事件。

当晚21:50分,有366万粉丝的郑渊洁也转发了该微博,并迅速得到网友761次的跟进转发和291次评论,从而导致该事件持续升温和放大,最终该微博得到5000多次转播,1200多次评论。

儿慈会官方微博于刘虎的微博发出近22个小时之后,才发出一条新闻式的消息,内容为:"应美国亮点基金会主席尼尔·布什的邀请,中华儿慈会拟于10月29日至11月6日赴美考察,考察团由中华儿慈会各职能部门工作人员一行9人组成,此行的目的在于了解美国社会公益慈善业,交流公益慈善工作在社会发展中相关运作的体会,学习每个公益慈善文化中的先进理念和运作模式。"

2. 社会化媒体的本质是互动

该新闻既没有正面回应"记者刘虎"微博对"非正常使用捐款"的质疑,也没有回应众多网友们关注的问题。随后更多传统媒体和网站跟进报道该事件,京华时报、中国之声、中国日报、

[①] 自媒体时代,公益组织拿什么拯救公关危机[N].晶报,2011-11-05.
[②] 窦瑞刚现为腾讯公益慈善基金会执行秘书长。

人民网、新华网等媒体纷纷就该事情采访儿慈会或做跟进报道。

在面对媒体采访中,儿慈会就网友关心的访问资金来源、出国考察是否是员工福利等内容进行了正面回应,应对相对合理,媒体报道也比较正面,总体上来说传播效果令人满意。同时,儿慈会也选择通过官网、官方微博等途径,针对网友的质疑,逐步进行公开回应,并公开考察的行程记录和考察纪要,得到网友的认可,该事件也慢慢平息。

从事件本身来说,儿慈会使用非定向捐赠资金的理财收益到美国交流学习,长远来看,对促进机构的健康发展应该有积极意义;而网友关注资金来源、交流的目的和成效也无可厚非。如果儿慈会能第一时间就网友关心的问题进行公开回应,该事件发展成为一个公关危机事件的概率也很低。

该事件中以及近两年的公益信任危机中,从公益机构的应对和处理来看,我们感觉公益机构对于新媒体时代公关危机的处理水平确实有待提高。

以微博为代表的社会化媒体的本质是互动,因此及时互动是官方微博的第一原则。微博用户要对提及自己的内容及时回应,特别是对于网友的质疑,那些有可能成为重大负面新闻的内容,从危机公关的角度来说,必须第一时间进行紧急回应。但在儿慈会这个案例,我们可以看到,从"记者刘虎"发出质疑微博,到微博大规模扩散之间有长达 5 个小时的时间,在这么长的时间,儿慈会官方微博却选择做了"鸵鸟",任由网友猜测、演绎,而未进行任何回应,未能给出及时、合理的解释平复网友质疑。

在"记者刘虎"质疑微博发出 22 个小时之后,该事件已经爆发成为有重大影响的负面新闻,儿慈会才在官方微薄上发布了一条相关新闻,而即使是这条新闻,面对官博上网友的 100 多条评论和质疑,儿慈会也没有再进行任何的互动和解释,仿佛网友们的质疑都不曾存在过。

3. 官微"说人话不要说官话"

官方微博账号管理中另外一条重要原则是,要"说人话不要说官话",但儿慈会在面对网友的质疑是,选择的不是说"人话"——放下架子和网友平等互动、坦诚交流和沟通,而是说"官话",选择发布一个官方新闻稿——不带感情的官样文章,且不正面回答网友质疑,而是发布八股式的新闻。最终该微博,让少数力挺儿慈会的网友也觉得失望,认为该回应是危机公关中的败笔。

随着微博等社会化媒体的出现,每一个组织和个人正在转变成为"自媒体"。特别对于公益组织来说,在当下环境中很重要的核心价值就是向社会传递温暖、爱、信任等正向力量。如何利用以微博为代表的新媒体和公众互动,在传递正能量的同时,传播机构理念、宣传自身公益项目、募集善款、公示项目运作情况、应对公众质疑已经成为公益组织当下非常重要的能力。

公益组织要应对社会化媒体时代这些变化,一方面要转变观念,另一方面要调整内部架构和流程。传统的组织,都是金字塔式的直线科层制管理架构,信息从底层汇聚到高层,决策从高层再传递到底层。这种管理架构,管理层级多,决策流程缓慢,而真正了解情况的一线工作人员无法参与决策过程。但社会化媒体时代,信息则是以网络状拓扑化结构,爆炸性传递,比如儿慈会这个案例中,"记者刘虎"的微博,在当晚20:00—22:00之间两个小时,便获得上千条转播,迅速发展成一个重大公关危机事件。因此,公益组织必须调整内部管理架构和决策流程,通过微信群等社会化媒体工具,打通组织内横向和纵向的沟通障碍,快速决策和应对突发事件。

4. 重建信任关键在于透明和互动

社会化媒体时代,组织中每一个人都成为了潜在的新闻发言人,需要加强对传播、危机公关处理等能力的培训,而不仅仅是传播官员对媒体负责。面对网友的质疑,所有了解信息的员工都应该第一时间将网友的质疑传递给组织,而组织也应该建立统一应对的机制,将真实信息及时传递给全体员工,避免机构和个人在表述上的矛盾。我们看到本次事件中,儿慈会实名认证的员工微博账户,在有网友向他了解情况时,面对所在组织的潜在公关危机,不是第一时间和组织沟通,让组织尽快处理,及时应对网友质疑,而是站在个人的角度采取撇清关系的回答方式,忘记了自己的所有发言同时也代表组织,应对有失妥当。

近年来,因郭美美事件导致公益机构面临着普遍的信任危机,如何才能重建信任,关键是透明和互动,两手都要抓,两手都要硬。透明是对公益机构运作和治理的要求,是机构自身的内功,也是重建信任的基础;但仅有透明还不够,更要学会和公众的互动和沟通,学会持续、不断地利用各种社会化媒体工具和公众平等交流、坦诚沟通,让公众关注、了解并参与到机构的运作中来。不光把机构做成玻璃口袋,更要让公众有机会了解、看到口袋的透明,只有这样,最终才能获得公众的理解和支持,才有可能重建信任。

各方声音:

危机应对预案有助于反思管理漏洞

○吴冲　真爱梦想公益基金会秘书长

首先要说的是,公关不是万能的,如果你的机构真有问题,那再好的公关手段也没办法,必须先把基本面做好。

作为一个成熟的公益组织,需要有危机处理的预案和风险点分析,真爱梦想曾经请资深的公关经理作为志愿者做案例分享,在讨论的同时,其实也是对机构本身管理漏洞的反思和检讨,这是一个不错的提高机构运营水准的角度。

公益机构主动的信息披露很重要,不要让大家猜,我会告诉志愿者,在决定做一个事情之前,先要考虑一下,这件事一定会被所有人知道的,还要不要去做。

公益机构被质疑,同时也是一次与公众交流的机会,可以把公众的注意力引到机构的运营上,实际上很多质疑者是不了解你在干什么。

危机公关手段必须注重有效性

○冯晓　深圳慈善会·小鸭嘎嘎公益基金发起人

危机处理最重要就是针对问题本身,提出的有效的解决方案,而不该毫无思考地应付了事。儿慈会官方回应提到"网友可以来查账",至于查账的途径是什么,如何查账却没有交代。公益组织的公信力更多地体现在细节,而至于危机公关手段必须注重其有效性。

要以阳光的心态对待质疑

○善修　公益人

不久前,我在新浪微博就遭遇了这样一件事情:有个公益机构发了一条为钢笔募款的微博,大家都随手帮转,我觉得原微博表达不清(有歧义),本是善意提醒,却招来反唇相讥。对于这个公益机构对我的态度我觉得不解,从头到尾我都没有用任何过激的语言,只是对于他们的某些表达表示不解,结果他们却选择了语言暴力。虽然此事已经过去了,但从这个事情可以看出当下有些公益机构在应对公众质疑、危机公关的处理上还是不成熟的。

作为公益组织,应该学习商业机构的经验。一般的危机应该在72小时之内出来合理应对,否则事态将扩大。公关公司的出现与成熟,说明商业机构已经把危机公关提到了战略的位置,随着微博等新媒体的出现,信息传播方式与速度与以往天差地别,而公益机构公关意识相对比较落伍,似乎还没想好怎么应对。另外,回应的态度永远比具体内容重要,儿慈会的官腔回应不真诚,显得高高在上,使公众普遍不满。

不管危机还是不危机,公益机构首先要做到规范,合法合理处理日常事务。自己做得规范,就不怕任何人质疑。对于公益机构,应该以积极阳光的心态看待质疑,质疑是改进工作、提升形象重要的机会。

面对质疑要坦率日常需要多沟通
○黄静杰 观筑建筑发展交流中心发起人

面对质疑时应该尽可能坦率地面对,对于每个收费项目都尽量全面回答:为什么要开展这个项目?这些钱怎么来的?是怎么使用的?每一个公益组织都有责任和义务去公布自己的财务,甚至连成本都应该展示给公众。虽然公布结果不可能让100%的人满意,但起码让公众认识到公益组织不是不收钱就干活,他们也需要资金去运作,他们可以很好地运用这些资金去服务更多的人群。

就观筑的经验而言,我们在长时间里持续公开财务,即使不是我们的捐赠对象我们也会公开。另外观筑会定期开展工作坊,与我们的捐助者和服务对象进行交流。例如近期我们在开展的"小小建筑师工作坊",每一期工作坊结束后我们还会进行回访,给参加的孩子家长打电话,进行沟通和交流。

(本栏稿件均由《晶报》记者刘敬文、李妍琦采写)

 阅读材料二:

中国扶贫基金会的危机公关处理事件

中国扶贫基金会成立于1989年,是在民政部注册、由国务院扶贫办主管的全国性扶贫公益组织,是中国扶贫公益领域规模最大、最具影响力的公益组织之一。在社会各界的支持下,截至2016年年底,累计筹措扶贫资金和物资248.67亿元,受益贫困人口和灾区民众2908.72万人次。

近三十年来,中国扶贫基金会通过良好的内部治理、项目管理和社会绩效得到了公众的广泛认同,社会影响力不断提高。2007年、2013年在民政部组织的全国基金会等级评审中,均被评为最高等级5A级基金会。2016年9月,《慈善法》颁布后,被民政部认定为首批具有公开募捐资格的慈善组织。

一、事情起因

从2017年6月3日中午开始,网上出现大量关于"孩子玩手机误捐1.7万元基金会:误捐不退"的报道,给公众造成一定的疑惑和困扰。中国扶贫基金会高度重视此事,紧急进行调查与核实,并通过新媒体的渠道向社会公布处理结果和经过(如图4-3、图4-4所示)。

公益传播

图4-3 "孩子玩手机误捐1.7万基金会:误捐不退"报道(一)

图4-4 "孩子玩手机误捐1.7万基金会:误捐不退"报道(二)

二、核查结果

中扶贫表示,1.7万元早已退回,详细情况是这样的:1.7万元在6月2日11点59分13秒就已经完成退款,原路退回到刘先生的账户,并在14点13分得到刘先生在后台的确认。

三、事情的详细经过

【5月4日】

中国扶贫基金会客服工作人员接到江苏刘先生来电,称有小孩用其手机上网玩时向中国扶贫基金会误捐1.7万元,希望能退款。按照刘先生的说法这属于误捐和支付异常,中国扶贫基金会工作人员将退款的流程和所需证明材料告知刘先生,如图4-5所示。

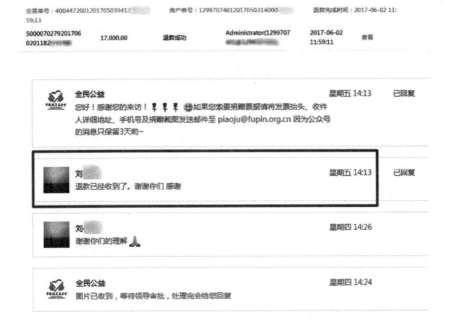

图 4-5 中国扶贫基金会退款确认截图

基金会的退款流程和处理情况：按照相关法律，公益性捐赠是不可撤销的，但无行为能力或者非本人意愿捐赠是可以撤销退款的，刘先生所说的这种情况属实的话是可以退款的。

为了维护捐赠不可撤销的严肃性以及对捐款负责的态度，中国扶贫基金会捐赠退款有一定的认定程序，需要提交相应证明材料并经过相关部门的审核。

【5月4日下午】
工作人员收到刘先生提供的退款申请、捐赠截图和身份证明材料。

【5月5—15日】
中国扶贫基金会工作人员与项目执行方、捐赠平台、支付平台分别进行了核实，并于5月15日发起内部退款流程。

【5月17—19日】
中国扶贫基金会互联网捐赠工作人员审核退款材料时，发现其中有疑点的地方。主要是没有刘先生所说支付异常的证明材料和可充足证明是8岁孩子误捐的材料。随后，客服工作人员与刘先生沟通希望其能够补充证明材料。

【5月19—31日】
刘先生多次电话联系中国扶贫基金会工作人员要求退款，但均未能补充新的证明材料。

【6月1日】
中国扶贫基金会互联网捐赠负责人主动联系刘先生，再次详细解释了退款要求和流程。刘先生随后提交了新的证明材料。鉴于刘先生补充了新的材料以及本人对事件详细的描述，中国扶贫基金会互联网捐赠负责人通过了退款流程。

【6月2日】
中国扶贫基金会将1.7万元原路退还刘先生并得到刘先生确认。

四、误捐退回的流程和原则

本次因孩子误操作造成的误捐并不是孤案,是网络捐赠常会遇到的情况。近两个月,中国扶贫基金会就已经处理4笔捐赠退款,其中2笔属于系统异常造成误捐,1笔属于精神病人误捐,1笔属于账号密码被盗后误捐。上述三种类型的退款申请分别在捐赠人提供了系统异常证明、精神病鉴定证明、公安立案证明后给予了退款。

在处理这类工作的时候,我们坚持两个原则:第一,如果能够确认是误捐,我们一般都会办理退款;第二,要按照既有的程序办理,证明确属误捐,以维护捐赠不可撤销的严肃性。

五、致歉

在这个个案的处理过程中,中国扶贫基金会客服工作人员的确存在表述流程不严谨、解决问题不够专业等问题,给捐赠人和公众造成了困扰,在此向捐赠人及公众真诚致歉。

通过这件事,中国扶贫基金会表示会吸取教训,加强培训,提高管理水平和工作能力,让工作更加严谨,更好地为捐赠人服务,让公益更透明、让捐赠更便捷、让公众更满意。

危机公关处理过程分析

一、全面情报收集

在网传8岁小孩误捐1.7万,中国扶贫基金会"误捐不退"的事件当中,中国扶贫基金会在得知事件后并不是选择等待事件的发酵和舆论的泛滥,选择以一种积极的、紧急核查的态度来解决此事。通过对于事件实情的全面核查,立即向社会公众公布出事件的完整始末,以免舆论的恶化导向。

在本次事件当中,中国扶贫基金会全面搜查事件情报信息以还原事件的努力主要是立即审核项目的执行方、捐赠平台和支付平台的记录。首先为社会各界还原了基金会已经向刘先生及时返还误捐款项的截图,以有力的证据来反驳网传不属实的信息。

二、利益权衡分析

不对刘先生进行1.7万元的退款,获得1.7万元的一次性捐赠,可能会使刘先生产生抵触心理,觉得自己"被骗捐",对中国扶贫基金会产生不良印象,并对自己切身经历的事情进行"添盐加醋"的不实传播,导致中国扶贫基金会的形象受损,更有甚者,刘先生可能会将中国扶贫基金会告上法庭,中国扶贫基金会将会背上官司,即便在官司中获得胜诉,也会对其产生难以挽回的恶劣影响。

如果对刘先生的1.7万元捐款进行退款,中国扶贫基金会则会"损失"掉1.7万元的网络一次性捐赠,需要进入繁琐的退款程序审查,需要与当事人刘先生进行多番沟通,说明基金会内部关于退款程序的运作,并且还需要由基层往上层层报告、层层申请、层层审核,这无疑加重了原本已经工作超负荷的基金会的工作量,可能会导致相关部门的员工产生厌烦心理;尽管这样,通过这一系列的繁琐程序与工作,对"1.7万元退款门"事件得到让当事人刘先生的满意结果之后,刘先生在整件事情的始末会清楚、深入地了解到中国扶贫基金会的组织文化、办事准则,并有可能对其产生认同,可能会发展成为长期的捐赠者,并为中国扶贫基金会做"免费的宣传广告",由此有利于中国扶贫基金会在公众心中树立可靠、良好的形象,吸引更多的捐赠者、志愿者,获得更多的关注度。

针对这同一件事情的两种处理方法可能会产生的后果,中国扶贫基金会经过权衡利弊分析,综合基金会的使命原则的考虑,选择了退还1.7万元捐赠的处理方式。

三、主动出击应对

在查明了本次事件的真相之后,中国扶贫基金会坚持危机公关的处理原则——反应时效性原则,采用了官方微信公众号、官方微博,以及相关新闻网站等新媒体的渠道以澄清整个事件的真相,主动对于网传基金会不愿意退回的言论进行应对与反击。

中国扶贫基金会通过将整个事件以时间轴的形式真实地向社会各界还原整个事实的真相。而本次事件的真实情况是,在刘先生向基金会提出了退款申请后,基金会积极地告知刘先生退款的要求以及相关的材料。而刘先生由于无法提供比较有力的材料证明误捐,退款的审核才难以通过。最后,基金会还积极主动地向刘先生打电话告知其具体的退款材料要求,以帮助刘先生能够成功地提供材料申请退款。

在本次的事件中,中国扶贫基金会始终处以积极面对、主动解决的态度来解决退款,以一种诚恳的态度向社会各界表示在本次的事件中基金会的努力和态度,主动向误传的言论进行回击。

中国扶贫基金会认真严谨的态度、负责任的行为,强有力地反驳那些不问事实真相就随便报道"新闻",只顾博得读者眼球,甚至希望引起读者愤慨,而歪曲事实,影响一个老牌公益组织在社会公众的形象的媒体的不负责与不专业。

四、明确应对姿态

对于此次误捐案,中国扶贫基金会在事情得以圆满解决但是还存在其他公众误解的情况下,坚持危机公关的媒介沟通原则与选择性坦诚原则,及时在自己的官方传播渠道,如微信公众号上发布了事情的说明文章(2017年6月4日在官方微信公众号——"中国扶贫基金会"发布了《1.7万元的来龙去脉》的推送文章),分五大部分,分别是起因、核查结果、详细经过、基金会误捐退回的流程和原则以及致歉,对事情的前因后果、基金会的态度以及处理结果进行了公开说明。

中国扶贫基金会在推文中还提到了在网络捐赠中,中国扶贫基金会遇到的其他情况以及处理方式:系统异常造成误捐(提供系统异常证明)、精神病人误捐(提供精神病鉴定证明)、账号密码被盗后误捐(公安立案证明)等,提出了在此次孩子误捐1.7万元的事件与基金会处理的类似事件的"一视同仁"的地方,明确指出中国扶贫基金会在处理这类工作的时候,坚持两个原则:第一,如果能够确认是误捐,一般都会办理退款;第二,要按照既有的程序办理,证明确属误捐,以维护捐赠不可撤销的严肃性。

通过1.7万元误捐事件的详细罗列,以及类似事件的情况说明,中国扶贫基金会明确地指出基金会对于网络误捐案件的处理原则,也明确了自身对此类事件的态度,通过官方说明给予公众一个明确的回答,有效遏止歪曲事实的流言,维护中国扶贫基金会在公众心中的负责、可靠的形象。

五、淡化与转移

在对这个个案的处理过程进行了详细说明,满足公众的好奇心之后,中国扶贫基金会深刻反省自身在案件处理过程中表现出来的不足之处:客服工作人员的确存在表述流程不严谨、解决问题不够专业等问题。对捐赠人和公众真诚地致歉,并且表明基金会在未来的运作与发展当中完善自我的方向。

公益传播

　　这巧妙地将公众的关注度从案件本身转移到基金会自身运作的发展与完善当中，给公众留下中国扶贫基金会作为国内知名度较高的基金会的谦逊、不断完善的形象。

　　没有一个品牌的发展历程是一帆风顺的，总是会有外部的考验不断敲击，打磨出品牌历久弥新的光彩。

　　2014年冰桶挑战沸腾中国，创始人王奕鸥看准了这个重要的机会，在冰桶挑战第一时间积极加入，瓷娃娃罕见病关爱中心（以下简称瓷娃娃）成为接受冰桶挑战捐款的机构，这是将社会关注引向罕见病的又一契机。然而树大招风，公众质疑铺天而来，瓷娃娃又是如何成功处理此次的品牌危机呢？虽然瓷娃娃没有专业的品牌管理机构及人才，但是对品牌管理非常重视，一直以来与公众也保持着良好互动，在冰桶挑战的热潮中，公众开始质疑冰桶挑战援助的是渐冻人，而瓷娃娃是并非针对渐冻病人。瓷娃娃从两个方面应对了这场危机，第一是解释瓷娃娃关注范围，第二是财务公开透明接受公众监督。

　　创始人王奕鸥向公众理清瓷娃娃是家专注于成骨不全症的机构，但更是向公众倡导和普及罕见病的机构，渐冻人作为罕见病也包含在其中，瓷娃娃拥有公募资格是具备接受"冰桶挑战"捐款的客观条件的。

　　紧接着王奕鸥发布一份《致参与"冰桶挑战"爱心人士的公开信》，在公开信中她对捐款进行了妥善安排，成立瓷娃娃"冰桶挑战"专项基金，专款专用，并将财务信息进行公开定时披露。

　　截至2014年8月30日，瓷娃娃将所获善款中的550多万元，用于运动神经元症患者群体的相关救助服务和支持中，并公开对外招标，12月已有10个项目中标并在网上公示，同时也展开了个案救助申请工作。质疑声最终消失在公众对瓷娃娃的信任中。风波的平息除了创始人及时正面的回应态度和公开透明的制度规范，最大因素应该是瓷娃娃多年以来的品牌积累。从2008年发展至今，瓷娃娃一直做着扎实的社群工作和公众倡导，尤其是每年2月最后一天"罕见病日"街头和网络活动，逐渐增加了公众对罕见病和瓷娃娃的认识，这不仅让瓷娃娃成了成骨不全症的代名词，同时也成了一个关注罕见病社群的品牌。如果瓷娃娃没有之前品牌的口碑和公信力的积累，或是采用某些组织采用的"鸵鸟政策"，也许在这场危机中品牌会受到重创。

第五章
公益传播项目研究

第一节　公益慈善组织传播存在的主要问题

转型时期,中国公益组织发展尤其是公益慈善行业的运转存在多重困境。在组织运作模式方面,主要存在效率不高、行政化倾向明显、专业化程度低、政府主导性强等特征;在资源筹集和分配方面,主要表现是组织筹集、分配资源的方式行政化,行政动员直接挤占了社会慈善募捐的空间;在人力资源管理方面,则呈现出行业人才吸引力较弱、公益精英数量不足等问题。具体在公益组织的信息传播与沟通机制方面,一是传播流向呈现出单一传播为主的特征,而非双向互动传播,二是在信息公开透明方面,多数组织缺乏有效的信息传播的平台。上述阻碍因素直接影响了公益组织的发育、公民素质的提升和中国公民社会的构建。

一、公益组织亟需公信力重塑

近年来一系列负面事件的发生,导致我国慈善公益组织面临前所未有的公信力危机。《2013年度中国慈善透明报告》的调查结果显示,民众对我国公益组织在2013年度信息披露工作感到满意和比较满意的比例仅为20%,仍有近半数受访者表示对慈善组织的信息透明度不太满意。

"郭美美事件"以来,随着公益组织危机公共事件频发,社会公众对整个公益领域的信任度降到了低点。社会公益组织本是以社会公益事业为主要追求目标的公益组织,却因部分以权谋私的组织而陷入了信任危机当中,给公众以不透明、低效率、可能存在腐败的印象,加之微博一类的新媒体对其丑闻的不断曝光以及传统媒体的深入挖掘和报道,严重挫伤了公众的捐款热情和基本信任。虽然,除了慈善体制包括公共管理的问题以外,各慈善机构已经在资源分配、招标、募集倡导、媒介报道以及募款反馈等诸多方面有所改进,但慈善丑闻的出现,使得慈善组织在进行公益传播和公信力塑造等方面仍然面临压力。

二、网络公益传播占据话语主导地位

随着网络以及新媒体的普及,网络信息流通平台所具有的受众广、成本低等优势被充分挖掘,而且为慈善组织提供了一个公益信息披露、监督、互动、参与以及体验的自主性平台。慈善组织以网络作为获取公益传播[①]、公众支持的重要渠道,有助于其加强自身建设、塑造慈善文化,是重塑慈善组织公信力的有效路径。更加重要的是,公众利用此平台参与和体验公益传播活动,将敦促公益组织提高组织透明度,持续、透明的互动公益传播能帮助加强公众慈善意识。

有关调查数据显示,有77%的受调查者已经将网络视为接受信息的第一渠道,并且有意向参与网络慈善活动的比重高达69%。另外根据专门研究美国网络用户满意度的机构——Foresee Results 的一项调查表明:对网站满意的用户中,有49%的人们表示更乐于募捐,有38%的人们更乐意成为志愿者。公众对公益慈善网站的满意度,直接影响公众的公益慈善

[①] 公益传播是指服务于公共利益的信息传播行为。它是针对社会生活中的公益问题,通过符号系统,借助各种信息传播媒介,表达一定的价值观念,使为数众多、分布广泛的受传播者受到感染,并增值其行为价值,推动公共利益实现的过程。

行为。

从公益组织的角度出发,纵观其生存状况和发展空间,大多数民间慈善组织是孤立存在的,缺乏和社会关系互动的能力,与其他公益组织相关领域还没有建立全方位、多渠道、互动式公益精神传播态势和模式,尚未建立一个在公益领域高效、系统、强有力的话语体系来塑造公益组织的形象。而网络公益传播依托新媒体技术,让公益信息的传播全面铺开。信息传播速度快、受众群体富有多元性、在全社会范围的影响广,缓解了公益组织和社会普通大众之间信息不对称的现象,加强了公益组织和其他社会关系的互动交流,有利于构建公益领域的主导话语体系。

三、自媒体时代公益传播扩散过程中实现了价值转化

自媒体[①]作为新的媒介形态与传播方式应运而生,它能更清晰地描述互联网上的信息流动,并解释由于平台特性带来的互联网传播特征。而自媒体的出现及应用,使公益传播正在发生多层次的转变。首先在传播题材上拓展了信息传播视野,有围绕重大社会问题及热点事件展开的公益信息传播,更有网友围绕周边生活中遇到的真实典型个例展开的"微内容"公益信息传播。其次,传播主体由政府、媒介等有组织的传播投放转化为个体化的自主参与传播,人人能够通过自媒体工具将公益爱心转化为实际的传播行动力。而对于传播效果,由于自媒体的运用已经由宏观精神层面鼓舞激励人转化为人人参与扩散传播并付诸实际公益行为的行动层面。

自媒体将信息传播主动权交给了大众,个体在 Web2.0 等技术条件下获得自主性的独立空间,形成了个人信息传播与分享的渠道。位于传播中心点的网络受众在全新传播生态下已经成为具有多重身份的"新数字时代民主社会"的公民,人人都是信息的传播者,同时也是信息的接受者,传者和受者的界限消失了,并且都可能成为影响他人的意见领袖角色,自主选择传播方式及传播内容。这种自主性的传播特点正好适应了公益传播的现实需求。在公益传播事业发展中,随着现代社会民主化进程的加剧,公众所需要的信息不仅是宏观、精神层面的被动感染,公民的自主参与意识愈加强烈。而传统媒体的"官方视角"和"公共视角"是很难满足公众个体需求的。因此,公众需要体现自主性的传播媒介来弥补传统媒体的公益传播盲区,提供个性化的信息内容或传播视角。

第二节 过往文献回顾及研究方法

一、信息透明化对公益组织的重要性

公益组织的主要活动致力于社会公益事业和解决各种社会性问题,涵盖环保、教育、医疗、弱势群体等各方面。为了实现公益慈善活动的效果,使公益组织扮演好弥补政府与市场机制缺陷的角色,因而公益组织有必要建立其公信力,承担起沟通政府-社会、捐赠者-受赠者、客观

---

① 美国新闻学会的媒体中心于 2003 年 7 月出版了谢因·波曼与克里斯·威理斯联合完成的名为"自媒体"研究报告,该媒体中心的副主任戴尔·帕斯金在该报告导言中对"自媒体"给出了定义:"自媒体"是通过数字技术链接全球知识,从而提供一种了解普通大众如何提供和分享自身经历和新闻的途径。国内有学者认为"自媒体"也可以叫做"自主媒体",是私人化、平民化、普泛化、自主化的传播者,以现代化、电子化的手段,向不特定的大多数或者特定的单个人传递规范性及非规范性信息的新媒体总称,博客是一种代表方式,包括 Email、BBS、Blog 甚至手机群发等。

现实-媒介现实等多方的作用。

在信息透明化对公益组织的重要性领域,涉及信息透明化的具体内容和要求等相关研究。其中,公开透明是公众对公益组织的基本要求(魏珊珊,2007;刘文光,2009;陈宁,2012)。而资讯透明度、收入特性与费用特性,皆显著影响公益组织之捐款收入,网站资讯揭露程度、辅助收入及人事费用皆与捐款收入呈显著的正向关联(林江亮,2009)。另有最新的《2013年度中国慈善透明报告》,关注民众对我国公益组织在2013年度信息披露工作感到满意和比较满意的比例为20%(2012年度该数据为9%),仍有近半数受访者表示对慈善组织的信息"透明"不太满意。

慈善信息公开可确保组织能向公众或者利益相关者提供可信全面的财务信息、服务信息、管理信息等,方能便利人们借此评价组织的绩效情况、使命完成情况,增加对其信赖和支持,并最终有利于提高组织公信力(accountability)这一总目标的达成(魏珊珊,2007)。同时,信息透明也有助于利害关系人之间的沟通,有助于代理问题的解决(林江亮,2009)。

二、信息公开的要素和方式

在信息公开的要素和方式领域,有针对信息公开的内容和要求的相关研究,涉及公开的完整性、及时性、易得性和规范性四个维度,以及包括基本信息、治理信息、业务信息和财务信息等四个方面的公益信息分类。许崇源(2001)、徐淑娟(2004)和王振基(2011)等人认为,公益组织应该公开的资讯项目,至少应包括组织目标与架构、会议报告、财务年度决算报表、捐款人名册及金额、年度预算、重要员工及契约厂商名单与支付金额、服务对象的基本资料、重大资本支出、重要转投资及关系人交易、组织的运营策略与绩效项目、经营决策与服务成效等项目。而刘亚莉、王新、魏倩(2013)则认为,慈善组织尤其是基金会财务信息的披露质量与后期捐赠收入显著正相关,财务信息披露质量将影响到捐赠者的捐赠决策,因而加强慈善组织财务信息披露监管尤为重要。

另有关于信息与信息使用者关系的相关研究,关注不同的信息使用者对信息有不同的需求,以及在慈善信息传播的相关研究中,关注慈善信息的评估标准。李静、万继峰(2006)指出,非营利组织的信息使用者不对组织的净收益感兴趣,他们更注意组织在最小化成本的基础上所提供公益或互益服务的数量和质量是否让受益者满意,因而捐赠者将关注的是捐资是否被用于组织的公益宗旨,受益者关注的是是否得到最大化的效益保障,监管机构关注组织的运作是否合法规,现有捐赠者关注组织的运营效率和效果,潜在捐资者要求组织有持续生存的能力,个人捐赠者考虑自身贡献满足的程度,而机构捐赠者考虑捐赠对机构本身的社会效益。在慈善信息评估标准方面,中国台湾学者吕育一和徐木兰(1994)以文教基金会为例、日本学者岛田恒(2003)以美国非营利组织(BBB Wise Giving Alliance)为例,列举的评估指标可分为如下两大类,分别是组织信息与项目信息。具体而言,组织信息包括财务、人事;项目信息包括经费募集、经费使用、项目实施、项目参与、项目成效。

在呈现公益信息的具体方式上,研究团队采用了唤起或注意理论。唤起或注意是暴露(exposure)在环境刺激下的效应之一,进而促使人们需求有关其内在状态(internal states)的讯息,试图解释其性质和引起的原因,究竟是愉快的或是不愉快的(Fisher, Bell, and Baum, 1984)。心理学家Hartmann的一项实验表明,在投票选举宣传中,采用以感性为主的宣传所获得的票数大于采用以理性为主的宣传所获得的票数。他认为情绪和情感具有强大的感染力和渗透力,能直接动摇原有态度的基础,包含强烈情绪色彩的观点能增强宣传的效果。Goldman也认为人们的言行主要受感情支配,很少经过理智考虑。即使是难对付的人,从感情上影响他们要比从理性上影响他们容易得多。

随着科技的进步与创新,已有越来越多的组织会在其网站上揭露相关资讯,包括组织介绍、顾客服务、财务状况与营业成果等资讯,目前都可以通过网络取得,因而通过网络公开相关资讯的方式,已逐渐成为各类组织接受公众监督与提升财务透明度的重要管道,有利于降低资讯传播的成本及时间,亦可扩大传播范围、增加组织宣传的机会。因而,对于公益组织有着至关重要作用的信息公开以及网络平台的建构,成为本研究着重分析的内容。对目前线上的公益组织平台进行简要的内容分析,我们可以看到:

(1)公益组织越来越重视以视觉化方式来传播公益信息。如NGO2.0地图中将公益组织、公益项目和可提供资助的企业以圆点的形式呈现在地图上,使操作者和访客对相关信息有直观化的感知;益云地图则将求助者所需的帮助以及帮助者所能提供的帮助以不同的logo表现在地图上,同时地图可以精准定位,实现资源之间的对接。

(2)注重组织以及捐赠者间的互动,通过展示捐赠者的信息以提高其卷入感并鼓励其继续参加相关捐赠活动。如泉公益会实时滚动捐赠者的信息,腾讯公益则是通过点亮爱心图标、获得奖励积分的方式来增强捐赠者的效能感。

(3)平台上公布的信息也渐趋完整,且信息类目较为清晰。无论是中国慈善信息平台、腾讯公益还是泉公益等,在公布项目信息的基础上也重视组织信息、财务信息的公开,一定程度上反映了公益组织对于受众所关心内容的回应,是在信息透明化方向上的进步。

而从中国台湾地区的公益组织平台如Yahoo奇摩公益、NPOchannel、智邦公益馆的宣传手册上,我们可以借鉴一些目前大陆比较少见甚至还没有的内容。如他们会将募捐项目的劝募核准文号挂在网上,以此方式来保证该募捐项目的可靠性,从而减少了潜在捐赠者的心理顾虑,提高捐款行为真正落实的可能性;同时,捐款者还可以获得抵免部分所得税的回馈,这是一种以直接的利益形式刺激、鼓励公益行为的表现,在提高捐赠意愿上的作用不可小觑;此外,捐赠不再局限于简单的捐赠金钱或物资,捐赠甚至可以和网购行为联系在一起,这种利用潜在捐赠者原有网络行为以刺激其慈善行为的方式,一方面其实是串联了作为中介的商家共同进行捐赠活动,另一方面增加了捐赠方式的选择,潜在捐赠者可以在不改变其网购习惯的前提下,同时完成网购和公益;最后,捐款或者说公民慈善不再局限于捐钱捐物,甚至是写一封信鼓励需要帮助的人也成为一种公益形式,因而在上述公益平台上还出现网友为需要帮助的人写信的活动,而相比起直接在物质方面的帮助,这种精神方面的公益也值得关注。

三、研究方法

1.问卷调研

(1)抽样。

研究团队使用问卷调查的目的在于测量普通大众对于公益信息的需求与偏好、媒介使用习惯以及对于壹基金作为个案在项目推广现状的认知与态度。网络传播以及新媒体微公益作为本研究关注重点,因而研究团队将理想研究人群主要界定为对于公益信息有基本卷入、拥有手机和电脑等媒体终端的既定使用者群体,并考察样本对于不同公益信息获取渠道、公益信息的偏好具有何种特征。

理想研究人群具有两个操作化筛选特征:

①具有手机/电脑;

②对若干个公益组织的信息传播平台(微博或微信)进行了关注。

问卷发放方式:研究团队采用完全线上问卷发放的方式,将问卷获取渠道与其媒介使用特征进行匹配,确保样本具有一定代表性。

此外,研究团队除了通过调研员进行滚雪球非概率抽样外,借助各大公益组织(如表5-1所示)的微信、微博账号进行私信推送,确保问卷直接抵达公益组织、活动的关注者和潜在参与者。

表5-1 各大公益组织

参与问卷推送的公益组织名单	恭明中心	ICS	益云
	DMD基金	中山大学性别教育论坛	安徽公益传播中心
	南都公益	中山大学公益传播研究所	爱连帮
	满天星青少年公益发展中心以及公益慈善论坛	免费午餐爱心同盟	大爱清尘基金会

(2)设计。

通过前期焦点小组座谈与深度访谈,形成可以定量测量的假说及策略框架。

①筛选与会者的条件:曾经有过线上/线下捐款实际行为、对慈善募捐组织(尤以壹基金)曾经有过接触或相关了解、在近六个月内未参加过类似焦点小组访谈。

②焦点小组嘉宾:最终为7人,自由讨论,进行相关议题的发散,帮助研究团队拓展研究方向。深度访谈遵循思路与焦点小组一致,访谈人数为2人。

此后,确定问卷的基本结构分为四部分,即样本信息需求与偏好、多元公益组织格局感知、壹基金个案考察以及样本社会人口学信息统计。在各维度之下的二级题目及其选项设计来自于研究文献、专家咨询以及前期质化研究的结果。详见表5-2:

表5-2 各维度下的一级标题和二级标题

维度	一级标题	二级标题
信息需求与偏好	概况	渠道偏好
		透明需求
		决策需求
		形式需求
	传播渠道作为变量	大众传播
		组织传播
		人际传播
		新媒体传播

续表 5-2

维度	一级标题	二级标题
多元公益组织格局	组织格局现状	认知度
		区分度
		态度偏好
		行为偏好
		信任度
		透明度
	整合平台构想	
壹基金官方网站运营	传播概况	所有渠道
		网络渠道
	既有现状	次数
		回忆率
	效能考察	关键信息满意度
		对组织形象
		对公益行为
壹基金微博运营	既有现状	关注与否
		关注原因
		关注方式
	使用偏好	
壹基金微信运营	既有现状	关注与否
		关注原因
		关注方式
	使用偏好	
样本社会人口统计学信息	性别	
	年龄	
	教育水平	
	职业类型	
	收入	
	生活所在地	

在问卷基本成型之后，进行样本量为30的预调研。根据预调研参与者的反馈，对于针对题型设计、选项措辞与穷尽性、维度排序以及问卷美观排版等细部问题进行调整；同时，在问卷内容的维度方面，增加了组织信息管理、资源募集与分配以及财务管理等内容。

(3)深度访谈。

通过深度访谈，本研究从公益组织自身的角度对研究主题进行考察。首先，根据业界组织相关人员的自我报告，了解其关于组织传播管理现状（尤其是新媒体）、公益信息设计的内部观点、信息公开透明情况、资源分配战略以及财务管理情况，然后分别考察、归纳和总结以下类型：公募基金会、非公募基金会、公益服务组织、志愿者组织；将组织影响力和新媒体平台使用水平作为筛选标准，框定北京、深圳、广州等地相对成熟的公益组织。

与量化研究相较，深度访谈采用的样本数量较小，质化研究专家 Jaber F. Gubrium 建议，"线性主题（linear-topic）的深度访谈样本数在 28～40 为宜，这样可以保证研究的集中度和有效性（concentration and effectiveness）"。

因此，为了确保有足够的研究现象发生，本研究将按照深度访谈程序：取样—前置资料准备作业—邀请受访者—采访进行—访谈后资料整理（Cooper & Emory,1996），再通过人工定性的方式，按照性质、范围、领域、规模、成立时间以及总部所在地为分类标准，对备选样本进行了如下划分，并抽取其中最为典型的样本进行深度访谈。以下是基于上述分类标准整合而来的不同类型的慈善组织（见表5-3）：

表5-3 不同类型的慈善组织

组织性质	区域性质	组织名称	业务范围/领域
（半/官办）公募基金会	全国	中华慈善总会	社会救助
	全国	中国扶贫基金会	扶持贫困社区和人口改善生产条件、生活条件、健康条件并提高其素质和能力，实现脱贫致富和持续发展
	区域（广东省）	广东省青年联合会	青年人才培养、对外交流活动
	国际	联合国儿童基金会	提供社会救助，维护儿童权益
（民办）公募基金会	全国	免费午餐基金会	关注中国儿童贫困，解决儿童营养问题
	全国	大爱清尘基金会	专项救助农民尘肺病
	全国	壹基金	灾害救助、儿童关怀、公益人才培养
	国际	乐施会	国际扶贫
	区域（台湾省）	慈济基金会	关注慈善、医疗、教育、人文四大领域，另组织骨髓捐赠、环境保护、小区志工和海外赈灾等八大项目
	美国	盖茨基金会	全球健康、全球发展和美国本土教育三方面的工作来帮助人们实现健康而富有成效的生活

续表 5-3

组织性质	区域性质	组织名称	业务范围/领域
非公募基金会	全国	腾讯公益慈善基金会	专项资助、教育培训、国际合作和咨询服务
	全国	阿里巴巴公益基金会	水保护、环境保护宣传以及支持环保类公益组织的发展
	区域(北京市)	北京市企业家环保基金会	环境保护类国际合作和教育培训
	全国	华民慈善基金会	关注扶贫济困、赈灾援助、社会福利,并扩展到关爱自然、关爱地球、关爱全人类等多个领域
	全国	友成企业家扶贫基金会	人才培养与全人素质教育、社会扶贫与城乡可持续发展、清源计划、公益组织和社会企业支持与能力建设、志愿者服务与支持、紧急灾害救助与减防灾等活动
	区域(深圳市)	深圳市龙越慈善基金会	关爱老兵类项目活动
	全国	香江社会救助基金会	教育、扶贫、救助、赈灾类资金资助和项目活动
公益服务组织	区域(广州市)	广州市千千树公益促进会	贫困地区儿童教育类项目活动
	全国	NGOCN	公益组织信息和动态流通平台
	区域(广东省)	绿点青年环境教育中心	与大量环保公益组织合作,致力于推动环保志愿者参与环境保护事业
	区域(深圳市)	深圳市春风劳动争议咨询服务部	劳工维权
	全国	NGO2.0	用信息化技术助推公益行业,实现信息化技术助推公益事业发展的目标
	全国	乐助会	专业助学
	区域(广东省)	广东省生命之光癌症康复协会	关爱癌症病人
	国际	绿色和平	以环保工作为主
	区域(北京市)	瓷娃娃罕见病关爱中心	关注成骨不全症者
	区域(广东省)	广东省青年联合会	服务社会
	区域(广州市)	广州市快乐童行社工服务中心	

续表 5-3

组织性质	区域性质	组织名称	业务范围/领域
志愿者组织	区域(广州市)	广州启智志愿者服务队	弱势群体项目服务
	区域(广州市)	广州海珠区青年志愿者协会	弱势群体项目服务
	区域(广州市)	满天星公益	专注儿童阅读的民间推广,提升乡村少年儿童阅读品质
	区域(广州市)	灯塔计划	面向农村教育,服务偏远地区的学习教育

由于实践情况的局限,本研究从中选取了广州启智志愿服务队、广州海珠区青年志愿者协会、广州 NGOCN、友成企业家扶贫基金会、香江社会救助基金会、灯塔计划、绿点青年环境教育中心、拜客广州以及乐助会作为访谈对象。

在深度访谈设计中,调研员统一进行半结构深访提纲的设计工作,全体讨论,降低个人化因素对于访问产生的影响,提高研究信度。

与问卷设计维度相对应,深访提纲的基本结构如表 5-4 所示:

表 5-4 深访提纲的基本结构

主题	提问方向
基本情况	包括组织的制度安排、组织架构及对工作人员的培训情况、运作模式做一个大致的了解
宣传平台	包括组织惯用的宣传平台与宣传手法、效果以及对宣传的认知度、与媒体的合作等
资金来源及使用情况	包括组织运作、开展项目资金的来源和一些财务公开状况
合作机构	包括是否有固定的合作机构,如何维持与机构的关系
与政府关系	包括与政府的互动、亲密度,政府是否提供资金或政策上的支持等
信息公开	包括组织对信息公开的认知与态度,组织是否在这方面努力等
资源分配	包括一般活动或项目中,人力、财力、物力的分配

公益组织深度访问为大众公益信息偏好需求的问卷调研提供了另一个角度的补充,深度访谈部分研究大众的诉求与公益组织的现实境况是否匹配、公益组织能在多大程度上回应潜在关注者的信息需求等问题。因此,访谈与问卷在问题设计上互为补充与对应,便于研究者根据公益传播与受众双方的考察提出探索性的结论。

(4)问卷调研。

经过调查员的线上问卷发放与公益组织公共账号的问卷推送,本次调查研究共派出 367 份问卷。排除无效和错误填写问卷后,最终有效样本为 356 份,样本有效率为 97%。样本基本结构分布如表 5-5 所示:

表 5-5 样本基本结构分布

指标	分布	指标	分布
性别		职业类型	
男	41.4%	全日制学生	69.6%
女	58.6%	生产人员	0.3%
年龄		销售人员	1.9%
15岁以下	—	市场/公关人员	2.5%
15~20岁	29.9%	客服人员	1.4%
21~25岁	49.3%	行政/后勤人员	1.9%
26~30岁	6.9%	人力资源	0.3%
31~40岁	8.5%	财务/审计人员	0.5%
41~50岁	4.1%	文职/办事人员	3.6%
51~60岁	0.8%	技术/研发人员	1.9%
60岁以上	0.5%	管理人员	2.5%
教育水平		教师	1.4%
小学以下	—	顾问/咨询	0.8%
初中	0.5%	专业人士(如会计师、律师、建筑师、医护人员、记者等)	4.9%
高中	2.2%	其他	6.6%
中专	0.8%	收入	
大专	9.0%	还没有收入	64.1%
大学本科	75.6%	2000元以下	11.0%
硕士研究生	9.9%	2000~3000元	4.4%
博士研究生	1.9%	3001~5000元	7.1%
		5001~8000元	8.2%
		8001~15000元	3.6%
		15001~50000元	1.1%
		50000元以上	0.5%

在数据处理上,研究团队将问卷原始数据统一录入到SPSS19.0版软件中,根据题目类型(单选、多选、排序、量表矩阵)分别编码赋值处理(编码方式见表5-6),并进行单变量或双变量之间的描述性分析。

表 5-6 题目类型与赋值方式

题目类型	赋值方式
单选题	定义1个变量;Value:选项1=1,……,选项n=n。定义1个变量;Value:选择"其他"时录入文字描述
多选题	定义n个变量与选项数对应;Value:被选=1,未选=0;定义1个变量;Value:选择"其他"时录入文字描述
量表题	定义1个变量与1个描述对应;Value:非常符合=5,……,非常不符合=1
排序题	定义4个变量分别表示第一位到第四位;Value:选项1=1,选项2=2,选项3=3,选项4=4

第三节 报告结果

一、数据分析

1. 信息需求与偏好

(1)渠道偏好。

公益信息的扩散必须经过一定的传播渠道到达大众,研究团队列举了当前公益组织常用的方式,供样本进行多项选择(至多5项)。在356个样本中,86.2%表示会接受来自微博、微信的公益信息。此外,纸质媒体、电视媒体、公益网站、实体活动和熟人介绍这五种渠道在样本群的偏好度较为接近,约有40%~50%的样本常接受来自以上渠道的公益信息。相比而言,电子邮件(16.0%)和电话短信(4.5%)则相对没有那么主流,只有少部分样本选择,结果见下表5-7所示。

表 5-7 渠道偏好

	获取信息的渠道	结果		该选项人数占总人数的百分比
		样本总数	百分比	
Q1	纸质媒体(报纸、杂志)	155	11.8%	43.5%
	电视媒体	174	13.2%	48.9%
	公益网站	155	11.8%	43.5%
	其他网站	45	3.4%	12.6%
	微博、微信	307	23.3%	86.2%
	实体广告	79	6.0%	22.2%
	实体活动	164	12.5%	46.1%
	熟人介绍	154	11.7%	43.3%
	电子邮件	57	4.3%	16.0%
	电话、短信	16	1.2%	4.5%
	其他	9	0.7%	2.5%
	总计	1315	100.0%	369.4%

(2) 形式偏好。

除了宏观的传播渠道,研究团队也考察样本倾向于哪些公益信息的呈现形式。根据选择人数的多少,最受欢迎的呈现形式从高到低分别为:视频(283)、图片(239)、数据图表(193)、文字(156)、音频(21)。可以看出,公益信息可视化相对于传统的文字信息更容易为大众接受。这也部分印证了微博、微信作为 Web3.0 新媒体会在公益信息的推送上具有的可能潜力,结果见表 5-8。

表 5-8 形式偏好

	偏向于哪种形式的公益信息?	结果		该选项人数占总人数的百分比
		样本量	百分比	
Q4	图片	239	26.5%	65.5%
	视频	283	31.4%	77.5%
	音频	21	2.3%	5.8%
	数据图表	193	21.4%	52.9%
	文字	156	17.3%	42.7%
	其他	10	1.1%	2.7%
	总计	902	100.0%	247.1%

(3) 决策需求。

在信息的具体内容层面,研究团队需要考察对于一个公益项目来说,哪些类型的信息会有助于促使大众做出募捐的实际行为。根据已有学者的指标和前期焦点小组与深度访谈的结果,研究团队归纳了公益组织在卷入大众时所使用的叙述策略,并在问卷中测量不同策略欢迎度的分布情况(多项选择,限选 3 项),结果见表 5-9。

表 5-9 决策需求

	哪些特定类型的信息发布会有助于促发大众做出募捐的实际行为	结果		该选项人数占总人数的百分比
		样本量	百分比	
Q3	对项目受助对象困境的感性描述	115	8.0%	31.5%
	关于项目受助对象的客观描述	256	17.7%	70.1%
	项目需要资金的总额和差额	123	8.5%	33.7%
	项目操办流程介绍	155	10.7%	42.5%
	项目资金去向与项目运营成本	255	17.6%	69.9%
	该组织其他项目实际运作状况	125	8.6%	34.2%
	对于项目进展状况进行反馈的承诺	205	14.2%	56.2%
	其他募捐者的实时动态及评价	97	6.7%	26.6%
	项目运作的第三方评估	111	7.7%	30.4%
	其他	4	0.3%	1.1%
	总计	1446	100.0%	396.2%

在365个样本中,70.1%选择了"关于项目受助对象的客观描述",与8.0%选择"对项目受助对象困境的感性描述"相比,可以推测,大众更倾向于公益组织发布的内容是客观、中立的而非诉诸感性甚至煽情。同样地,有近70%的样本选择了"项目资金去向与项目运营成本",可见慈善资金流的透明、公开在具有经济理性的大众决定进行募捐时扮演了重要角色。此外,超过一半(56.2%)的样本认为"对于项目进展状况进行反馈的承诺"非常重要,这反映出一个募捐者对于在支持公益活动之后渴望保持高卷入度并了解自己的行为产生了何种意义,公益组织若能提供此类承诺则有可能在稳定现有捐赠者的前提下吸引更多潜在捐赠者。

(4)透明需求。

在前期的焦点小组座谈中,研究团队发现公益组织(尤其涉及慈善募捐领域)的信息公开举动本身会对潜在捐赠者的态度产生影响。信息公开内容包括组织信息(组织机构的基本情况和运作规划、报告)、财务信息(慈善组织运作成本、项目募捐和受赠财产的管理和使用情况)、项目信息(慈善项目的介绍、扶助对象的情况及项目落实、效果评估)、监管信息(第三方评估、媒体报道等),在问卷调研中,样本被问及针对基金会,哪些信息的披露对自己更重要,并进行排序[①],结果见表5-10。

表5-10 透明需求

信息公开内容	Σ 频数×权值	平均综合得分
组织信息	694.00	2.18
监管信息	806.00	2.53
财务信息	826.00	2.60
项目信息	854.00	2.69

(剔除未完整进行四项排序的无效样本后,以上1题的有效填写样本为318人)

测量结果显示,对于潜在捐赠者来说,公开信息类型的重要性由高到低分别是项目信息、财务信息、监管信息、组织信息。结合前期焦点小组座谈的结果,研究团队认为某类信息对大众重要与否的原因需要结合其所扮演的角色进行解释:特定项目信息是影响是否进行捐赠的决定性因素;透明的财务、监管信息则能够在此基础之上增强大众好感和信心,另外由于专业能力限制,普通潜在捐赠者更多希望财务信息"存在",而未必会真正进行考察;最后,由于慈善募捐的项目导向性较强,组织本身的情况反而未必是潜在捐赠者的关注重点,因而对组织信息公开的诉求可能低于其他信息。

(5)传播渠道对比。

在对潜在募捐者对于公益信息偏好与需求的总体概况有了一个基本描述之后,研究团队聚焦于不同传播渠道对于潜在募捐者在认知、态度和行为变化上产生的影响。公益组织主要通过以下渠道向大众输送公益信息:大众传播(电视、纸质媒体)、组织传播(学校、单位上传下达)、人际传播(街头实体宣传)、新媒体传播(Web2.0网络、微博、微信)。

---

① 排序题的选项平均综合得分反映了选项的综合排名情况,得分越高表示综合排序越靠前。计算方法为:选项平均综合得分=(Σ频数×权值)/本题填写人次。权值由选项被排列的位置决定。

2. 大众传播

大众传播媒体的特点为信息传递面广、范围大,具有大量受众,相对低成本且快速,这也是公益组织进行公众沟通时所一直使用的传统手段。在问卷中,研究团队发现,公益组织通过电视和纸媒发布的信息数量,未必会有效改变大众的情感倾向;登报和上电视也不足以使大众对组织产生信任感。综合前期焦点小组访谈,研究团队推测,由于缺乏即时的互动和个人化体验,大众传媒在增加认知与情感唤起的层面未必是最好的传播渠道。但与此同时,接近一半的样本报告认同"我经常参与电视和报纸上号召大众募捐的活动",这意味着大众传播媒体在公益行为触发层面依然发挥着重要作用。总体情况见表5-11,详细情况见表5-12。

表5-11 大众传播总体情况

选项	均值	标准平均误差	中间值	方差	样本量
电视和报纸让我了解更多关于公益组织的信息	2.58	0.48	3.00	0.827	365
虽然电视和报纸上出现的公益信息很多,但我很少会被它们打动	2.80	0.48	3.00	0.853	
我常常会被电视上的公益宣传所感动	2.75	0.49	3.00	0.891	
上过电视和报纸的公益组织,一般是可以被信任的	2.82	0.45	3.00	0.731	
我无法对大众传播媒体上发起的募捐活动产生信任感	3.15	0.46	3.00	0.760	
电视和报纸上号召大众募捐的活动,感觉离我很远	2.77	0.47	3.00	0.803	
我经常参与电视和报纸上号召大众募捐的活动	3.72	0.45	4.00	0.751	

表5-12 大众传播详细情况

虽然电视和报纸上出现的公益信息很多,但我很少会被它们打动				
选项	频数	百分比	有效百分比	累积百分比
非常符合	24	6.6	6.6	6.6
符合	119	32.6	32.6	39.2
一般	136	37.3	37.3	76.4
不符合	78	21.4	21.4	97.8
非常不符合	8	2.2	2.2	100.0
总计	365	100.0	100.0	

续表 5-12

上过电视和报纸的公益组织,一般是可以被信任的				
选项	频数	百分比	有效百分比	累积百分比
非常不符合	13	3.6	3.6	3.6
不符合	123	33.7	33.7	37.3
一般	156	42.7	42.7	80.0
符合	63	17.3	17.3	97.3
非常符合	10	2.7	2.7	100.0
总计	365	100.0	100.0	

我经常参与电视和报纸上号召大众募捐的活动				
选项	频数	百分比	有效百分比	累积百分比
非常不符合	5	1.4	1.4	1.4
不符合	19	5.2	5.2	6.6
一般	115	31.5	31.5	38.1
符合	160	43.8	43.8	81.9
非常符合	66	18.1	18.1	100.0
总计	365	100.0	100.0	

3. 组织传播

组织传播主要是指学校班级或者单位进行公益信息的上传下达,并号召集体募捐的形式。在前期的访谈之中,多数嘉宾都报告自己曾经在班级的组织下进行过捐款。而通过问卷调查,研究团队发现,虽然组织传播可以方便地触发大量实际募捐行为,但人们对这种方式的态度却并非完全正面。较多样本认同"单位或学校组织募捐时,其实我并不清楚受助对象的信息",显示出组织传播并未很好地传达潜在捐赠者所希望了解的项目或受助者信息;同样,有较多样本也并不认同"单位或学校组织募捐时,通常受助对象都是十分需要帮助的",这意味着他们对于通过组织传播进行的募捐在情感上呈现出怀疑、否定的倾向;较多样本认同"我认为学校和单位组织的募捐带有半强制性",通过此结果研究团队推测,组织传播通常能够带动实际公益行为,但是捐赠者对这种单向、上传下达式的传播方式本身的态度有所保留甚至抗拒,这也会影响他们对于受助对象的认知和情感。总体情况见表5-13,详细情况见表5-14。

表 5-13 组织传播总体情况

选项	均值	标准平均误差	中间值	方差	样本量
单位或学校能够为我提供足够的公益资讯	2.84	0.050	3.00	0.827	365
单位或学校在组织募捐时,其实我并不清楚受助对象的信息	2.70	0.48	3.00	0.853	
单位或学校组织募捐时,通常受助对象都是十分需要帮助的	2.54	0.49	3.00	0.891	
对于学校或单位组织的募捐,我会比较放心	2.65	0.45	3.00	0.731	
我认为学校或单位组织的募捐带有半强制性	2.62	0.46	3.00	0.760	
我参加单位或学校组织的募捐并不总是心甘情愿的	3.08	0.47	3.00	0.803	
参加单位或学校的组织募捐比较方便	2.28	0.45	4.00	0.753	

表 5-14 组织传播详细情况

单位或学校在组织募捐时,其实我并不清楚受助对象的信息					
	选项	频数	百分比	有效百分比	累积百分比
	非常符合	31	8.5	8.5	8.5
	符合	134	36.7	36.7	45.2
	一般	123	33.7	33.7	78.9
	不符合	67	18.4	18.4	97.3
	非常不符合	10	2.7	2.7	100.0
	总计	365	100.0	100.0	
单位或学校组织募捐时,通常受助对象都是十分需要帮助的					
	选项	频数	百分比	有效百分比	累积百分比
	非常不符合	27	7.4	7.4	7.4
	不符合	152	41.6	41.6	49.0
	一般	154	42.2	42.2	91.2
	符合	27	7.4	7.4	98.6
	非常符合	5	1.4	1.4	100.0
	总计	365	100.0	100.0	

续表 5-14

我认为学校或单位组织的募捐带有半强制性				
选项	频数	百分比	有效百分比	累积百分比
非常符合	34	9.3	9.3	9.3
符合	144	39.5	39.5	48.8
一般	124	34.0	34.0	82.7
不符合	54	14.8	14.8	97.5
非常不符合	9	2.5	2.5	100.0
总计	365	100.0	100.0	

4. 人际传播

相比于大众传播与组织传播,人际传播的特点在于信息立体、关系培育和及时有效的互动机制。根据前期深度访谈研究团队形成基本假说,即公益信息通过人际渠道(街头志愿者募捐)进行传达,更能让潜在捐赠者形成被重视的感觉,因而乐于捐款。但是,通过大样本问卷数据研究团队发现,虽然较多样本承认"我比较容易被街头募捐志愿者所说服",但是他们对人际传播的信息却极为谨慎,否认"公益项目工作者直接向我解释募捐信息时,我能够产生更多了解",也表示与公益项目工作者的交流不会让自己产生认同感,可以看出,样本普遍表现出了对于人际传播的不信任,因此,他们也报告自己倾向于"尽量避免与街头募捐志愿者直接互动"。详细情况见表 5-15。

表 5-15 人际传播详细情况

公益项目工作者直接向我解释募捐信息时,我能够产生更多了解				
选项	频数	百分比	有效百分比	累积百分比
非常不符合	60	16.4	16.4	16.4
不符合	204	55.9	55.9	72.3
一般	91	24.9	24.9	97.3
符合	10	2.7	2.7	100.0
总计	365	100.0	100.0	
与公益项目工作者的交流会让我产生认同感				
选项	频数	百分比	有效百分比	累积百分比
非常不符合	65	17.8	17.8	17.8
不符合	195	53.4	53.4	71.2
一般	96	26.3	26.3	97.5
符合	8	2.2	2.2	99.7
非常符合	1	0.3	0.3	100.0
总计	365	100.0	100.0	

续表 5-15

我比较容易被街头募捐志愿者所说服				
选项	频数	百分比	有效百分比	累积百分比
非常不符合	13	3.6	3.6	3.6
不符合	42	11.5	11.5	15.1
一般	155	42.5	42.5	57.5
符合	131	35.9	35.9	93.4
非常符合	24	6.6	6.6	100.0
总计	365	100.0	100.0	

尽量避免与街头募捐志愿者直接互动				
选项	频数	百分比	有效百分比	累积百分比
非常符合	37	10.1	10.1	10.1
符合	125	34.2	34.2	44.4
一般	155	42.5	42.5	86.8
不符合	39	10.7	10.7	97.5
非常不符合	9	2.5	2.5	100.0
总计	365	100.0	100.0	

5. 新媒体传播

新媒体是近年来公益组织使用的新兴传播渠道。

微博或微信是其中两种典型的信息集散平台,极大地拓宽了公益组织向潜在募捐者进行公益项目扩散与动员的能力。但是,在问卷调查中,研究团队发现这一渠道的一定弊端:虽然信息容量庞大、推送方便,但样本倾向于认同"虽然网络上有很多公益资讯,但其实我并未对其过多关注",因此,新媒体传播看似热闹,但并非一定能够提高大众对特定项目的认知;此外,样本大多对于新媒体平台上转发的公益募捐项目可信度有所保留,而且,过多公益信息同时出现也"网上的公益信息过于泛滥让人有些疲劳",反过来影响大众对于公益组织的态度。详细情况见表 5-16。

表 5-16 新媒体传播详细情况

虽然网络上有很多公益资讯,但其实我并未对其过多关注				
选项	频数	百分比	有效百分比	累积百分比
非常符合	18	4.9	4.9	4.9
符合	149	40.8	40.8	45.8
一般	120	32.9	32.9	78.6
不符合	71	19.5	19.5	98.1
非常不符合	7	1.9	1.9	100.0
总计	365	100.0	100.0	

续表 5-16

微博或微信上转发的很多公益募捐项目可信度让人怀疑				
选项	频数	百分比	有效百分比	累积百分比
非常符合	25	6.8	6.8	6.8
符合	124	34.0	34.0	40.8
一般	173	47.4	47.4	88.2
不符合	41	11.2	11.2	99.5
非常不符合	2	0.5	0.5	100.0
总计	365	100.0	100.0	

网上的公益信息过于泛滥让人有些疲劳				
选项	频数	百分比	有效百分比	累积百分比
非常符合	58	15.9	15.9	15.9
符合	160	43.8	43.8	59.7
一般	129	35.3	35.3	95.1
不符合	17	4.7	4.7	99.7
非常不符合	1	0.3	0.3	100.0
总计	365	100.0	100.0	

二、壹基金个案

了解了样本一般意义上对于公益信息的需求与偏好之后，研究团队试图以壹基金为个案，从更微观的层面考察大众如何看待特定公益组织的传播管理，即后者的信息公开策略在多大程度上影响了前者的认知、态度和行为。

1. 传播概况

首先，当被问及"对壹基金的印象主要来自哪些渠道"时，多数样本（大约65％）选择了电视媒体和网络。这两种方式都属于公益组织较为主流的宣传平台，也与前文对于一般意义上接受公益信息的渠道偏好考察结果吻合。此外，熟人谈论（9.5％）、街头宣传即实体活动（3.7％）在壹基金个案中显得没那么具有影响力，详细情况如表 5-17 所示。

表 5-17 壹基金印象详细情况

对壹基金的印象主要来自哪些渠道		结果		该选项人数占总人数百分比
		样本量	百分比	
Q18	电视媒体	237	31.6%	64.9%
	纸质媒体（报纸、杂志）	156	20.8%	42.7%
	街头宣传	28	3.7%	7.7%
	熟人谈论	71	9.5%	19.5%
	网络	234	31.2%	64.1%
	其他	11	1.5%	3.0%
	完全没印象	14	1.9%	3.8%
	总计	751	100.0%	205.8%

由于研究样本主要是具有手机、电脑终端的媒体既定使用者群体,研究团队对于网络传播的具体渠道进行了延伸考察。样本被问及在网络上,通过哪些渠道接触到壹基金信息。答案显示,大多数人(79.1%)在社交媒体(微博、微信、人人网、QQ空间等)接触过相关信息,除此之外,门户网站也是一个相对重要的信息来源(41.3%)。壹基金的官方网站作为组织自主信息传播的节点,影响力却并未完全发挥,只有20.7%的样本表示官方网站是他们在网络上接触相关信息的渠道,具体情况见表5-18。

表 5-18 壹基金接触渠道具体情况

	通过哪些渠道接触到壹基金信息	结果		该选项人数占总人数百分比
		样本量	百分比	
Q19	门户网站	148	22.9%	41.3%
	社交媒体(微博、微信、人人网、QQ空间等)	283	43.9%	79.1%
	论坛贴吧	60	9.3%	16.8%
	壹基金官方网站	74	11.5%	20.7%
	电子邮件	19	2.9%	5.3%
	其他	32	5.0%	8.9%
	没有通过网络接触到	29	4.5%	8.1%
	总计	645	100.0%	180.2%

(1)网站。

①效能考察——关键信息满意度。

研究团队试图探究壹基金官方网站在多大程度上符合了大众的期待,曾经实际浏览过官方网站的潜在捐款者如何评价既有的公开信息,如表5-19所示。

表 5-19 关键信息满意度

组织信息(法人、理事会、监事会)、组织机构的基本情况和运作规划				
选项	频数	百分比	有效百分比	累积百分比
非常不满意	4	1.1	1.1	1.1
不满意	41	11.2	11.2	12.3
一般	40	11.0	11.0	23.3
满意	1	0.3	0.3	23.6
非常满意	2	0.5	0.5	24.1
未选此题	277	75.9	75.9	100.0
总计	365	100.0	100.0	

续表 5-19

财务信息（慈善组织运作成本、项目募捐和受赠财产的管理和使用情况）				
选项	频数	百分比	有效百分比	累积百分比
非常不满意	5	1.4	1.4	1.4
不满意	31	8.5	8.5	9.9
一般	48	13.2	13.2	23.0
满意	3	0.8	0.8	23.8
非常满意	1	0.3	0.3	24.1
未选此题	277	75.9	75.9	100.0
总计	365	100.0	100.0	
项目信息（慈善项目的介绍，扶助对象的情况及项目落实、效果评估）				
选项	频数	百分比	有效百分比	累积百分比
非常不满意	5	1.4	1.4	1.4
不满意	39	10.7	10.7	12.1
一般	41	11.2	11.2	23.3
满意	2	0.5	0.5	23.8
非常满意	1	0.3	0.3	24.1
未选此题	277	75.9	75.9	100.0
总计	365	100.0	100.0	
监管信息（第三方评估、媒体报道等）				
选项	频数	百分比	有效百分比	累积百分比
非常不满意	6	1.6	1.6	1.6
不满意	32	8.8	8.8	10.4
一般	45	12.3	12.3	22.7
满意	4	1.1	1.1	23.8
非常满意	1	0.3	0.3	24.1
未选此题	277	75.9	75.9	100.0
总计	365	100.0	100.0	

（以上4题的有效填写样本为88人）

研究团队具体将信息种类分为组织信息、项目信息、财务信息、监管信息几个层面，并分别要求样本填写浏览官方网站后对其的满意度。结果显示，在样本对这四种类型的信息评价趋同，皆主要集中在"一般""不满意"两级。这显示出样本对于壹基金官方网站所呈现的信息普遍有一定负面评价。结合前期的焦点小组访谈，研究团队认为除了信息本身的模糊有限，还有可能是因为网站的信息架构和页面跳转设计繁琐复杂，让人产生了一定抵触反应。

②效能考察——对组织形象的提升。

此外,在对于组织形象的提升方面,壹基金网站也并不尽如人意。当被问及浏览官方网站之后是否对组织印象变好、是否增加了参与项目的兴趣或者愿意向朋友分享时,多数样本认为一般,甚至与自己期待的情况并不符合,问卷情况如表5-20所示。

表 5-20 对组织形象的提升

浏览壹基金的官方网站后,我对壹基金的印象比以前更好了				
选项	频数	百分比	有效百分比	累积百分比
非常不符合	4	1.1	1.1	1.1
不符合	45	12.3	12.3	13.4
一般	35	9.6	9.6	23.0
符合	3	0.8	0.8	23.8
非常符合	1	0.3	0.3	24.1
未选此题	277	75.9	75.9	100.0
总计	365	100.0	100.0	
浏览壹基金的官方网站后,我增加了参与其中项目的兴趣				
选项	频数	百分比	有效百分比	累积百分比
非常不符合	6	1.6	1.6	1.6
不符合	42	11.5	11.5	13.2
一般	34	9.3	9.3	22.5
符合	5	1.4	1.4	23.8
非常符合	1	0.3	0.3	24.1
未选此题	277	75.9	75.9	100.0
总计	365	100.0	100.0	
浏览壹基金的官方网站后,我愿意向我的朋友推荐壹基金这个组织				
选项	频数	百分比	有效百分比	累积百分比
非常不符合	5	1.4	1.4	1.4
不符合	39	10.7	10.7	12.1
一般	41	11.2	11.2	23.3
符合	3	0.8	0.8	24.1
未选此题	277	75.9	75.9	100.0
总计	365	100.0	100.0	

(以上4题的有效填写样本为88人)

另外,前期焦点小组座谈中,访谈嘉宾讨论到壹基金时大多提及李连杰。研究团队试图在

公益传播

调研中考察名人效应在壹基金组织个案中所扮演的建构性作用。根据问卷调查的结果,多数的样本认为得知李连杰是壹基金发起人,王石等专业人士构成壹基金理事会这样的事实并不会增加自己对壹基金的信赖,具体情况如表5-21所示。

表5-21 名人效应在壹基金中所起的作用

	了解李连杰是基金会发起人后我增加了对壹基金的信赖			
选项	频数	百分比	有效百分比	累积百分比
非常不符合	8	2.2	2.2	2.2
不符合	29	7.9	7.9	10.1
一般	43	11.8	11.8	21.9
符合	7	1.9	1.9	23.8
非常符合	1	0.3	0.3	24.1
未选此题	277	75.9	75.9	100.0
总计	365	100.0	100.0	

	了解王石、马云、马化腾等人构成壹基金理事会时,总体上我增加了对壹基金的信赖			
选项	频数	百分比	有效百分比	累积百分比
非常不符合	8	2.2	2.2	2.2
不符合	34	9.3	9.3	11.5
一般	39	10.7	10.7	22.2
符合	7	1.9	1.9	24.1
未选此题	277	75.9	75.9	100.0
总计	365	100.0	100.0	

(以上4题的有效填写样本为88人)

③效能考察——行为触发。

最后,研究团队考察了浏览壹基金网站对于公众实际公益行为的影响。约有41.7%的样本表示浏览官网后暂未有任何改变,但剩余的样本都在不同程度上被卷入到一些特定公益行为之中,结果如表5-22所示。

表5-22 行为触发

	选项	结果		该选项人数占总人数百分比
		样本量	百分比	
Q24	第24题(A.在其提供的渠道上进行过捐款)	12	16.2%	20.0%
	第24题(B.参与过其发起的慈善行动)	17	23.0%	28.3%
	第24题(C.向熟人朋友推荐过其活动)	20	27.0%	33.3%
	第24题(D.暂未以何种方式改变)	25	33.8%	41.7%
	总计	74	100.0%	123.3%

(以上4题的有效填写样本为88人)

(2)微博。

新媒体应用跨越手机与电脑终端,是公益信息传播极具潜力的渠道。研究团队希望了解壹基金的微博运营情况,因此做出以下问卷,并将结果附上,如表5-23所示。

表5-23 壹基金微博的受关注度

你现在是否关注壹基金的新浪(或腾讯)微博@壹基金?				
选项	频数	百分比	有效百分比	累积百分比
是	49	13.4	13.4	13.4
否	316	86.6	86.6	100.0
总计	365	100.0	100.0	

与之前79.1%样本表示曾在社交媒体上浏览过壹基金的相关信息形成对比的是,在356份样本之中,只有49人(13.4%)表示在填写问卷之前已经是壹基金微博的关注者。这意味着在所有通过微博进行信息浏览的人群中,接收壹基金在微博上传播的公益信息的人群只占少数。

对于关注壹基金微博的样本,研究团队认为有必要对其选择此特定渠道进行信息接收的原因进行探究,根据前期小范围访谈提出的几种可能进行测量,测量结果如表5-24所示。

表5-24 关注原因

增加我了解壹基金及其相关活动的讯息的渠道					
	选项	频数	百分比	有效百分比	累积百分比
	非常不符合	11	3.0	3.0	3.0
	不符合	33	9.0	9.0	12.1
	一般	13	3.6	3.6	15.6
	符合	2	0.5	0.5	16.2
	非常符合	3	0.8	0.8	17.0
	未选此题	303	83.0	83.0	100.0
	总计	365	100.0	100.0	
电视、报纸、网站等其他平台的介绍引发我关注的兴趣					
	选项	频数	百分比	有效百分比	累积百分比
	非常不符合	5	1.4	1.4	1.4
	不符合	28	7.7	7.7	9.0
	一般	20	5.5	5.5	14.5
	符合	6	1.6	1.6	16.2
	非常符合	3	0.8	0.8	17.0
	未选此题	303	83.0	83.0	100.0
	总计	365	100.0	100.0	

续表 5-24

我关注的对象和我的粉丝关注了@壹基金,我不想和他们不同				
选项	频数	百分比	有效百分比	累积百分比
非常不符合	4	1.1	1.1	1.1
不符合	8	2.2	2.2	3.3
一般	11	3.0	3.0	6.3
符合	26	7.1	7.1	13.4
非常符合	13	3.6	3.6	17.0
未选此题	303	83.0	83.0	100.0
总计	365	100.0	100.0	

(以上 3 题的有效填写样本为 62 人)

首先,研究团队提出关注壹基金微博的原因可能是被其所发布的信息本身所吸引,能够满足关注者的认知需求。但多数样本(53%)认为这个描述("增加我了解壹基金及其相关活动的讯息的渠道")并不符合他们的真实情况。此外,关注壹基金微博的原因还有可能是已经通过其他传播渠道被触发兴趣的壹基金潜在关注者的兴趣迁移("电视、报纸、网站等其他平台的介绍引发我关注的兴趣")。形成对比的是,样本对于"我关注的对象和我的粉丝关注了@壹基金,我不想和他们不同"这个描述表现出了认同态度,41%认为符合,20%认为极其符合。这表示在解释样本关注行为时,同伴影响(peer pressure)或团体准则可能会大过对于其公益信息本身的需求。

(3)微信。

与微博一样,微信也是新媒体社交应用的代表。但通过对于壹基金微信公共账号的考察,研究团队发现样本中只有极少数(23 人)在填写问卷之前已经具有关注行为(见表 5-25)。

表 5-25 对壹基金订阅账号的关注程度

你现在是否关注壹基金的微信订阅账号@壹基金?				
选项	频数	百分比	有效百分比	累积百分比
是	23	6.3	6.3	6.3
否	342	93.7	93.7	100.0
总计	365	100.0	100.0	

尽管人数不多,研究团队也试图对样本做出关注壹基金微信订阅号的原因进行探究(见表 5-26)。结果显示,在关注了订阅号的 23 人中,有一半报告自己订阅的原因是因为本身已经在关注壹基金的相关信息。联系到微信私密和半封闭的媒体特性,相对公开网站或微博来说,主动进行关注的行为更有可能是出于对公益信息的关注和需求本身。

表5-26 关注壹基金订阅账号的原因

你关注壹基金微信订阅账号的原因?				
选项	频数	百分比	有效百分比	累积百分比
朋友圈推荐	4	1.1	1.1	1.1
朋友直接推送	4	1.1	1.1	2.2
其他媒体平台介绍	2	0.5	0.5	2.7
本身关注壹基金	11	3.0	3.0	5.8
其他	2	0.5	0.5	6.3
未选此题	342	93.7	93.7	100.0
总计	365	100.0	100.0	

(以上1题的有效填写样本为23人)

三、深度访谈

1. 访谈对象概述

基于样本分类以及实践情况,本研究共选取了以下公益组织的相关负责人为样本进行深度访谈,以下为公益组织的基本概况(见表5-27)。

表5-27 公益组织的基本情况

组织性质	区域性质	组织名称	业务范围/领域
公益服务组织	全国	NGOCN	公益组织信息和动态流通平台
志愿者组织①	区域(广东省)	广州启智志愿服务队	弱势群体项目服务
	区域(广州市)	广州海珠区青年志愿者协会	弱势群体项目服务
非公募基金会	全国	友成企业家扶贫基金会	人才培养与全人素质教育、社会扶贫与城乡可持续发展、清源计划、公益组织和社会企业支持与能力建设、志愿者服务与支持、紧急灾害救助与减防灾等活动

2. 类型化分析

通过对深度访谈组织进行的类型化归纳,可将受访组织性质划分为公益服务组织、志愿者组织和非公募基金会,就这三种类型对深度访谈结果进行横向对比、分析和总结,在如下几个层面呈现研究探索性发现(见表5-28):

---

① 彭晓伟.近年来我国志愿者组织研究综述[J].西南交通大学学报(社会科学版),2009(5):109-114.其中指出志愿者组织就是指志愿者秉承志愿精神,以满足公共需求、实现社会公益为目标,独立自主地开展非营利性志愿工作和服务的动态过程及其组织形式。

表 5-28 公益组织运营的资金来源

组织的运营资金来源有哪些?	
广州启智志愿服务队	向基金会申请的项目运营资金、企业合作而来的赞助、会员会费以及个人捐赠
广州海珠区青年志愿者协会	向基金会申请而来的资金和个人捐赠
灯塔计划	很少公募,比较稳定的资金来源部分是会员会费,暂时大部分是非公募基金会的支持
NGOCN	项目运营资金主要来源于基金会以及个人捐赠,而合作的基金会比较多的是广州和香港地区。
友成企业家扶贫基金会	和企业合作的专项基金或者自筹
香江社会救助基金会	因为隶属于香江集团,集团每年都会指派有利润的子公司拨出一部分的资金。但总金额并不固定,因为每年的经济形势不同,集团下属子公司的盈利水平也不确定,目前没有按照固定比例划拨利润,而是根据每年盈利的子公司的利润水平来决定具体的划拨金额
绿点青年环境教育中心	之前资金来源是美国洛克菲勒兄弟基金会,到2012年结束。2013年后的资金来源是广州慈善基金会,以及政府的一些资助。还有临时性的资金来源,如箭牌和安利等企业捐赠,另外还有中国扶贫基金会的拨款。行政和项目资金是一起筹集,但是会写明比例
乐助会	个人、单位捐赠都有,资助高中生的钱以个人捐赠为主,大学生助学金则以欧初基金会为主
拜客广州	2009年的和谐发展促进会,其实并不是基金会,而是一个培训机构,他们支持青年行动,就给"拜客"一笔钱。从2011年开始,由千禾基金会资助。目前资金来源主要是基金会,千禾、SEE(北京市企业家环保协会)、GGF(全球绿色资助基金会)、洛克菲勒兄弟基金会、联合国环境开发署(不是政府机构,而是 NGO)

因此,研究团队可以归纳得出观点:

(1)作为公益服务组织与志愿者组织:资金主要来源是基金会通过的项目运营资金以及社会公众的中小额捐赠,其次来自于政府或企业赞助。其本身没有公开募捐资格和固定的资金来源渠道,在没有政府帮扶的情况下资金比较紧缺,较多数情况下资金来源不稳定。

(2)作为非公募基金会:虽然不能向公众公开募捐,但多数情况下与企业合作可以获得专项资金,企业资金支持额度大,相对稳定;其次,也可以在资金紧缺的情况下自筹以缓解资金紧缺的状况。此处自筹是指根据我国财政管理制度的规定,由各地方、各部门、各企业及各行政、事业单位自行筹措,按预算外资金规定的用途使用后,确有多余,则允许用于投资建设。

由此看来,非公募基金会在经济方面尤其是募资方面,排除制度性因素具有较强的独立性和自主性,并且受到企业行事效率较高的影响,也具备更高的行政效率和实践效果。而公益服务组织和志愿者组织在同样不具备公共募集资格的制度环境下,更多只能依靠社会团体或者个人获得中小额的资助,灵活性、自主性以及独立性比较小。

信息传播策略在组织资源分配战略中所处的比重是研究团队关心的重点,这直接决定公益组织是否能够有足够的动力回应大众对于公益信息的需求与偏好。而在深度访谈中,研究团队发现:每个组织由于性质、规模、目标群体、业务范围、人员构成以及自身地位构建的不同,其资源分配策略、配置优先策略也存在较大差异。其中,对公益服务组织和志愿者组织而言,在组织使命和宗旨驱使下,资源分配把项目运营放在战略的首要位置,包括项目宣传、执行与反馈过程,其次才是人力资源的支出。而基金会主要功能是募集资金并为公益资金匹配合适的项目,其运营资金主要用于关注、筛选、确定以及投入资助项目及其对象,其次大部分用于组织信息传播和形象建构。具体见表5-29。

表5-29 非公募基金会资源分配战略

组织资源分配的战略是怎样的?是否有侧重点和优先次序?	
广州启智志愿服务队	主要是服务费用、活动经费和人员工资,本身运作资金、资源有限
广州海珠区青年志愿者协会	分配平衡,不会特别侧重某一块,人力资源等方面分配比较平衡,资源暂时能够支持平衡发展
NGOCN	项目运营和行政费用
友成企业家扶贫基金会	工作主要是以下提到的五个平台:研发平台、实验平台、合作平台、资助平台和倡导平台。五个平台以资助平台为合作,注重项目运营,选择新生而优质的项目和组织进行合作,培育人才,推动行业发展,同时辅之以其他四个平台

由此,研究团队可以归纳得出:新媒体时代下,三种类型的组织都具备较强的互联网意识,在不同程度上注重选择多元的网络媒介,比如用门户网站、微博和微信进行形象传播与项目运营,辅之以宣传手册和组织报刊等。但从传播策略侧重点以及宣传信息抵达公众的效果来看,存在着差异性。

在传播策略侧重点方面,不同性质、目标群体和业务范围的公益组织的信息传播的内容和方式上的侧重点存在较大差异性。首先,以友成企业家扶贫基金会、乐助会为代表的非公募基金会在组织形象建构、项目运营方面已经具备专门的宣传团队和个性化宣传平台,体现全面且专业性较强的宣传策略。在传播内容上覆盖五大平台,如实验平台、研发平台、合作平台、资助平台、倡导平台等,涉及组织基本情况、运营项目、合作伙伴、交易信息、年度组织报告以及财务报告,体现较好的完整性、透明性、易得性以及规范性。其次,在传播方式上,以新媒体传播为主,门户网站为主要载体,风格美观大方,富含关键信息,传播信息相对而言抵达公众的效果比较理想。

就更加注重项目运营的公益服务组织和志愿者组织而言,由于其在项目运营与执行上关注更多以及投入资源更多,也局限于人力资源与资金投入,虽然与基金会相似也采用了相同的新媒体传播方式,建设门户网站以及开通微信、微博,但从传播内容上看,其宣传平台建设信息量不仅翔实,而且主要发布项目执行情况,而在其他方面覆盖不到位。总体来说,在新媒体传播方面具有较大的可提升空间。但公益服务组织和志愿者组织由于更加贴合目标群体与注重项目实践过程,因此其在人际传播方面潜移默化地达到了信息传播的作用,主要采用撰写组织宣传小册子以及出版公益杂志的方式。例如,灯塔计划通过参加研讨会、沙龙以及分享会来扩大影响以及建构组织形象。

而根据问卷调查分析的结果所呈现的趋势是,官方网站的信息传播效果下降,移动端媒体成为传播信息的主流载体。结合问卷具体数据来分析,受众常用接受公益信息的渠道是微博和微信等可用于移动端的新媒体,在样本中占86.2%,而传统媒体等也占50%左右。所以,可以发现组织信息传播策略与公众需求与偏好在一定程度上存在差异,具体体现在:组织方面更多投入在门户网站与线下宣传,而如今公众更为广泛获取信息的渠道变成自媒体终端如微信与微博,反而更少关注网站信息。具体见表5-30。

表5-30 组织采取的宣传手段

	采取了哪些宣传手段?哪些宣传手段取得了较好效果?
广州启智志愿服务队	主要是网站,强大的搜索引擎带来受众,并且对外宣传作用珍大;其次是微信、微博;另外还有QQ群凝聚内部人员
广州海珠区青年志愿者协会	主要有以下几类:纸质平面媒体,如海珠区的刊物和手册;电视媒体,主要针对大型的项目;另外还有微博、微信
NGOCN	门户网站、微信、微博等信息流通平台。
友成企业家扶贫基金会	因为是基金会的性质,所以宣传手段也比一般的公益组织要专业。比如,拥有自己的研发平台,叫做"新公益学社",这个学社的主要研究成果是"友成社会创新与社会企业译丛"。友成企业家扶贫基金会利用自己的资源优势,组织专家、学者开展针对性的理论和实践研究,选取案例,总结机制模式,最后提出创新性的解决方案设计,有的项目还有试点实验。这其中融合了多元合作来完成这项工作,比如高校、政府部门和民间慈善组织等。除了研究平台之外,友成企业家扶贫基金会还为自己的研究成果创造实验平台,协调政府、公益组织甚至企业各方面的资源要素来配置,以项目和个体组织进行试点也有很多
香江社会救助基金会	香江社会救助基金会官方微博主要针对的受众是公众和公益媒体。2011年开通微博后效果非常好,可以增加网友的互动,有很正面的影响。另外,有新项目的时候会加大宣传力度。日常侧重于对理念的宣传,项目则是注重时效性、阶段性,以及对项目进程的跟踪报道。暂时没有用微信、QQ群,以及交流会等形式来扩大宣传
灯塔计划	就宣传手段而言,早期媒体宣传比较多,但当时同类机构比较少,公益氛围不浓厚。但是现在利用新媒体作用很大,能够通过这个渠道获得资源。同时,高校老师如朱健刚老师和梁晓燕老师对灯塔计划比较认可,利用个人影响力,即人际传播来提升组织在公益界的地位。现在,公益行业发展更加迅速而多元,在这种情况下,个人影响力对业界的影响力变小,无形中增加了组织的危机感。灯塔计划主要筹资活动要依靠行业口碑,通过实际行动,比如参加研讨会、沙龙以及分享会来扩大影响,而不会侧重取悦公众
乐助会	根据成员需求决定是否开展车友会,访查计划每半年公布一次,通过相互主动关注达成合作关系,相互关注是指相互设置链接

无论是非公募基金会、公益服务组织还是志愿者组织,都在宏观上有较完整的制度建设与安排,具体表现为年度计划、季度计划以及财务审计计划;而对于部门架构,一般都具备基本的组织架构以维持组织运作和项目运营。

除了具有共同点之外,三种类型还存在细微的差别:

①作为公益服务组织,服务目标群体集中、固定,组织使命相对单一,在服务项目上执行的专业性较强,不需要过多设置部门来维持行政运作,而把主要精力集中在项目运营与执行上,所以在组织结构方面,公益服务组织在三者中最简单,职能交叉、身兼多职的情况较多,并且不成文规定较多。

②作为志愿者组织,服务目标群体、活动范围与领域多样化,组织使命相对丰富,在维持多方面的形象建构、项目运营的背景下,已经具备比公益服务组织相对成熟的组织结构,具体体现在有成文的制度文件,如问责制度。

③作为非公募基金会,主要功能为募集资金,内外监管的环境都要求其需具备非常明确而成熟的部门组织建设和制度。具体见表5-31。

表5-31 制度安排与组织架构

	制度安排/组织架构
广州启智志愿服务队	有规范的制度安排,以公益文化的传播为全年的目标,制定年度、季度规划,而其他方面就没有比较明确的制度安排
广州海珠区青年志愿者协会	无规范的制度安排,但有不成文的规则和习惯
NGOCN	问责制度比较清晰,比如其项目出现问题,内部有一些相应的问责机制
友成企业家扶贫基金会	自上而下各个方面都设置专门的部门管理和作业,每个部门权责分明,具有明确的人事管理制度

可见,一旦关注群体越多元,影响面越广,其对公益组织在部门架构以及制度建设方面要求更加全面,在制度建设层面应该具备较高执行力与效力的财务审计制度、信息公开制度以及权责制度等。在这样的基础上,信息在内部流通顺畅,可增加行政效率与项目执行效率,也是信息对外透明公开的保障。同时,结合问卷调查信息分析,受众在关注公益组织发布的信息时,组织的项目信息、财务信息被认为是最重要的两个。如果公益组织没有相应对内对外的信息公开政策,则无法很好地向公众呈现相应关键信息,也无法满足公众对于特定慈善信息的需求和偏好。

大部分公益组织重视信息公开的重要性。而基于组织架构和制度建设方面的讨论,志愿服务组织和公益组织无论从内部规制还是外部制度的角度看,并没有被强制公开所有财务信息,而是选择性公开财务信息,一般是面向捐赠方和受助者公开项目运作资金使用情况,满足其需求。反之,基金会作为资金池,无论是政府机构还是普通公众对其资金运作的关注欲求较强,所以在内部有明确规制公开资金使用情况的前提下,外界的监督也促成基金会向公众公开组织所有的财务信息,且无论是财务报告还是审计都必须严格和规范。在公众的要求与监督下,基金会也有的放矢地在信息公开方面作出较大努力。具体见表5-32。

表5-32 组织处理财务信息的方式

	如何处理财务信息?
广州启智志愿服务队	捐赠信息会通过网站公开,没有特别要求也会直接公开
广州海珠区青年志愿者协会	主要是通过微博公开信息,公众的注意力也从网站转移到手机微博、微信渠道
NGOCN	目前信息向捐赠方公开,同时也会向民政局汇报
友成企业家扶贫基金会	以年为单位,通过网站公布财务审计报告,面向公众,让大家知道基金会的钱都分别用在了实验平台、研发平台、合作平台、资助平台和倡导平台
香江社会救助基金会	之前参与过"恩友"发起的"主动晒账簿"的行动,在微博定期公布组织财务报告。后来没有继续参加这个活动,但财务公开还在继续践行着。这样做的目的是增加机构的美誉度以及透明度。作为一个非盈利机构,财务是必须透明公开的。而组织内部明确设置了信息公开制度,在一定程度上也发挥了作用,会公开资金来源,但不会详细到每一步交易、每一个捐赠方的财务情况,因为还是要保护捐赠人的隐私。在是否及时、完整、准确地反馈捐赠情况、资金使用情况方面,一般出现于年终报告,周期为一年一次,主要报告资金的使用情况。在信息公开方面,希望民政部门可以规范及完善信息公开制度,根据不同类型的机构制定相应的信息公开标准,开放更多信息公开的渠道,普及信息公开制度
拜客广州	一年进行一次审计。总体的情况会公布在网站上的年报中。如果公众想了解组织的明细账,也可联系组织,而组织方也会尽可能全面、翔实提供公众想了解的信息,同时也会反馈给资助方
灯塔计划	信息公开方面,小额暂不公开,因为沟通的成本很高。灯塔计划的筹资方不是公众。基金会需要的话会公开,但是一般没能做到完全向公众公开。比如说针对支教对象的信息保护,会通过隐去其形象以及真实姓名来和故事对接

第四节 结论与研究不足

一、结论

通过以上研究,得出结论主要有以下方面:

(1)大众对于现有公益信息传播渠道和内容的评价呈现出一定负面态势。

当测量调研样本对于不同公益信息传播渠道的态度时,在总体上样本倾向于认同各个维度中的负面描述,例如"电视和报纸上号召大众募捐的活动,感觉离我很远"(大众传播维度),"网上的公益信息过于泛滥让人有些疲劳"(新媒体传播维度),"我会尽量避免与街头募捐志愿者直接互动"(人际传播维度),"我认为学校或单位组织的募捐带有半强制性"(组织传播维度)。此外,在壹基金的个案考察中,报告浏览过壹基金官方网站的样本也都倾向于否认壹基金在组织信息、项目信息、财务信息和监管信息方面做出的努力。研究团队认为,相关题目中反映出的这种大众针对公益组织的负面评价具有一定普遍性。

大众对于公益信息的理想化需求与公益组织实际现状产生张力。

大众对于公益传播的渠道和信息呈现出一种理想化要求,但实际上作为一个多主体的传播过程,作为传播者的公益组织本身的现实困境必须纳入衡量范围。研究团队通过公益组织内部人员进行深度访问后,对问卷中反馈出的大众公益信息需求与偏好进行回应,试图归纳出两者之间沟通张力和偏差产生的原因。

因性质、规模、目标群体、业务范围以及制度环境的差异,影响了公益组织的资源尤其是资金获取的渠道。大部分公益组织都限于资金状况而难以作出深刻改变。

每个慈善组织的自身定位以及所处制度环境存在较大差异,直接影响了公益组织获取公益资源尤其是项目运营资金的获取渠道。具体表现为:公益服务组织和志愿者组织在同样不具备公共募集资格的制度环境下,主要通过向基金会申请项目经费以获得组织运营资金,辅之以社会团体或者个人获得中小额的资助,灵活性、自主性以及独立性比较小,资金来源相对不稳定。而非公募基金会在经济方面尤其是募资方面,排除制度性因素具有较强的独立性和自主性,并且受到企业行事效率较高的影响,也具备更高的行政效率和实践效果,资金来源较稳定。但大部分公益组织在资金状况上或多或少具有一定限制,妨碍其进行深刻改变。

(2)在资金来源不同的背景下,不同公益组织的资源分配策略也存在较大差异,并且资源分配策略中信息传播部分并没有放在较重要的地位。

对公益服务组织和志愿者组织而言,在组织使命和宗旨驱使下,资源分配把项目运营放在战略的首要位置,包括项目宣传、执行与反馈过程,其次才是人力资源的支出。而基金会主要功能是募集资金并为公益资金匹配合适的项目,其运营资金主要用于关注、筛选、确定以及投入资助项目及其对象,其次才可能用于组织信息传播和形象建构。这使得传播管理并非是公益组织目前最亟须解决、投入足够精力的方向。若是没有相关投入和战略性重视,很容易表现为传播部门只在公益组织内部的机制边缘游走,不具有足够的话语权力参与或影响组织的发展规划,对外影响力也变得有限。

(3)组织的资源分配战略直接影响其传播策略,不同性质、目标群体和业务范围的公益组织的传播策略侧重点以及传播的信息抵达公众的效果存在较大差异性。

自媒体时代下,传播受众的主体性更加鲜明,对传播过程的卷入具有主动性、选择性,并要求传播者更高程度地反馈。从结果来看,三种类型的组织的确具备一定的互联网意识且选择多元的新媒体载体,比如用门户网站、微博和微信进行形象传播与项目运营,辅之以宣传手册和组织报刊等,体现了一定受众友好的思路。但从传播策略侧重点以及传播信息抵达公众的效果来看,仍存在着差异性。首先,基金会在组织形象建构、项目运营方面相对来说体现了全面且专业性较强的宣传策略,具备专门宣传团队和宣传平台,但就大众反馈而言,问卷样本对于壹基金个案的三种平台(官方网站、微博、平台)评价仍有一定负面声音,体现出传播受众对于新媒体平台的更高要求。而就更加注重项目运营的公益服务组织和志愿者组织而言,由于其在项目运营与执行上关注更多以及投入更多资源,也局限于人力资源与资金投入,虽采用相同的新媒体传播载体,但其传播信息抵达公众的效果不明显,在新媒体传播方面具有较大的可提升空间。但公益服务组织和志愿者组织由于更加贴合目标群体并注重项目实践过程,因此其在人际传播方面潜移默化地达到了信息传播的作用,主要采用撰写组织宣传小册子以及出版公益杂志的方式。

(4)具有完善部门架构与制度建设的公益组织能够使信息在组织内部更易流通,成为信息对外公开透明的基础。

一旦关注群体越多元,影响面越广,其对公益组织在部门架构以及制度建设方面要求更加全面,具体表现在基金会在部门合理设置,囊括基础职能部门,比如项目运营部门;在制度建设层面应该具备较高执行力与效力的财务审计制度、信息公开制度以及权责制度等。在这样的基础上,信息在内部流通顺畅,可增加行政效率与项目执行效率,这同时为对外信息公开创造良好的流通环境。例如传播部门与执行部门之间的对接,可以促使各种信息真实、完整和及时地向外流通,营造一个公开透明的传播氛围。

(5)大部分公益组织虽重视信息公开,但选择性公开的信息不一定符合公众对慈善信息的需求与偏好。

对志愿服务组织和公益组织而言,无论从内部规制还是外部制度的角度看,并没有被强制公开所有财务信息,而是选择性公开财务信息,一般是面向捐赠方和受助者公开项目运作资金使用情况,满足其需求。而基金会作为资金池,无论是政府机构还是普通公众对其资金运作的关注度较高,在这样的背景下,基金会选择具有策略性的信息公开策略,具体体现为信息覆盖面广、真实、及时以及具有连续性。另外,根据前期的焦点小组反馈,对于大众来说,由于专业知识的限制,虽然可能不能凭借自身对于特定公开的信息(例如财务报表)进行审核,但是这些公开信息的"存在"本身会增加对于组织的信任度和好感。因此,公益组织对于信息公开意义的理解应该更加全面,以公众偏好为导向,将信息公开引入为传播策略的组成部分,最终营造更加和谐对等的传播氛围。

二、研究不足

本研究通过关于公众对于慈善信息的需求与偏好的问卷调研,以及关注公益组织信息传播的深度访谈过程后,从问卷量表设计思路与信度、后期定性研究开展以及增补访谈组织等方面对本研究进行反思:

(1)问卷维度及具体问题的量表信度有限。

国内现有关于公益组织在信息公开方面的研究集中于学理层面的探讨,而对于具体操作化指标或策略的探讨较少,因而研究团队虽尝试参考并综合诸多来源的相关成熟量表,但根据数据检验,仍然存在部分量表设置信度有限的情况。对问卷结果的分析为描述性分析,在描述现状的情况下对于相关和因果的分析不足。在时间允许的情况下,还可以继续进行维度优化,以便进行下一步的多元回归与相关性分析。

(2)分层过于明显,问卷样本量不足以支撑子维度。

问卷在设计思路上试图考察若干维度的题目区块,包括潜在捐款者对公益信息一般意义上的需求与偏好,以及其对壹基金个案中既有传播渠道(如官网、微博、微信)的评价。但是在实际派发问卷时,样本报告已经关注了壹基金微博和微信的人数并不多,且样本描述显示无收入学生居多,集中于华南地区,可能活跃于公益圈并愿意填写问卷的确为该部分人群。虽然这能让研究团队推断出壹基金的关注者在一般大众(样本)中所占据的大概比例,但是对于微博、微信部分所涉及的考察,由于回答人数有限,数据并不具有足够的效度和解释力。

如果有机会进行调整,研究小组认为应该根据各自研究子项目进行问卷拆分,对于壹基金个案传播渠道效能评估的问题应该单独形成一份问卷,将理想样本聚焦于已经关注过壹基金微博和微信的人群,进行有的放矢的问卷投放,能保证足够的样本量和具有解释力的问卷数据。

(3)针对潜在捐赠者的后期定性补充研究未能开展。

本研究思路为通过前期对少量潜在募捐者进行焦点小组和深度访谈,形成假说和研究方向并设计问卷,通过大量样本进行验证。但在实际操作中,研究团队发现量化数据大多可以根据前期的定性研究假说进行解释,但有一些数据分布却产生了分歧(例如大众对于公益信息人际传播的普遍排斥感与前期焦点小组中得出的假说并不一致)。

如果调研时间允许,研究团队认为应从问卷样本中抽取具有代表性的个案继续进行深度访谈,例如根据样本公益渠道偏好的自我报告进行划分,选出具有代表性的类别。在半个月内完成3~5个访谈,包括样本对于特定题目的看法和做出该选择背后原因的自我报告,以获得质化材料,对量化研究进行更好的解释和补充,帮助研究者更好地评估和得出探索性结论。

(4)部分深度访谈公益组织未能开展。

本研究限于研究团队时间以及人力资源有限,并且各公益组织事务繁多,最终落实访谈的机构仅有七家,深度访谈过程中从组织方面获取的信息未能达到全面、系统以及有效,作为调研问卷结果的补充论述作用减弱。同时,在深度访谈过程中,由于现有关于研究公益组织信息传播、资源分配以及信息公开透明方面还没有成熟的量表,因此在设置深度访谈框架及其具体问题过程中不尽合理科学,信度有待提高。

如果延长调研时间,研究团队将会获得更多具有典型性的组织样本,为问卷分析数据提供更加翔实的补充和说明,更好关联公众对慈善信息偏好和需求问题与公益组织现状。

(5)不同公益组织类型使得横向比较产生一定困难。

虽然提纲为半结构式,对不同公益组织的基本情况、信息传播以及财务情况等方面都尽量囊括,但由于每个组织的宗旨、使命、活动领域以及资源分配状况存在较大差异,故针对个别组织问题设置的针对性有所削弱,类型化的横向比较产生一定困难。

假如时间和人力条件允许,本研究将会在深度访谈方面,在确定深度访谈组织之前进行更加翔实、系统而全面的信息搜集,在半结构框架下针对每个组织特定的实际情况进行更为贴合的追问,从而获取真实而全面的组织状况信息。

第五节 附录问卷及访谈整理

1. 调研问卷

关于公益信息传播受众调研问卷

您好!我们是中山大学的研究团队,最近在进行一项有关公益信息传播的社会调研,诚邀您花费大约10分钟的时间填写本问卷。对您填写的信息,我们将严格遵守《统计法》予以保密,所得调查数据仅用于科学研究需要。请根据您的实际情况放心填写。您的每个选择对于我们研究的科学性和严谨性都至关重要,衷心希望能得到您的支持与配合,谢谢!

公益传播研究团队

公 益 传 播

你更多从哪些渠道获取公益信息（包括公益组织、帮扶活动、理念宣传、募捐活动等）？限选5项［多选题］［必答题］

- □ A. 纸质媒体（报纸、杂志）
- □ B. 电视媒体
- □ C. 公益网站
- □ D. 其他网站
- □ E. 微博、微信
- □ F. 实体广告
- □ G. 实体活动
- □ H. 熟人介绍
- □ I. 电子邮件
- □ J. 电话、短信
- □ H. 其他

对于基金会而言，你认为哪些信息披露更重要？［排序题，请在中括号内依次填入数字］［必答题］

- ［　］A. 组织信息（组织机构的基本情况和运作规划、报告）
- ［　］B. 财务信息（慈善组织运作成本、项目募捐和受赠财产的管理和使用情况）
- ［　］C. 项目信息（慈善项目的介绍，扶助对象的情况及项目落实、效果评估）
- ［　］D. 监管信息（第三方评估、媒体报道等）

对于募捐项目而言，哪些类型信息更有助于你做出募捐决策？［多选题］［必答题］

- □ A. 对项目受助对象困境的感性描述
- □ B. 关于项目受助对象的客观描述
- □ C. 项目需要资金的总额和差额
- □ D. 项目操办流程介绍
- □ E. 项目资金去向与项目运营成本
- □ F. 该组织其他项目实际运作状况
- □ G. 对于项目进展状况进行反馈的承诺
- □ H. 其他募捐者的实时动态及评价
- □ I. 项目运作的第三方评估
- □ J. 其他

你更倾向于公益信息（包括公益组织、帮扶活动、理念宣传、募捐活动等）以什么形式呈现？［多选题］［必答题］

- □ A. 图片
- □ B. 视频
- □ C. 音频
- □ D. 数据图表
- □ E. 文字
- □ F. 其他

请根据以下关于大众传播的描述，选择你的认同程度：［矩阵量表题］［必答题］

	很符合	符合	一般	不符合	很不符合
电视和报纸让我了解更多关于公益组织的信息	○	○	○	○	○
虽然电视和报纸上出现的公益信息很多，但我很少会被它们打动	○	○	○	○	○

	很符合	符合	一般	不符合	很不符合
我常常会被电视上的公益宣传所感动	○	○	○	○	○
上过电视和报纸的公益组织,一般是可以被信任的	○	○	○	○	○
我无法对大众传播媒体上发起的募捐活动产生信任感	○	○	○	○	○
电视和报纸上号召大众募捐的活动,感觉离我很远	○	○	○	○	○
我经常参与电视和报纸上号召大众募捐的活动	○	○	○	○	○

请根据以下关于组织传播的描述,选择你的认同程度:[矩阵量表题][必答题]

	很符合	符合	一般	不符合	很不符合
单位或学校能够为我提供足够的公益资讯	○	○	○	○	○
单位或学校在组织募捐时,其实我并不清楚受助对象的信息	○	○	○	○	○
单位或学校组织募捐时,通常受助对象都是十分需要帮助的	○	○	○	○	○
对于学校或单位组织的募捐,我会比较放心	○	○	○	○	○
我认为学校或单位组织的募捐带有半强制性	○	○	○	○	○
我参加单位或学校组织的募捐并不总是心甘情愿的	○	○	○	○	○
参加单位或学校的组织募捐比较方便	○	○	○	○	○

请根据以下关于人际传播的描述,选择你的认同程度:[矩阵量表题][必答题]

	很符合	符合	一般	不符合	很不符合
公益项目工作者直接向我解释募捐信息时,我能够产生更多了解	○	○	○	○	○
我喜欢能够向公益项目工作者发问并且获得立刻的反馈	○	○	○	○	○
我倾向于有人直接告诉我要怎样帮助有需要的人	○	○	○	○	○
在街头被人劝捐,感觉很容易被骗	○	○	○	○	○

公益传播

	很符合	符合	一般	不符合	很不符合
与公益项目工作者的交流会让我产生认同感	○	○	○	○	○
我比较容易被街头募捐志愿者所说服	○	○	○	○	○
我会尽量避免与街头募捐志愿者直接互动	○	○	○	○	○

请根据以下关于新媒体传播的描述，选择你的认同程度：［矩阵量表题］［必答题］

	很符合	符合	一般	不符合	很不符合
网络上获取公益资讯比较方便	○	○	○	○	○
虽然网络上有很多公益资讯，但其实我并未对其过多关注	○	○	○	○	○
我喜欢接收微博或微信上公益组织信息的推送	○	○	○	○	○
微博或微信上转发的很多公益募捐项目可信度让人怀疑	○	○	○	○	○
通过微博或微信我可以更主动地选择想要关注的公益项目	○	○	○	○	○
通过网络我可以从不同的渠道对募捐项目进行真伪判断	○	○	○	○	○
网上的公益信息过于泛滥让人有些疲劳	○	○	○	○	○

在不提示和搜索的情况下，你在多大程度上了解以下组织或部门的含义及工作：民政部门、官办公募基金会、民办公募基金会、非公募基金会、公益服务组织、社会福利机构、志愿者组织、企业社会责任部门等［单选题］［必答题］

○ 非常了解（清楚其中 7 类及以上）
○ 比较了解（清楚其中 5~6 类）
○ 基本了解（清楚其中 3~4 类）
○ 不太了解（清楚其中 1~2 类）
○ 基本不了解（都不清楚）

你认为对于公益组织而言哪一方面的表现更为重要？［多选题］［必答题］
□ 募集资源的总量（包括资金、物资、志愿者等）
□ 对募得资源的合理分配与使用
□ 对募集资源和组织、项目运作等信息的透明公开

☐ 组织及项目运作管理
☐ 活动实施的收效及长期影响
☐ 激发并帮助公众参与互动
☐ 公益理念的宣传推广
☐ 与其他类型公益组织的合作
☐ 对政府部门管理的配合
☐ 其他

你倾向于通过哪些组织或平台参与公益？请根据实际情况选择最符合的项：[矩阵量表题][必答题]

	很愿意	愿意	一般	不愿意	很不愿意
A. 官办公募基金会（官办的、面向广大社会公众募捐的基金会，如红十字会）	○	○	○	○	○
B. 民办公募基金会（民办的或民办官助的、面向公众募捐的基金会，如壹基金）	○	○	○	○	○
C. 非公募基金会（不得面向公众募捐的基金会，面向少数特定投资者进行私募，包括机构和个人，如香江社会救助基金会）	○	○	○	○	○
D. 公益服务组织（非商业化、合法的、与社会文化和环境相关的倡导群体，即 NGO，如绿色和平）	○	○	○	○	○
E. 社会福利机构（为维护处于特殊困难之中的老年人、孤儿和残疾人的基本权利而设立的，如广州市社会福利院）	○	○	○	○	○
F. 志愿者组织（组织管理志愿服务，如中国青年志愿者协会）	○	○	○	○	○
G. 企业社会责任部门以及公益营销活动（将企业的营销战略与非营利组织或者公益活动联系在一起，如企业举办的儿童助学计划）	○	○	○	○	○

对以下几个进行募捐或者接受捐赠的公益组织，你对其资金使用方面的信任程度是：[矩阵量表题][必答题]

	非常信任	比较信任	基本信任	比较不信任	非常不信任
官办公募基金会	○	○	○	○	○
民办公募基金会	○	○	○	○	○

公益传播

非公募基金会	○	○	○	○	○
公益服务组织	○	○	○	○	○
社会福利机构	○	○	○	○	○
志愿者组织	○	○	○	○	○

你觉得以下几个组织在财务、项目和监管方面的信息透明度是 [矩阵量表题][必答题]

	清晰透明，可以轻易找到信息	比较透明，大多能找到信息	基本透明，能找到部分信息	比较不透明，只能找到很少的信息	不透明，找不到相关资料	没主动关注
官办公募基金会	○	○	○	○	○	○
民办公募基金会	○	○	○	○	○	○
非公募基金会	○	○	○	○	○	○
公益服务组织	○	○	○	○	○	○
社会福利机构	○	○	○	○	○	○
志愿者组织	○	○	○	○	○	○

对于公益组织募捐和分配资源，你认为应该遵循哪种行业运作方式？[单选题][必答题]
○ 募集和使用分离——基金会只负责向目标对象募款，通过招投标拨付非政府组织和志愿者组织等，后者不得募集或接受公众捐款
○ 募集和使用合并——包括基金会、非政府组织和志愿者组织等都可以向目标对象募款，并自行运作公益服务项目
○ 募捐和使用协调——基金会募捐为主，非政府组织等接受捐赠为辅，基金会自行分配资金给自营项目和非政府组织等
○ 其他

雅安地震发生后频频出现救灾物资分配不均的情况，如集中涌入某地造成交通瘫痪、延误救援、物资浪费等，对此你认为最重要的问题在于 [多选题][必答题]

□ 民间公益人士过分踊跃
□ 公益组织之间缺乏配合
□ 当地政府反馈信息迟滞，缺乏调配
□ 民政部门未能有效调配，缺乏对资源信息的统筹
□ 媒体报道过分渲染，吸引过度关注
□ 其他

对于公益资源(包括资金、物资、志愿者等)和项目之间的对接,你认为应该遵循哪种行业运作方式?[单选题][必答题]

○ 组织按自己的意愿自行运作项目,直接投入资金
○ 组织自行搜集整理资源需求和供给信息,并按自己的意愿向他方申请或拨付资金
○ 组织将需求和供给信息交付第三方平台,所有情况下都参考整体分配情况自行对接
○ 组织将需求和供给信息交付第三方平台,只在重大灾害发生时由第三方根据整体分配情况协助统筹,帮助对接
○ 组织将需求和供给信息交付第三方平台,日常由第三方根据整体分配情况协助统筹,帮助对接
○ 组织将需求和供给问题交由第三方托管,始终由第三方根据整体分配情况直接统筹调拨
○ 其他

如果建立一个线上公益信息流通平台,包含慈善资源的募集、分配、反馈等过程,以项目主导,在信息层面帮助供、需、监督等多方的信息流通,你认为其运作主体该是[单选题][必答题]

○ 政府部门发起运作,审计单位监管
○ 政府部门发起,下属公共服务单位运作,审计单位监管
○ 政府部门发起,非政府机构(如研究机构、行业协会等)独立运作,第三方监管
○ 非政府机构(如研究机构、行业协会)自行发起运作,其他机构监管
○ 其他

你对壹基金的印象主要来自哪些渠道?[多选题][必答题]
☐ A. 电视媒体　　　　☐ B. 纸质媒体(报纸、杂志)
☐ C. 街头宣传　　　　☐ D. 熟人谈论
☐ E. 网络　　　　　　☐ F. 其他
☐ G. 完全没印象

在网络上,你通过哪些渠道接触到壹基金相关信息?限选3项[多选题][必答题]
☐ A. 门户网站　　　　☐ B. 社交媒体(微博、微信、人人网、QQ空间等)
☐ C. 论坛贴吧　　　　☐ D. 壹基金官方网站
☐ E. 电子邮件　　　　☐ F. 其他
☐ G. 没有通过网络接触到

公益传播

请问您最近半年内浏览壹基金官方网站的次数是？[单选题][必答题]

○ A. 0次　　　○ B. 1次　　　○ C. 2～3次　　　○ D. 4次及以上

请问您对点击过的哪些官方网站页面留有印象？[多选题][必答题]

☐ A. 首页　　　　☐ B. 活动推广　　☐ C. 壹基金新闻　　☐ D. 关于我们
☐ E. 灾害救助　　☐ F. 儿童关怀　　☐ G. 公益支持　　　☐ H. 公益视频
☐ I. 捐赠信息　　☐ J. 我们的伙伴

你浏览壹基金网站后对其中信息公开的满意度：[矩阵量表题][必答题]

	很满意	满意	一般	不满意	很不满意
组织信息（法人、理事会、监事会、组织机构的基本情况和运作规划）	○	○	○	○	○
财务信息（慈善组织运作成本、项目募捐和受赠财产的管理和使用情况）	○	○	○	○	○
项目信息（慈善项目的介绍，扶助对象的情况及项目落实、效果评估）	○	○	○	○	○
监管信息（第三方评估、媒体报道等）	○	○	○	○	○

壹基金的官方网站多大程度增进了您对壹基金组织的了解：[矩阵量表题][必答题]

	很符合	符合	一般	不符合	很不符合
浏览壹基金的官方网站后，我对壹基金的印象比以前更好了	○	○	○	○	○
浏览壹基金的官方网站后，我增加了参与其中项目的兴趣	○	○	○	○	○
浏览壹基金的官方网站后，我愿意向我的朋友推荐壹基金这个组织	○	○	○	○	○
了解李连杰是基金会发起人后我增加了对壹基金的信赖	○	○	○	○	○
了解王石、马云、马化腾等人构成壹基金理事会时，总体上我增加了对壹基金的信赖	○	○	○	○	○

你在浏览壹基金的官方网站后，使你的公益行为有何改变？［多选题］［必答题］

☐ A. 在其提供的渠道上进行过捐款
☐ B. 参与过其发起的慈善行动
☐ C. 向熟人朋友推荐过其活动
☐ D. 暂未以何种方式改变

你现在是否关注壹基金的新浪（或腾讯）微博@壹基金？［单选题］［必答题］

○ A. 是　　　　　　　　　　○ B. 不是

你关注@壹基金微博的原因是什么？［矩阵量表题］［必答题］

	很符合	符合	一般	不符合	很不符合
增加了解壹基金及其相关活动的讯息的渠道	○	○	○	○	○
我关注的对象和我的粉丝关注了@壹基金，我不想和他们不同	○	○	○	○	○
电视、报纸、网站等其他平台的介绍引发我关注的兴趣	○	○	○	○	○
相较于电视、报纸等媒体来说，我更习惯用微博来获取信息，因为微博的信息更新频率更快	○	○	○	○	○
我能和微博主进行互动，使我更有参与感	○	○	○	○	○
我能通过转发、评论、点赞等行为，进行传播，使我更有成就感	○	○	○	○	○
@壹基金或@壹基金发布的内容进入榜单引发我的关注	○	○	○	○	○
微博自身的推荐功能	○	○	○	○	○

你是如何注意到@壹基金的微博信息的？［单选题］［必答题］

○ A. 随意浏览的时候会看到
○ B. 将@壹基金设置在特定分组内，会有目的地查看
○ C. 在自己会有目的地查看的特定分组内，有微博对@壹基金的微博进行转发
○ D. 使用微博的搜索功能主动检索
○ E. @壹基金或@壹基金发布的微博进入热门榜单，引起我的关注
○ F. 其他媒体频道的报道或介绍

你认为以下各项多大程度上符合你的情况：[矩阵量表题][必答题]

	很符合	符合	一般	不符合	很不符合
微博使用配图，我更愿意关注	○	○	○	○	○
微博使用视频，我更愿意关注	○	○	○	○	○
我更愿意关注短微博	○	○	○	○	○
我更愿意关注长微博	○	○	○	○	○
微博添加♯话题♯，我更愿意关注	○	○	○	○	○
微博添加链接，我更愿意关注	○	○	○	○	○
微博已有转发量大，我更愿意关注	○	○	○	○	○
微博已有评论量大，我更愿意关注	○	○	○	○	○
微博已有点赞量大，我更愿意关注	○	○	○	○	○
微博被能对我的行为产生影响的人转发，我更愿意关注	○	○	○	○	○
我只会关注特定的议题	○	○	○	○	○
我更愿意关注@李连杰等人发布的关于壹基金的信息，而非@壹基金或@壹基金的志愿者发布的信息	○	○	○	○	○

你现在是否关注壹基金的微信订阅账号@壹基金？[单选题][必答题]

○ A. 是　　　　　　　　　○ B. 不是

你关注壹基金微信订阅账号的原因是什么？[单选题][必答题]

○ A. 朋友圈推荐　　　　○ B. 朋友直接推送　　　　○ C. 其他媒体平台介绍
○ D. 本身关注壹基金　　○ E. 其他

你是否使用过壹基金微信订阅账号的如下功能？[单选题][必答题]

○ A. 了解壹基金的公益行动　　　　○ B. 了解捐款方式
○ C. 了解捐款后获取收据的方式　　○ D. 了解壹基金的最新活动
○ E. 了解壹基金的联系方式　　　　○ F. 了解灾区故事
○ G. 观看视频
○ H. 收听明星志愿者的语音，回复姓名以获得签名纪念品（尚在建设）
○ I. 只接受推送信息

你是否会点击阅读壹基金微信订阅账号的推送内容？[矩阵量表题][必答题]

极有可能会	很有可能会	可能会	可能不会	肯定不会
○	○	○	○	○

你对以下各项的同意程度如何？[矩阵量表题][必答题]

	很符合	符合	一般	不符合	很不符合
朋友圈转发的推送内容，我会点击阅读	○	○	○	○	○
标题吸引我的内容，我会点击阅读	○	○	○	○	○
配图吸引我的内容，我会点击阅读	○	○	○	○	○
我关心的特定议题，我会点击阅读	○	○	○	○	○

你每天上网时长为：[单选题][必答题]

○ A. 几乎不上网　　○ B. 1小时以内　　○ C. 1～2小时
○ D. 2～3小时　　　○ E. 3～4小时　　　○ F. 4小时以上

你每周在网络上关注公益信息的频率为：[单选题][必答题]

○ A. 不关注　　○ B. 1～2次　　○ C. 3～4次　　○ D. 4次及以上

你是否有关注的公益项目：[单选题][必答题]

○ A. 有且固定　　○ B. 有关注，但不固定　　○ C. 没关注

你通过什么方式参与过公益活动？[多选题][必答题]

☐ A. 参与公益募捐　　　　　　　　☐ B. 参与志愿服务或慈善行动
☐ C. 浏览被推送的公益活动信息　　☐ D. 对公益活动信息评论、转发或点赞
☐ E. 主动搜索公益组织或活动信息　☐ F. 其他

你参与过最多的募捐形式是什么？[单选题][必答题]

○ A. 路边募捐箱
○ B. 学校/单位组织捐款
○ C. 街头志愿者劝捐
○ D. 电话/短信捐款
○ E. 银行汇款
○ F. 网银/支付宝/微信捐款
○ G. 其他

你近半年内捐款的频率？[单选题] [必答题]

○ A. 0～1 次

○ B. 2～3 次

○ C. 4 次及以上

你的性别是：[单选题] [必答题]

　　　　　　　　○ A. 男　　　　　　　　　　○ B. 女

你的年龄段：[单选题] [必答题]

　　○ 15 岁以下　　○ 15～20 岁　　○ 21～25 岁　　○ 26～30 岁
　　○ 31～40 岁　　○ 41～50 岁　　○ 51～60 岁　　○ 60 岁以上

你正在攻读或已获得的最高学位：[单选题] [必答题]

　　○ 小学以下　　○ 初中　　○ 高中　　○ 中专　　○ 大专　　○ 大学本科
　　○ 硕士研究生　　○ 博士研究生　　○ 博士以上

你目前从事的职业：[单选题] [必答题]

○ 全日制学生

○ 生产人员

○ 销售人员

○ 市场/公关人员

○ 客服人员

○ 行政/后勤人员

○ 人力资源管理人员

○ 财务/审计人员

○ 文职/办事人员

○ 技术/研发人员

○ 管理人员

○ 教师

○ 顾问/咨询

○ 专业人士（如会计师、律师、建筑师、医护人员、记者等）

○ 其他

你所在的省份：[单选题][必答题]
○ 安徽　　○ 北京　　○ 重庆　　○ 福建　　○ 甘肃　　○ 广东　　○ 广西　　○ 贵州
○ 海南　　○ 河北　　○ 黑龙江　○ 河南　　○ 香港　　○ 湖北　　○ 湖南　　○ 江苏
○ 江西　　○ 吉林　　○ 辽宁　　○ 澳门　　○ 内蒙古　○ 宁夏　　○ 青海　　○ 山东
○ 上海　　○ 山西　　○ 陕西　　○ 四川　　○ 台湾　　○ 天津　　○ 新疆　　○ 西藏
○ 云南　　○ 浙江　　○ 海外

你目前的月收入：[单选题][必答题]
○ 还没有收入　　○ 2000元以下　　○ 2000~3000元　　○ 3001~5000元
○ 5001~8000元　○ 8001~15000元　○ 15001~50000元　○ 50000元以上

如果你愿意参与我们进一步的研究访谈，可否留下你的联系方式：[矩阵文本题]
手机或固话：
QQ 或 MSN：
邮箱：

非常感谢您的参与！

2. 个案资料

(1) 广州启智志愿服务总队。

①组织使命。

广州启智志愿服务总队（以下简称启智）创办十多年以来，走平民化路线，以服务项目凝聚志愿者。它处处以"志愿者为本"，以志愿者为出发点制定活动项目，创新活动形式，如根据一部分加入志愿者队伍人员的目的是结交更多的朋友，推出"志愿者兴趣小组"。同时，"对下负责"，重视志愿者会员的感受，重视服务质量。每个服务项目的负责人，启智不会要求递交工作总结、工作报告，不用述职，因为服务项目的负责人，不是对启智负责，而是对参与志愿项目的志愿者负责，对服务对象负责。如果服务项目或者管理人员做得不好，志愿者会员便会在论坛发帖或者发邮件投诉，促使相关人员改正。

②组织架构。

目前拥有1.5万名志愿者会员，每月超过600名市民报名加入到启智的团队当中。

③主要活动/项目。

启智是广州地区较为活跃志愿者（义工）团体之一，每周组织志愿者（义工）前往福利院、养老院、智障活动中心、残疾人康复中心、街道社区等机构帮助孤儿、独居老人、弱能人士、残疾人、脑瘫小朋友、下岗贫困家庭等弱势群体。

④公布主要信息。

信息主要是启智年度报告以及年度志愿活动总结。

(2)广州海珠区青年志愿者协会。

①组织使命。

广州海珠区青年志愿者协会(以下简称海青协)是一个具有独立法人资格的社会团体,致力于开展弱势群体帮扶志愿服务、政府公益倡导大型活动、公益组织支援、组织交流等项目。海青协的目标是推广志愿服务文化、搭建志愿服务平台、发展志愿文化事业,从而缔造一个相互关爱、人人幸福的和谐社会。

②组织架构。

海青协成立于1995年8月,是共青团海珠区委员会领导下的非营利性社会团体。现协会拥有注册志愿者49000多人,志愿者管理骨干220人,并聘有6位全职工作人员,其中3名为专业社会工作者。

③主要活动/项目。

海青协服务项目广泛,有广交会志愿服务、春运志愿服务、"老少同乐"长者关怀服务、爱心服务集市等品牌活动。

④公布主要信息。

信息主要是年度报告和活动报告。

(3)NGOCN。

①组织使命。

NGO发展交流网简称NGOCN,成立于2005年,是一个非政治、非宗教的民间公益交流平台,也是一个面向中国大陆地区服务的公益互联网平台。通过与全国各地公益伙伴的合作,搭建针对NGO业内人士及热心公益人士的信息分享、交流平台,推动公民行动及公民社会发展。该机构是USDO自律吧的成员机构。其使命是"以互联网为基础,通过与各地伙伴的合作,在全国促进公益行动";以"推动中国公民社会发展"为愿景;核心价值观是创新前瞻、包容开放、正直诚信、合作互助,并始终遵循非政治、非宗教的原则。

②组织架构(见图5-1)。

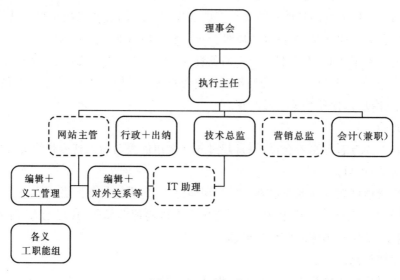

图5-1 组织架构

③主要活动/项目。

汇集来自各个网站和公益组织的信息、动态,出版 NGOCN 简报等公益刊物;长年提供包括公益活动、项目或资金招标、领域资讯、组织发展、机构动态、行业动态、网络专题、志愿者招募与培训学习等活动。

④公布主要信息。

信息主要是 NGOCN 年度报告以及财务报表。

(4)友成企业家扶贫基金会。

①组织使命。

友成企业家扶贫基金会是经中华人民共和国国务院批准成立、在民政部登记注册、具有独立法人资格的非营利性社会公益组织;是国内首家由中国大陆、香港地区和台湾地区的著名企业家发起,以构建以人为本的和谐社会为目标、以参与式资助为主要运作模式的创新型非公募基金会。一个愿景:探索中国公益领域的创新之路,成为推动人类和谐发展的重要力量。两个使命:发现并支持"新公益"领袖,探索和推动以社会创新的方法解决社会问题;建设跨界合作的"新公益"服务网络和平台。

②组织架构(见图 5-2)。

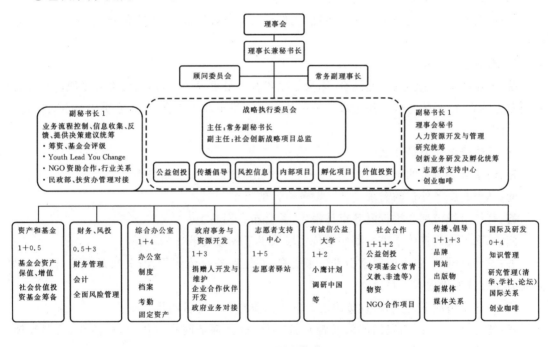

图 5-2 组织架构

③主要活动/项目。

友成企业家扶贫基金会的活动/项目包括人才培养与素质教育、社会扶贫与城乡可持续发展、清源计划、公益组织和社会企业支持与能力建设、志愿者服务与支持、紧急灾害救助与减防灾等活动。

④公布主要信息。

信息主要是登记证、管理制度、人事管理制度、交易方信息、年度报告、财务报告以及活动捐赠情况、招标情况。

3. 公益组织深度访谈记录

（1）广州启智志愿服务总队访谈记录。

问：是否有明确的制度安排？

答：以公益文化的传播为全年的目标，制定年度或者季度规划，其他方面就没有比较明确的制度安排。

问：怎么评估贵组织的组织架构？它的优势在哪里？有没有什么不足的地方？

答：每个队伍都配备队长以及副队长，相关项目也有其相应的负责人，交流相对来说不会很紧密，通过网络交流比较多。不足的地方，就是效率低一点，保证服务每周基本的开展，而文案效率较低。

问：对工作人员有无专业培训？

答：没有专门培训，但专业性可以通过经验弥补。我们不同项目设置不同的门槛，像教育类活动门槛比较高，环保类型门槛就会比较低，但基本上只要报名就会提供服务。

问：通过何种渠道方式招聘与留住优秀人才？

答：我们有一套比较完善的激励系统，例如星级会员，以及徽章等文化制品，而且每年都会评优。

问：对商业化运作的看法是什么？

答：公益活动一定会与商业结合，因为需要资金。最重要的是，顶层负责人要把握好火候，列出双方的底线，具体怎样合作也没有统一的标准。至于商业结合点，就取决于负责人把握尺度和底线。

问：运作资金来源是什么？

答：向基金会申请的项目运营资金、企业合作、会员会费和小额捐赠。

问：是否有服务外包的需求？比如财务审计的需求。

答：每年组织内都会进行财务审计报告，并公布在网站上。

问：采取了哪些宣传手段？哪些宣传手段取得了较好效果？

答：主要是网站，强大的搜索引擎带来受众，并且对外宣传作用大；其次是微信、微博。另外还有QQ群凝聚内部人员。

问：在什么情况下，会加大宣传力度？宣传的重点和主要目的是什么？

答：情况倒不多，因为我们的活动都是常态化，流程都是网络宣传、执行活动、后期反馈。其中，主要的呈现方式是通过照片文字来描述项目。

问：是否与平台用户进行互动？

答：是，通过QQ群发布信息，只要是会员都会加到QQ群，线上线下都举行交流活动；互动的内容更多关注服务开展的时间地点，关注项目信息。

问：是否有工作手册等相关指导资料？

答：每位会员都有手册，手册内容主要包括服务队的介绍、人员架构、注意事项、文化建设等方面。

问:是否有专门与媒体等第三方机构对接的部门?是什么?

答:我们跟不同的媒体、公益记者都有联系,而媒体本身也主动要求发布公益信息,所以是双向的供需关系吧!

问:总体上说,目前机构在信息流动方面是否理想?面临的困难主要是什么?

答:理想的地方是,依靠内部传播的机制,8~10年积累了很多会员,而且我们建设的平台多,日常也会通过飞信、QQ群来传达信息和联络会员,信息覆盖面到2万~3万人,而这主要是内部的。还需要加强或者不足的地方是,更加需要会员的二次传播,再扩大外部的宣传效力。

问:多长时间对善款的募集和使用进行审计?

答:志愿捐赠后马上网上公布。

问:是否及时、完整、准确地反馈捐赠情况?

答:基本上所有的捐赠都会公布信息,没有具体要求的我们都是直接公布。

问:和政府的关系是怎样的?互动情况如何?

答:和团委联系比较密切,由团委组织开展,发挥牵头作用,和团委的理念比较贴近,所以有比较多的合作机会;同时,团委更多给予项目资金并提供服务机会。

问:团委会提供物质支持吗?

答:团委更多基于资金支持和平台支持。

问:政府的监督如何开展?

答:民间组织管理局会定期监督,了解财务状况;再就是定期的培训以推动信息公开。而政府每年都会对公益组织进行年审。

问:政府是否有为公益机构专门设立的优惠政策或者条款?

答:志愿服务现在为止只有条例支持,没有特别的优惠政策,有"广州志愿服务条例"已经发布。但可以通过基金会申请资金,自己开展项目。

问:政府的帮扶作用不是特别明显吗?

答:其实为这种社会志愿组织举办了很多培训基地,比如青年文化宫;再就是设立规划培育的基地,每个区的民政局,通过项目发放经费,发挥作用大了很多,至少会提供培训的机会。而资金支持的话,还是要公益组织自己向基金会申请资金支持,它们主要是起着平台和枢纽的作用。

问:您如何看待信息公开对于NGO的重要性?

答:需要了解其运作的情况,非常赞同公益组织要信息公开。

问:评价一下启智在信息公开方面的努力?

答:因为具体来说,我们没有非常清楚外部需要一些怎样的信息。但在这种情况下,我们一直相信,有需要的信息就尽量公开,这样是有利于我们的受赠者、志愿者和捐赠者这些对象的。

问:机构在信息公开方面具体开展了哪些工作?投入了哪些人力、物力、财力?

答:我们信息公开主要通过每年的评报和网站信息的发布、活动的动态、资金使用的情况、服务的动态等。但是网站工作并不是每个骨干成员都可以做,同时因为我们组织做文化的传播也需要信息的公开。

问:机构在信息公开方面遇到了什么样的阻碍和挑战?

答:还好吧,现在的网络比较发达,最早建立志愿者网站论坛,现在还有微博和微信,所以网络的渠道很多,信息公开的障碍不会特别大。

问:近年来一系列慈善公共事件对机构有何影响?这类事件发生后,如何维护公信力?能不能评价一下基金会和发布信息的真实性、可靠性?和行业平均水平相比呢?

答:我没有特别深入去了解这些基金会,因为我们的项目从基金会那里申请到的资金比较少,而且以团委那边的基金会——羊城志愿服务基金会——申请资金为主,其他基金会基本没有申请项目,所以我了解的也就不会特别多。我接触的是麦田和天河,感觉他们都运作得比较好。麦田就是从一个服务体制来注册的基金会,发挥的作用挺大。现在在民间的基金会也在逐渐发展,形成现在不是单一像以前只有红十字会或政府部门的基金会,民间的基金会发展起来,像壹基金等,而他们发挥的具体作用还是要深入去了解,我觉得他们的重点还是放在基部的,像麦田和壹基金。天河主要是在社区做的项目比较多,作用还是很大的。

问:组织资源分配的战略是怎样的?是否有侧重点和优先次序?

答:主要是服务费用、活动经费和人员工资。本身运作资金、资源有限。

问:如何看待组织设备的条件?

答:会根据服务的需求配置。

问:如何看待项目运营在资源分配格局中的地位?贵组织是否会把项目执行质量作为资源分配效用的标准?

答:项目运营肯定是最重要的;会的,并且还会结合服务的质量、志愿者的需求来确定资源分配。

问:如何看待与境内外慈善组织合作的重要性?

答:与香港特别行政区的公益组织有合作交流,具体取决于双方的需求和意向。

问:相关努力有哪些?

答:这个我们也在逐步努力和沟通,因为现在和境外合作还是比较敏感的,需要平衡和政府这边的关系,所以不会说非常迫切去争取与境外机构合作。

问:如何看待公关管理的重要性?

答:没有遇到特别大的公关危机,所以工作计划中还没到这个步骤。

(2)广州海珠区青年志愿者协会。

问:组织架构是怎样的?

答:我们组织有五个部门:秘书处负责行政统筹安排;招募培训部主要负责志愿者服务;项目部主要跟进与政府的合作,注重活动运营本身、数据跟踪以及对外倡导志愿精神;社区服务部专门负责社区服务,针对社区里面的弱势群体(老弱病残、外来务工青年);联络部负责对外联系,主要针对企业和公益组织。这些部门除了有全职工作者,也会有志愿者骨干,他们来自高校、社会。这些志愿者可以成为我们的会员,之后再参与到项目活动中。

问:贵组织对员工的素质要求如何?如果看待员工的学历、专业性?

答:这取决于项目方向。比如说我们做社区服务这方面,对于一线工作人员,我们更加希望他有相关的志愿服务经历,本身是社工专业这样的条件。但我们更加注重,基于骨干系统的资料统计,会优先选择一些有相关经验的志愿者。

问:筛选完后会安排专门团队对志愿者进行培训吗?

答:这个分情况来考虑。如果是志愿者骨干的话,我们都会有培训,而培训分为两类:一类是通用培训,即明白志愿者的角色、志愿服务的注意事项等基础培训;另一类是关于工作任务的培训,比如说负责社区服务工作的志愿者,我们会邀请该方面的其他公益组织讲授专业的课程。而对于对外联系,也会提供不同类型的培训。

问:是否有服务外包的需求?

答:有,例如专门的财务审计我们会请会计师事务所完成。

问:活动宣传的渠道有哪些?

答:主要有这几类:纸质平面媒体,如海珠区的刊物;电视媒体,主要针对大型的项目;另外还有微博、微信。

问:如果是微博这种途径,是直接发布相关信息吗?还是做其他配套的宣传?

答:两方面都有。

问:哪一方面的宣传效果比较好?

答:这个比较难说,取决宣传的目的是什么。如果活动的目的是招募志愿者,我需要招募人员,而恰逢是3月份学雷锋纪念日时,就会进行理念倡导活动。所以,很难说哪一方面比较好,目的是和方法结合在一起的。

问:如果是微博宣传,想要针对哪一些受众呢?

答:都有,我们希望我们的活动能够影响更多的人。同时,媒体也会主动关注我们这方面的信息。

问:贵组织有没有专门的宣传团队呢?

答:有,我们也非常注重宣传。如果想要更多的人参与到我们的公益活动中,宣传是很重要的。比如以社区服务为例,是想让更多的人知道,社区服务的公益活动也是不容易的,目的主要是让更多的人关注我们的活动。

问:如微博微信这样的平台会公布像活动资金这样的信息吗?

答:要看项目。比如影响面比较广、需要公众集资的项目就需要透明公开信息,让捐赠方、受助者和社会大众都了解项目的信息。

问:来自公众的募集占的比例是多少呢?

答:比较少。因为这种募捐需要募捐资格,而这类型的业务又比较少,所以申请也比较少。

问:贵组织是怎样进行预算工作的呢?在实际操作中会严格按照预算开展工作吗?如果超支怎么办?

答:我们制定预算时会做的比较宽松。而预算又和剩余的资金不一样。

问:有专项活动剩余资金的情况吗?

答:有,但我们会延续这个活动。像我们的"流动小屋",如果一年的经费没有用完,那就用剩余资金继续运营这个项目。

问:资金情况、使用情况会定期公开吗?

答：不会定期公开，但会接受税局、捐赠方的监管。

问：贵组织有什么类型的项目？（论坛、研讨会、小额资助……）

答：主要有几个类型，分别是政府支持的，企业支持的，像志愿服务广州交流会这样的支持也会有。

问：有没有评估项目落实情况及资助效果？怎么评估？从什么维度去评估？

答：有，我们要发布项目总结报告，定期评估其服务质量，有些项目还有定期做审计的。

问：评估之后会从什么方面修正项目？

答：会从参加活动的志愿者数量，有无这个服务的前后对比，还有财务使用情况等方面修正项目。

问：资金都是按时到位的吗？有没有出现延迟的，或者承诺了资助但最后没有资助的情况？

答：看情况，延迟会有，取消比较少。如果项目资金缺口不是很大，就会在项目间调动资金。

问：如果出现问题，能否追究及时？是否有明确的权责机制？

答：秘书处追究相关责任，对志愿者那边了解情况，然后调整。

问：是否有固定的合作机构？

答：高校、基金会都有。主要是高校提供了比较多的志愿者。

问：如何与合作机构保持持久有效的联系？之前对公益机构的采访写作、拍摄等项目是否持续进行？

答：主要通过增加机构和个人的参与感，参与策划和执行。再就是，定期举行公益伙伴们的交流会、联谊会。

问：是否计划继续合作，还是希望寻找新的合作机构？会偏好什么性质的组织？为什么？

答：会比较倾向于草根 NGO 和新生代的组织。我们也可以为他们提供政策解读，帮助组织孵化。

问：和境外的公益组织交流多吗？多以什么形式？

答：很少，一般都是和国内的。

问：和政府的关系是怎样的？

答：部分是政府支持。剩余的是自己组织运营的项目和基金会支持的项目。

问：政府对机构的影响主要体现在哪些方面？

答：都有，政府在政策、场地、设备提供了很多支持。如举办一些政府能提供场地的活动就很好了。

问：政府对组织的监督系统、全面吗？

答：有，跟政府有关的项目，政府会监督，因为是政府拨款支持的。

问：方式是怎样的？

答：情况汇总、问卷调查和数据考核。

问：现阶段法律能否确保组织独立自主发展？

答：税收这方面对社会团体会比较宽松；对公益项目有资金支持；另外，捐赠收入和会费收入是免税的。

问:您如何看待信息公开对于NGO的重要性?

答:对捐赠者、志愿者和受助者有交代。

问:机构在信息公开方面具体开展了哪些工作?投入了哪些人力、物力、财力?

答:主要是微博公开信息,因为官网在维修,不怎么更新。公众的注意力也从网站转移到手机微博、微信渠道。

问:机构在信息公开方面遇到了什么样的阻碍和挑战?

答:暂时没有。

问:慈善公共事件对你们这类型的组织有影响吗?

答:政府背景的官方机构牵涉比较大,而对草根NGO影响相对比较少。

问:如何看待公信力对组织形象的影响?

答:整个机构项目和服务效果最重要,在及时信息公开方面做得比较好。

问:组织资源分配的战略是怎样的?是否有侧重点和优先次序?

答:分配平衡,不会特别侧重哪一块。人力资源等方面分配比较平衡。我的资源暂时能够支持我们平衡发展。

问:如何看待与境内外慈善组织合作的重要性?

答:枢纽型组织,把资源连接在一起,整合资源。

问:如何看待公众宣传、组织形象塑造在资源分配格局中的地位?通过哪些方式、渠道来构建组织形象、推广活动项目?这方面有经验、规律可以分享吗?

答:每年国际志愿人员日、学雷锋纪念日都会宣传。普通的居民也能享受志愿服务,推动全民公益的理念,希望实际一点。

(3)NGOCN。

问:跟政府那边打交道吗?政府的帮扶作用体现在什么地方?在资金运作方面,与政府有沟通吗?有资金支持吗?

答:之前申请过广交会项目展示,入选了但是最后没有资金拨下来,没签约;后来申请了枢纽型、支持型机构,有30万元的支持。所以基本上我们会有少量来自政府的帮扶服务,并会有一些少量的互动。

问:那据你的了解,在与政府的互动过程中,其他组织有这样的情况吗?他们是怎么处理的?

答:政府也是拉企业的赞助来签约,造成这种结果的原因是企业失信。所以,估计这一部分也不是政府能够设想到的,后面的话就是关于资金牢靠问题,很多伙伴的意见就是政府那边如果确认会拨款,那一定会执行,但估计时间长短有问题。

问:关于资金使用基本是这样的,那针对募款使用会透明公开相关数据吗?

答:我们的审计是每年一次,公告情况,每个季度给每个捐赠方反馈财务报告,审计每年会请专门的事务所来做,公布情况也会交给民政局和相关管理部门。

问:这类型的工作会通过服务外包,像财务审计和项目报告书,请专业性高的团队来完成吗?

答：是的，因为审计方面的人员不专业，没有这方面的资源，而且第三方有公信力。

问：通过查询你们的门户网站，在上面没有发现具体的财务信息，你们的信息向捐赠者公开，不向普通公众公开吗？

答：目前确实只是向捐赠方公开，但也会向民政局公开。

问：在项目设计这方面，NGO类似公益信息流通平台，有各种组织提供的信息，信息筛选的标准是什么？什么样的项目可以放到网上让公众看到？

答：组织门户网站，信息流通平台，活动、项目以及本组织的信息通过网站公开。

问：网站的目标群体有哪些？

答：主要的读者群，不一定是普通大众，网站上都是公益信息，上网站的人是从业者或关注公益的志愿者和行动者。相对来说，我们不做一些很简单的普及和启蒙工作，某种程度上和一些社会议题联系紧密。比如兰州的水质污染我们会关注，其他NGO伙伴会做什么，其他公众会有什么行为？重点放在这些东西的公共性和公益性，在公益性的事件里，草根NGO会有什么想法、行动和倡议。另外，针对公益类型的东西，比如从招聘招募到机构动态，你看到的首先是它是公益机构，岗位与公益相关，比如一些企业部门的CSR；第二个方面，在资源比较有限时，希望一些有创新性的草根来做青协。有很多地方有养老院、支教等活动，但不是每一个活动、信息都报道，更倾向于把版面留给公共性。

问：会倾向于和有创新性的草根NGO联系吗？一些官方的NGO、红十字会，会比较少去关注他们的议题吗？

答：也要看项目。比如嫣然基金，是挂在红十字会下的，它的议题涉及公共性和公益性，我们也会关注。但其实官方的红十字会我们还是联系少一些，没有草根那么紧密。但也会有，比如他们会向我们投稿，一些活动有合作机会，我们也会邀请他们。

问：在执行自己机构的项目时，每个项目会不会配置专员来管理，而他们的职能比较分明吗？体现在有工作人员对接对口、跟进到底吗？

答：很多项目与网络平台有关系，其实我们跟别的项目不一样的是，两个项目之间有一定的重合度，比如我们要运营一个很大型的平台，一个基金会的基金不够，就要找一些其他的基金会。

问：在做同一件事情时，在一定时期内有连续性、重合性，所以不需要某个专员去做，而是一部分固定的员工就可以吗？

答：需要固定的员工，另外也要和资助方去交流，每个季度撰写报告，但不是说像其他项目专项是专人去对接的。

问：组织内是否有明确的权责机制？比如某个工作人员负责一个项目出现问题。

答：我们这边有一些问责制，比如项目出现大问题，内部有一些相应的问责。

问：问责的方式、形式是什么？辞退、扣奖金工资吗？或者不提供晋升机会？

答：在我们这里都有，看情节轻重。情节重的话，涉及个人诚信方面问题，我们确实有做过辞退的。

问：组织内部，整个管理氛围高度规范化，奖罚分明，可以这样理解吗？

答：我觉得不一定，反而是组织高度扁平化。每个人都负责比较独立的方向。但是不论对资助方,还是理事会都会问责的。

问:扁平化运作,会产生什么问题?比较明显的是什么?举例说明。

答:这是根据整个机构特点设置的,简单来说,我们不像大型商业互联网公司,可以有小组明确分工,而是受到资金和组织形式的限制,只有技术、内容方面,这些虽然都是独立的,比如技术组独立负责技术,但之间是有配合的。

问:刚才谈到管理方式,现在关注一下外界反馈渠道,用什么渠道获得反馈?

答:QQ群、志愿者、实习生网友,或者通过微信微博等方式,包括写信。另外还有经常去不同伙伴机构去交流,交流中也有一些反馈。

问:在做财务评估时,有专门团队去做,那对于外界反馈的话,是由其他专业团队来做组织、项目评估吗?

答:请过一些协助者一起完成。一些项目评估时会请到不同伙伴,包括协助者一起来完成。

问:评估合作伙伴包括哪些专业团队以及其他公益组织?

答:评估主要是与业务相关的,网友、合作的NGO伙伴、资助方,都会被请来做评估给我们反馈。

问:那这样邀请外界的伙伴的频率怎样?

答:一年一次。比较大型的评估,比如项目是一年或者一年半才结束,在项目结束或即将结束的时候做这些评估。

问:是否有固定合作机构?

答:有一部分固定的,合作比较多,比如法律方面,有自己的法律顾问;有些活动就会选择跟我们理念相符的机构,比如公民中心之类的。

问:合作机构大部分是非商业机构,与基金会合作方面的频率怎样?

答:有固定基金会合作伙伴。

问:只有资金合作吗?项目活动呢?

答:都是资助型的基金会,给一些资金,我们自己来完成,过程中他们也会给我们进行资源支持。

问:会有专门固定的法律顾问吗?会和公民中心合作吗?如何和这些机构保持持久有效的联系?用怎样的形式保持友好合作关系?

答:需要找其他伙伴共同举办活动;或者我们看到自己宣传影响力不够大,会邀请其他伙伴一起宣传。有很多合作就是这样互动出来的。

问:互动过程中会发现一些问题吗?

答:合作机构多,想法就比较多,人手有限,能付出的时间也很有限,需要抽取时间去投入。出现情况,我们会选择请一个兼职或者其他角色投入到这个项目中去,或者一个人主导,其他人去配合;第二个是尽量找到一个共识,只做好其中的一部分,把一些有想法但难实现的先暂缓不做。

问:个人而言,你如何评价自己的组织?它现在在公益界的地位、影响力怎样?有什么特别需要改进和帮助的地方?

答:我觉得它属于一个二次创业的过程,从昆明到广州像重新开始,到广州才重新加入了一些同事;这个团队有朝气凝聚的点,但人手有限,但如果单用公司的准则去套用就没什么价值。有不少问题,比如专业能力不一定足够,人才的储备不足等一些问题。

问:外界可以提供什么环境?最迫切的,比如政府或社会?

答:希望多点来听一下草根的声音,比如草根做青协,多点能汇集到 NGO 这里,简化手续,不然在行政那边成本会很大。社会对于草根 NGO、公益的概念还是不清晰和陌生的,这个领域人才不多,留下的人也很珍贵,如果社会对这个领域有更多认知、支持就更好。一个老生常谈的话题,是不是有道德优越感和零管理费,期待在这些问题上,社会有更多认识,包括政策上,不把一些优越感放在这上面。

问:组织的资源按照什么原则分配呢?或者说侧重点是什么?

答:主要是项目运营,其次是行政费用。

(4)友成企业扶贫慈善基金会。

问:是否有明确的制度安排?

答:当然,从我们组织的架构可以看到,自上而下各个板块我们都设置专门的部门管理和作业,每个部门权责分明。我们的人事管理制度、财产报告都比较明晰。

问:怎么评估贵组织的组织架构?它的优势在哪里?有没有什么不足的地方?

答:优势主要是专业性较高,我们投了很多钱来建设整个组织的运营框架,资源配置到各个部门,是国内建设比较成功的基金会了。不足的地方,可能也是机构数量带来的缺点,人多,管理行政成本就相对较高。

问:是否有服务外包的需求?比如财务审计。

答:我们基本能够满足自身需求,像财务审计这一板块,我们有专门的部门——财务和风控部门,专门负责组织的财务管理,制定年报,处理数据与会计工作,最大程度上规避运营风险,以加强管理,不需要服务外包。另外,我们也有政府事务与资源开发中心,专门与政府打交道。

问:资金来源主要有什么渠道?

答:和企业合作会有合作专项基金,再就是通过自筹。

问:采取了哪些宣传手段?哪些宣传手段取得了较好效果?

答:因为我们是基金会,宣传手段也比一般的公益组织要专业一点。比如说,我们有自己的研发平台,叫做"新公益学社",这个学社的主要研究成果是有"友成社会创新与社会企业译丛",我们利用了自己的资源优势,组织专家、学者开展针对性的理论和实践研究,选取案例,总结机制模式,最后提出创新性的解决方案,有的项目还有试点实验。这其中融合了多元合作来完成这项工作,比如高校、政府部门和民间慈善组织等。除了研究平台之外,我们还为自己的研究成果创造实验平台,协调政府、公益组织甚至企业等方面的资源要素来配置,以项目和个体组织进行试点也有很多。

问:是否有专门负责运营网站、微博、微信等平台的部门?

答:有的,我们有专门的部门完成传播和倡导的任务,经营友成的品牌进行形象传播,主要阵地在网站,同时辅之以自家出品的出版物。我们也会和媒体合作来扩大影响力。

问：多长时间对资金的使用进行审计？公告呢？以何种方式？

答：以年为单位，通过网站公布我们的财务审计报告。

问：财务信息是否只向捐赠者公开？

答：不是，面向公众，让大家知道我们基金会的钱都分别用在了实验平台、研发平台、合作平台、资助平台和倡导平台。

问：和政府的关系呢？

答：政府支持我们扶持民间慈善事业。

问：有什么类型的项目？

答：我们基金会选择项目的模式是参与式资助，意思是作为平台支持型的非公募基金会，我们不同于国际上通行的资金资助型基金会，又不同于传统的项目运作型基金会。我们通过"新公益创投"的概念，选择符合基金会理念和关注方向的公益组织和公益项目来合作，而非传统意义上的直接向公众提供公益产品和服务。

问：可以具体解释一下"新公益创投"的概念吗？

答：就是要选择符合我们理念和方向的项目来合作，合作的方式是参与式的，不单单只是给完钱就完事的情况。

问：活动型项目是否有规范程序？是否会按程序办事？

答：我们选择资助的项目大概有四类：第一类是针对性比较强的，友成自身提出和发起的公益项目的实施，我们会通过招标比选等方式邀请符合资质的公益组织陈述及展示项目实施方案，经评审后确定项目实施合作伙伴。在资助此类项目时，友成的参与程度较高。第二类是支持其他社会公益组织独立实施公益项目。对于这类资助，在符合友成公益理念和发展领域的前提下，友成通过公开招标等方式予以资金、物资的支持，这时候我们的参与程度就比较低。第三类是尚处于种子期或者初创期的公益组织及项目，这个时候我们的角色类似于商业领域中的风险投资或创业投资。公益组织或者项目创始人提出申请，友成将结合实际，协助项目创始人及公益组织进行项目的深度研发；协助整合包括政府、企业、传媒、民间组织以及社会各行业专家的信息资源和物质资源；协助项目孵化，在可能的情况下，资助并组织专家和民间组织进行小规模项目试点的运作，验证假设、发现问题、尝试创新、总结经验。在资助此类项目时，友成的参与程度比较高。最后一类就是具备一定运作规模，有清晰的运营模式，已形成稳定的社会影响力的快速发展期及或扩展期的公益组织及项目。在资助此类项目时，我们不持有任何被资助组织的权益，期望收获的是具有重大示范意义的社会问题的解决方案和实际影响。在资助此类项目时，我们的参与程度比较低。

问：组织资源分配的战略是怎样的？是否有侧重点和优先次序？

答：我们的工作主要是以上提到的五个平台：研发平台、实验平台、合作平台、资助平台和倡导平台。五个平台以资助平台为合作，注重项目运营，选择新生而优质的项目和组织进行合作，培育人才，推动行业发展，同时辅之以其他四个平台。

问：如何看待组织设备的条件（比如是否有固定的摄像、文书团队、绩效评估团队，或者是否会外包这些专业服务）的重要性？

答：这些当然很重要的，比较成熟的基金会都应该具备这些比较高端的条件来支持运营。

公益传播

阅读材料一：

行业政策完善引领慈善政策新格局[①]

2016年是中国慈善事业发展的不平凡之年，必将被载入史册。这一年，从推动公益慈善事业基本法立法到落实慈善事业税收优惠政策，从建设募捐信息平台到改革慈善信托税制，中国慈善行业加速走向法制化、规范化、体系化。

2016年为《慈善法》公布实施的第一年，中央层面的相关配套措施相继出台，内容涵盖慈善组织认定、慈善组织登记、慈善组织公开募捐管理、公开募捐平台服务管理、慈善活动年度支出和管理费用等方面。与此同时，规范慈善组织与其他公益组织的三类法人形式的国务院三大条例也在加紧修订中，这使得我国规范慈善组织的法律体系将得到进一步健全和完善。

中共中央办公厅、国务院办公厅印发的《关于改革公益组织管理制度促进公益组织健康有序发展的意见》则更为系统和明确地指出公益组织管理制度改革的方向。后续在信息公开、年度报告、公益组织抽查、保值增值等方面的专门规范也会陆续制定与出台。

随着中央政策的明确，地方政府也将逐步完善慈善法等相关法律政策的配套措施，尤其在慈善组织认定、登记、公开募捐、慈善信托设立、年报、评估的具体执行操作等方面，将加强政策制定力度，慈善法的执行将进入一个适应磨合阶段。

特别值得一提的是，民政部、财政部与国家税务总局联合制定发布的《关于慈善组织开展慈善活动年度支出和管理费用的规定》，厘清了慈善活动支出与管理费用的内容，并根据是否公募、净资产规模等因素对慈善组织开展慈善活动年度支出和管理费用的标准进行了界定，改变了之前"一刀切"的状态，充分考虑了不同类型慈善组织的实际情况。

2016年4月，财政部、国家税务总局发布《关于公益股权捐赠企业所得税政策问题的通知》（财税〔2016〕45号），规定企业向公益性社会团体实施的股权捐赠，应按规定视同转让股权，股权转让收入额以企业所捐赠股权取得时的历史成本确定，并依此按照企业所得税法有关规定在所得税前予以扣除。

这一政策改变了企业捐赠股权视同转让股权并按股权的公允价确定转让额的规定，捐赠企业无需就转让股权的增值部分缴纳所得税。

2016年年内，《境外非政府组织境内活动管理法》的公布，一方面为境外非政府组织在中国境内活动提供法律依据，填补了规范境外非政府组织的法律空白；另一方面也向它们提出必须通过登记设立代表机构或进行临时活动备案的方式获得在中国境内活动合法身份的要求。

慈善信托则因《慈善法》的实施有了突破性的进展，截至2016年年底，全国范围内已有21个成功备案的慈善信托，初始资金达到30.85亿元。

2016年年末，民政部等12个部门联合出台《关于加强社会工作专业岗位开发与人才激励保障的意见》，明确界定社工概念，鼓励开放更多社工岗位，明确社工发展成长途径，以此进一步推动社会工作前进。

此外，留守儿童关爱保护工作上升为国家战略，走向体系化建设之路。2016年年初国务

[①] 行业政府完善引领慈善政策新格局[N].公益时报，2017-05-01.

院颁布《关于加强农村留守儿童关爱保护工作的意见》，提出农村留守儿童关爱保护工作的总体目标，以体系化确保保护机制的有效运行。随后，民政部、教育部和公安部联合印发《关于开展农村留守儿童摸底排查工作的通知》，并于年底确定不满16周岁的农村留守儿童数量为902万人。民政部等27个部门则建立起农村留守儿童关爱保护工作部际联席会议制度，统筹协调全国相关工作。

阅读材料二：

《慈善法》实施开启中国慈善事业新纪元[①]

2016年是慈善法公布实施的第一年，中央层面的相关配套措施相继出台，内容涵盖慈善组织认定、慈善组织登记、慈善组织公开募捐管理、公开募捐平台服务管理、慈善活动年度支出和管理费用等方面，部分省市也开始根据慈善法制定本地配套政策。与此同时，规范慈善组织与其他公益组织的三类法人形式的国务院三大条例也在加紧修订中。

在四类组织直接登记和登记权限下放总体理念的指导下，民政部于2016年先后公布了基金会、社会团体和社会服务机构（民办非企业单位）三大条例的修正案草案并向社会征求意见，三大条例于2017年公布和正式实施。三大条例修订后，我国规范慈善组织的法律体系将得到进一步健全和完善。

拓展慈善格局　推动社会治理转型

从2005年民政部提出慈善事业促进立法建议，到2015年十二届全国人大常委会第十七次会议首次对《慈善法》草案进行了审议，《慈善法》的出台经历了漫长的酝酿和等待，这其中是官民寻求共识的过程，是可持续改革的基础。

首先，慈善进入法治时代，并以"大慈善"的格局展现。"大慈善"格局即三种慈善生态将共同生存：行政化慈善、市场化慈善和社会化慈善。《慈善法》明确要回归民间，要依靠大众，而不是依靠少数富人。同时也认定了非法人公益组织的意义，这也是一个重大的转变。《慈善法》对公开设立基金会的门槛提高，同时对政府的监管也更严格，基金会将面临着对自身能力的提升。

行政化的慈善，在依靠政府力量的同时，也会受到行政文化的层层阻碍，一方面有资源的保障，一方面受到各种行政文化的影响，将会逐步走向社会化；而社会化的慈善能吸引到更多的人群，即进步的中产阶级，但会受到大政治环境的限制；市场化的慈善则与商业高度融合，但主要局限在以服务为导向的领域，倡导、政策影响这些领域市场化的原则很难得到执行。

在这种新格局势必会推动整个社会治理的转型，即从管控治理向多元治理发展。其次，《慈善法》是一部非营利组织法，它明确了慈善活动的定义和范围，建立了慈善组织登记认定制度等。再者，《慈善法》强化了信息公开的义务及责任，从政府到社会，再到个人要求，都建立在信息公开的基础上，而其他相关配套制度也将逐渐完善。

《慈善法》是公益慈善事业的里程碑，它将原有以政府为动员主体的计划慈善，逐步转型为以慈善组织为动员主体的公民慈善；慈善组织的转变，是从党政机构主办为主的行政化慈善组

[①] 李庆. 2016年全国登记认定500家慈善组织[N]. 公益时报，2017-04-18.

织,转型为民间化和专业化的慈善组织;政策的转型,是从管理控制为主到鼓励促进为主。民间化、专业化的组织越来越成为主要的力量,这跟市场的过程有着惊人的相似。

放开公募权 鼓励互联网募捐

长期以来,我国只有公募基金会、红十字会、慈善会以及少量经批准的组织可以公开募捐。《慈善法》最令人关注的变革,是建立公开募捐资格许可制度。今后,"依法登记满两年的慈善组织,可以向其登记的民政部门申请公开募捐资格"。这一创新,打破了原有公募资格的限制,将公募权平等地赋予了各类慈善组织。

公募权的放开,将促使一大批新的基金会成立,更多基金会将参与争取公募资格。当然,这也意味着公益慈善类基金会的竞争将更为激烈。申请公开募捐资格的其他慈善组织也将增加,吸引公众小额捐赠的方式更为多元化和创新,公开募捐竞争逐渐激烈。反观捐赠者也将有更多元的选择,从而促使"良币驱逐劣币"效应显现。令业内备感鼓舞的是,《慈善法》明确鼓励通过互联网公开募捐:"通过互联网开展公开募捐的,应当在国务院民政部门统一或者指定的慈善信息平台发布募捐信息,并可以同时在其网站发布募捐信息。"

由于移动互联网能为公众参与公益慈善事业提供更便捷的方式,大众小额网络捐款必将成为重要的募捐渠道。全国募捐总额将持续增长,这也将促进公众小额捐赠在全国社会捐赠总额比例的稳步提升。

实施税收优惠 鼓励企业股权捐赠

作为促进慈善事业发展的重要激励手段,税收优惠在《慈善法》中尤其受到瞩目。

《慈善法》第七十九条规定:"慈善组织及其取得的收入依法享受税收优惠。"第八十条规定:"自然人、法人和其他组织捐赠财产用于慈善活动的,依法享受税收优惠。企业慈善捐赠支出超过法律规定的准予在计算企业所得税应纳税所得额时当年扣除的部分,允许结转以后三年内在计算应纳税所得额时扣除。"第八十一条规定:"受益人接受慈善捐赠,依法享受税收优惠。"第八十四条还规定:"国家对开展扶贫济困的慈善活动,实行特殊的优惠政策。"

此前,财政部、国家税务总局发布《关于公益股权捐赠企业所得税政策问题的通知》,规定企业向公益性社会团体实施的股权捐赠,应按规定视同转让股权,股权转让收入额以企业所捐赠股权取得时的成本确定,并依此按照企业所得税法有关规定在所得税前予以扣除。这一政策改变了企业捐赠股权视同转让股权并按股权的公允价确定转让额的规定,捐赠企业无需就转让股权的增值部分缴纳所得税。

结合《慈善法》,企业捐赠额超过当年所得税扣除限额部分可结转以后三年内扣除,该政策将对激励企业捐赠股权参与慈善产生积极推动作用。

当然,截至2016年年底,接收股权捐赠的公益性社会团体在转让受赠股权和个人股权捐赠的税收优惠方面,仍然还存在政策空白。此外,在慈善组织税收优惠、慈善信托税收优惠、房屋等非货币捐赠的税收优惠、个人捐赠结转等问题也有待之后的进一步解决。

引入慈善信托 推动先富群体向善

《慈善法》以专章规定慈善信托。为贯彻落实《慈善法》的精神,民政部和银监会也联合发布通知,指导下辖单位做好慈善信托备案有关工作。

目前,不少信托公司不但设立了慈善信托,还将该业务纳入企业未来的发展战略之一。慈善信托机制的灵活性和弹性受到了不少捐赠者和慈善组织的欢迎。《慈善法》实施后,很多公益领域的参与者开始了解慈善信托,并尝试慈善信托的各种模式,试图通过该机制撬动更多的社会资源,让这些资源发挥更大的慈善作用。

在政策的推动鼓励下,截至2016年年底,全国范围内已有21个成功备案的慈善信托,初始资金达到30.85亿。开展备案的慈善信托地域分布均匀,东、中、西部地区均有设立,北京市民政局备案数量最多,共完成了六单慈善信托备案。

2017年,慈善信托相关配套激励政策的完善和进一步的实践探索将同时进行。随着税收优惠等影响慈善信托发展关键问题的不断探索解决,可以预计慈善信托将会成为慈善的新模式,在未来得到大力发展,并最终发展成为我国慈善公益行业的一个重要组成部分和增长点。

公益组织政策大幅度完善

2016年,以习近平同志为核心的党中央高度重视公益组织改革发展,公益组织在统筹推进"五位一体"总体布局和协调推进"四个全面"战略布局中获得更加明确的定位,发挥了积极作用。根据《2016年四季度各省社会服务统计数据》,截至2016年12月底,我国公益组织总数为699878个,比2015年年底净增长42653个,增长率为6.49%。

公益组织地位被高度肯定

2016年8月21日,新华社公布了中共中央办公厅、国务院办公厅印发的《关于改革公益组织管理制度促进公益组织健康有序发展的意见》。该文件充分肯定了公益组织在我国经济社会发展中的重要地位和积极作用,科学阐述了推进公益组织改革发展工作的指导思想、基本原则和总体目标,明确提出了当前和今后一个时期的重要任务。这是党的十八大以来,党中央、国务院对公益组织改革发展作出的重大决策部署,是指导当前和今后一个时期我国公益组织工作的纲领性文件。

十二届全国人大四次会议通过的《中华人民共和国国民经济和社会发展第十三个五年规划纲要》,在"加强和创新社会治理"篇中,设"发挥公益组织作用"专节,提出健全公益组织管理制度,形成政社分开、权责明确、依法自治的现代公益组织体制等目标规划。6月,民政部、国家发展改革委印发《民政事业发展第十三个五年规划》,专节部署发挥公益组织作用,进一步明确"十三五"期间我国公益组织改革发展的具体目标。新目标的确立,标志着我国公益组织将进入一个新的发展阶段。

三大条例修订 社会服务机构时代来临

配合《慈善法》的实施,国务院法制办、民政部先后就制定修订《志愿服务条例》《社会团体登记管理条例》《基金会管理条例》《民办非企业单位登记管理暂行条例》公开征求意见。其中,"民办非企业"名称的终结也结束了过去很长一段时间内的尴尬。

民政部民间组织管理局副局长解释说:"'民办非企业'这一名称已经落后于这类组织发展的实际需要了。"

第一,民办非企业单位是一个否定式的命名,只说了不是什么。从字面理解,容易涵盖其他组织,例如基金会、社会团体等组织也都是民办的,也都是"非企业";第二,没有说清是什么,从名称中很难知道这类机构是干什么的,不能反映这类组织提供社会服务、从事公益事业等特征;第三,过于强调民办,而"民办"本身就没有清晰的界限。非国有资产占比多少才算民办呢?如果有国有资产的成分怎么算?尤其是当下政府购买服务、官办民营、民办公助、事业单位转为公益组织方兴未艾,就很难适应。

"《慈善法》的出台,标志着民办非企业单位的名称终结,而开启了社会服务机构的新时代。"随着《慈善法》的落地,换名工作将进入快车道,基金会、社团、民非三大条例的修订已经纳入2016年国务院立法工作中全面深化改革急需的项目。"《民办非企业单位登记管理条例》的修订,社会服务机构名称的确立是重点工作。"民间组织管理局民非处(现已更名为"公益组织管理局社会服务机构管理处")处长表示。

财税支持政策取得重要突破

2016年,有关部门从明确和保障公益组织的非营利性出发,密集出台了多项公益组织财税支持政策。2月,财政部、民政部下发《关于进一步明确公益性公益组织申领公益事业捐赠票据有关问题的通知》,接通了公益组织接受捐赠的"最后一公里"。3月,新颁布的《慈善法》规定,"企业慈善捐赠支出超过法律规定的准予在计算企业所得税应纳税所得额时当年扣除的部分,允许结转以后三年内在计算应纳税所得额时扣除",取得了公益组织税收优惠的巨大进步。

4月,民政部、国家海关总署下发《关于社会团体和基金会办理进口慈善捐赠物资减免税手续有关问题的通知》,使慈善捐赠物资免征进口税的制度得到落实。财政部、国家税务总局下发《关于公益股权捐赠企业所得税政策问题的通知》,使论证多年的企业向公益性社会团体捐赠股权并获得相应税收优惠的制度得以确立。

12月,经国务院同意,财政部、民政部出台《关于通过政府购买服务支持公益组织培育发展的指导意见》,提出了一系列公益组织财税支持政策措施。

法治化管理进一步细化

2016年4月28日,十二届全国人大常委会第二十次会议通过《境外非政府组织境内活动管理法》,自2017年1月1日起施行。该法规定了境外非政府组织设立代表机构和开展临时活动的登记备案程序,明确境外非政府组织在境内依法开展活动受法律保护,要求各级人民政府有关部门为境外非政府组织在境内依法开展活动提供必要的便利和服务。

该部法律的出台填补了境外非政府组织在境内活动管理的立法空白,标志着境外非政府组织在境内活动全面纳入法治化轨道。该法的实施有利于保护境外非政府组织在境内的合法权益,有利于促进中外交流与合作,进一步提升我国对外开放水平。

在未来一年,随着公安部和各省公安厅活动领域和项目目录、业务主管单位名录的陆续公布,《境外非政府组织境内活动管理法》法律实践的不断探索,该部法律对境外非政府组织在境内开展活动方式和境内组织获取境外资金支持的影响将更加清晰。

民政部门加强对公益组织的检查、执法和社会监督。民政部相继公布全国性公益组织2015年年检结果,9家基金会、13家民办非企业单位(社会服务机构)年检不合格。多地建立公益组织失信名单或活动异常名单,并对存在违法行为的公益组织进行行政处罚。民政部就《公益组织投诉举报受理办法》草案征集社会意见,设立投诉举报邮箱,推进社会监督制度建设。

为有效治理"离岸社团""山寨社团"肆意活动的乱象,2016年3月以来,民政部通过设立"曝光台",发布"离岸社团""山寨社团"识别指南等多种措施,连续公布了13批1287家"离岸社团""山寨社团"名单,百度百科对其加注标识予以警示,新浪网清理查封了2169个相关微博账号,有效挤压了"离岸社团""山寨社团"的活动空间,净化了公益组织发展的生态环境,保护了公益组织和社会公众的合法权益。

留守儿童工作实现制度化

2016年年初,国务院发布《关于加强农村留守儿童关爱保护工作的意见》,提出加强农村留守儿童关爱保护工作的总体目标,留守儿童关爱保护工作上升为国家战略,走向体系化建设之路。民政部等27个部门建立农村留守儿童关爱保护工作部际联席会议制度,统筹协调全国农村留守儿童关爱保护工作。民政部、教育部、公安部开展农村留守儿童摸底排查工作,共排查出不满16周岁的农村留守儿童数量为902万人。2016年,留守儿童保护工作的目标、政策、机构、对象均已落实到位,保护工作走向制度化、规范化、常态化,全社会对留守儿童工作的重视程度极大提高。

设立留守儿童工作总体目标

2016年2月14日,国务院发布《关于加强农村留守儿童关爱保护工作的意见》(以下简称《意见》),提出加强农村留守儿童关爱保护工作的总体目标——家庭、政府、学校尽职尽责,社会力量积极参与的农村留守儿童关爱保护工作体系全面建立,强制报告、应急处置、评估帮扶、监护干预等农村留守儿童救助保护机制有效运行,侵害农村留守儿童权益的事件得到有效遏制。到2020年,未成年人保护法律法规和制度体系将更加健全,全社会关爱保护儿童的意识普遍增强,儿童成长环境更为改善、安全更有保障,儿童留守现象明显减少。

《意见》明确留守儿童是指"父母双方外出务工或一方外出务工另一方无监护能力,不满16周岁的农村户籍未成年人",并提出"家庭尽责、政府主导、全民关爱、标本兼治"的四大工作原则,要求完善由家庭、政府、教育系统、群团组织、社会力量等共同构成的农村留守儿童关爱服务体系,从源头上逐步减少儿童留守现象。《意见》具体提出了三种方案:一是携带未成年子女共同生活;二是一方留家照料;三是暂不具备条件的应当委托有监护能力的亲属或其他成年人代为监护。

北京青少年法律援助与研究中心主任佟丽华认为,《意见》强化了基层乡镇政府和村居委会的监护监督职责,明确了公安机关和民政部门的具体职责,也对教育行政部门提出了具体要求。

建立部际联席会议制度

2016年,由民政部牵头,27个部门建立了农村留守儿童关爱保护工作部际联席会议制度,此举是为了加强对农村留守儿童关爱保护工作的组织领导和统筹协调,强化部门间协作配合,及时研究解决工作中面临的重大问题。

根据国务院发布的有关文件,农村留守儿童关爱保护工作部际联席会议成员单位是民政部、中央综治办、中央农办、中央网信办、发展改革委、教育部、公安部、司法部、财政部、人力资源社会保障部、住房城乡建设部、农业部、卫生计生委、税务总局、新闻出版广电总局、统计局、法制办、妇儿工委办公室、扶贫办、全国人大常委会法工委、高法院、高检院、全国总工会、共青团中央、全国妇联、中国残联、关工委共27个部门和单位。

该联席会议将研究拟订农村留守儿童关爱保护工作政策措施和年度工作计划,向国务院提出建议;组织协调和指导农村留守儿童关爱保护工作,推动部门沟通与协作,细化职责任务分工,加强政策衔接和工作对接,完善关爱服务体系,健全救助保护机制;督促、检查农村留守儿童关爱保护工作的落实,及时通报工作进展情况等。此外,联席会议可根据工作需要,邀请其他相关部门参加。

5月,该部际联席会议制定的工作要点如下:组织开展农村留守儿童摸底排查、推动完善农村留守儿童教育关爱措施、推动改善农村留守儿童贫困家庭环境、多方推进农村留守儿童关爱服务、推动完善农村留守儿童司法保护措施、加强农村留守儿童关爱保护政策宣传工作、协调推进农村留守儿童现象源头治理工作、组织开展农村留守儿童关爱保护督查、推动完善未成年人保护法律政策、加强农村留守儿童关爱保护能力建设、统筹推进未成年人社会保护工作、推动落实农村留守儿童关爱保护工作保障措施。

摸底排查农村留守儿童

年初,民政部、教育部和公安部联合印发《关于开展农村留守儿童摸底排查工作的通知》,于是,一场农村留守儿童摸底排查工作从2016年3月底至7月底在全国范围内开展。

11月,在农村留守儿童关爱保护工作部际联席会议第二次全体会议上,民政部副部长高晓兵通报了摸底排查的工作情况。根据《国务院关于加强农村留守儿童关爱保护工作的意见》规定的留守儿童定义,这次摸底排查的对象是"父母双方外出务工或一方外出务工另一方无监护能力,无法与父母正常共同生活的不满16周岁的农村户籍未成年人"。

这次摸底排查,全国共摸底排查出农村留守儿童902万人,其中由(外)祖父母监护的805万人,占89.3%;由亲戚朋友监护的30万人,占3.3%;无人监护的36万人,占4%;一方外出务工另一方无监护能力的31万人,占3.4%。另外,近32万名由(外)祖父母或亲朋监护的农村留守儿童监护情况较差。少数农村留守儿童辍学或尚未登记户口。

从区域分布看,主要集中在中西部地区,70万人以上的有江西、四川、贵州、安徽、河南、湖南和湖北等省,占全国总数的67.7%。

从年龄结构看,0~5周岁、6(含)~13周岁、14(含)~16周岁的农村留守儿童分别为250万人、559万人和92万人,各占27.8%、62.0%和10.2%。

从家庭经济来源情况看,农村留守儿童家庭主要经济来源是外出务工和种养殖业。北京师范大学中国公益研究院常务副院长高华俊接受《公益时报》记者采访时表示:"902万这部分,是困难群体中最困难的部分,是工作重点,是第一步需要解决的问题。"

政策助推社会工作发展

截至2016年年底,社会工作专业人才队伍规模总量达到76万人,其中持证社工近30万人;相关事业单位、群团组织、社区和公益组织社会工作专业岗位超过27万个,在城乡社区和相关事业单位设置社会工作服务站(科室、中心)13697个,民办社会工作服务机构达到6000多家。

国家高度重视社会工作发展

2016年,政府工作报告中提出要"支持专业社会工作、志愿服务和慈善事业发展",这是继2015年将"社会工作"一词写入政府工作报告以来,再次将社会工作专业提到国家全面发展的建设中来。国家层面的推动,不断坚定着公益组织对社会工作发展的信心。

《中华人民共和国国民经济和社会发展第十三个五年规划纲要》明确提出要大力支持专业社会工作和慈善事业发展,实施扶贫志愿者行动计划和社会工作专业人才服务贫困地区计划,建立社区、公益组织、社会工作者联动机制,从顶层设计上对"十三五"时期专业社会工作发展提出了总体要求。

7月6日,民政部、国家发改委联合发布的《民政事业发展第十三个五年规划》中,把"支持专业社会工作和志愿服务"作为提高社会治理能力和水平的重要内容,提出了"到2020年,社会工作专业人才占全国总人口的比例达到1‰以上;社会工作服务机构达到1万家"的发展目标。

10月18日,民政部、中央综治办、教育部、公安部、司法部、财政部、人力资源社会保障部、国家卫生计生委、全国总工会、共青团中央、全国妇联、中国残联联合印发了《关于加强社会工作专业岗位开发与人才激励保障的意见》。该文件坚持按需设岗、以岗定薪,分类指导、有序推进,保障基层、稳定一线的原则,提出了一系列加强社会工作专业岗位开发与人才激励保障的政策措施,是继中央18部门联合印发《关于加强社会工作专业人才队伍建设的意见》之后又一关键性政策文件,对协同破解社会工作专业人才服务岗位不明确不规范、职业发展空间不畅通、薪酬待遇水平较低、职业地位不高等瓶颈问题具有重要作用。

各领域社工政策进一步明确

随着社会工作的发展,社会工作本身分工越来越细,各专业领域的专业化程度越来越高。社会工作在多个实务领域发展迅速,通过项目实施逐步构建了多层次、分领域、广覆盖的社会工作服务体系。

老年社会工作方面,2月23日,民政部发布《老年社会工作服务指南》。该标准规定了老年社会工作的术语和定义、服务宗旨、服务内容、服务方法、服务流程、服务管理、人员要求和服务保障等,适用于社会工作者面向有需要的老年人及其家庭开展的社会工作服务。

社区社会工作方面,《全国社区服务体系建设规划(2016—2020年)》提出在"十三五"期间,将力争城市社区平均拥有不少于10个社区公益组织,农村社区平均拥有不少于5个公益组织,每个城乡社区至少配备1名社区社会工作者,城乡社区注册志愿者人数占本地区居民比例达13%。

12月6日,民政部发布了《社区社会工作服务指南》的行业标准,规范了社区社会工作服务的发展。作为我国第一个全国综合性社区社会工作服务标准,为各地开展社区社会工作服务、开发设置社区社会工作岗位、评估社区社会工作成效提供了依据,为社区社会工作服务机构、站点和广大社区社会工作者规范服务行为、提升专业服务质量、建立行业公信提供参考。

青少年社会工作方面,服务对象不断延伸,从户籍青少年到流动人口中的青少年,从重点青少年到一般青少年。北京、上海、广州、厦门、南宁等地以城市流动青少年、农村留守儿童和社区矫正青少年、刑释青少年、吸毒青少年、流浪乞讨青少年等为重点,开展了专业的个案辅导、团体支持、危机干预、社会融入等服务。

留守儿童社会工作方面,2月14日,国务院发布《关于加强农村留守儿童关爱保护工作的意见》,其中特别提出了社会工作在儿童保护工作中的作用。这意味着社会工作参与留守儿童关爱保护工作上升为国家战略。

灾害社会工作方面,6月2日,《民政部救灾应急工作规程》明确要求在国家Ⅰ级、Ⅱ级、Ⅲ级救灾应急响应中,指导专业社会工作者等社会力量有序参与应急救助工作。7月14日,民政部召开救灾领域社会工作经验交流暨"重大自然灾害与突发事件社会工作服务支援计划"研讨会议,启动实施了"重大自然灾害与突发事件社会工作服务支援计划"。

扶贫社会工作方面,11月23日,国务院发布了《关于印发"十三五"脱贫攻坚规划的通知》,重点提出进一步发挥社会工作专业人才和志愿者扶贫作用;制定出台支持专业社会工作和志愿服务力量参与脱贫攻坚专项政策;实施社会工作专业人才服务贫困地区系列行动计划;鼓励发达地区社会工作专业人才和社会工作服务机构组建专业服务团队、兴办社会工作服务机构,为贫困地区培养和选派社会工作专业人才。

心理健康社会工作方面,12月30日,国家卫生计生委、中宣部、中央综治办、民政部等22个部门共同印发《关于加强心理健康服务的指导意见》。这是我国首个加强心理健康服务的宏观指导性意见,明确了专业社会工作参与心理健康服务的路径和方法,强调了专业社会工作在提供心理健康服务、完善心理健康服务体系中的重要作用,对于加强心理健康领域社会工作专业人才队伍建设、推动心理健康领域社会工作实务发展具有重要意义。

残障社会工作方面,服务对象涵盖了城市和农村的各类残疾人群体;服务内容也逐渐从单一的医学康复,向教育康复、职业康复、社区康复、社会康复等多元领域全面发展。

医务社会工作方面,2016年,卫计委发布《深入落实进一步改善医疗服务行动计划重点方案》,将"提供专科特色的社工和志愿者服务,增强心理疏导和人文关怀相关服务,充分发挥社工和志愿者在医患沟通中的桥梁和纽带作用"作为改善医疗服务行动重点工作之一。

工会社会工作方面,2016年,全国总工会、民政部、人力资源社会保障部联合印发了《关于加强工会社会工作专业人才队伍建设的指导意见》,建立了我国工会社会工作的基本政策框架。

参考文献

期刊

[1] 马晓荔,张健康.公益传播现状及发展前景[J].当代传播,2005(3).

[2] 周裕琼.5W模式下的企业传播技巧[J].当代传播,2007(3).

[3] 鄢爱红.我国公民社会的兴起与公民意识的培育[J].中国特色社会主义研究,2004(6).

[4] 高丙中."公民社会"概念与中国现实[J].思想战线,2012(1).

[5] 何增科."公民社会与第三部门"研究引论[J].马克思主义与现实,2000(1).

[6] 徐永光.2008,中国公民社会元年[J].NPO纵横,2008(4).

[7] 谢岳.后现代国家"第三部门"运动评析[J].复旦学报(社科版),2000(4).

[8] 王名,贾西津.中国第三部门的发展分析[J].管理世界,2002(8).

[9] 曹维.从"公益传播四维框架"到以公益组织为传播主题的公益传播模式[J].上海交通大学学报,2015(1).

[10] 王炎龙,等.公益传播四维框架的构建与阐释[J].新闻世界,2009,8(4).

[11] 张雪.新媒体现状和发展趋势探析[J].新媒体研究,2016(10).

[12] 陈韬文,黄煜,马杰伟,萧小穗,冯应谦.传媒的公共性是传媒研究的核心议题[J].传播与社会学刊,2009,5(8).

[13] 江江.技术·政治·文化——韩国网络公民媒体的现状与历史背景[J].国际新闻界,2006(2).

[14] 俞可平.中国公民社会:概念、分类与制度环境[J].中国社会科学,2006(1).

[15] 陈韵博,张引.SNS时代的环保公益传播:以绿色和平组织在中国内地的实践为例[J].新闻界,2013(5).

[16] 张艳伟,王文宏.新浪微博中公益传播主体的特征研究——以国际公益组织绿色和平为例[J].新闻世界,2014(2).

[17] 肖涧松.新媒体时代的微信营销策略研究[J].商业时代,2014(23).

[18] 朱德米.回顾公民参与研究[J].同济大学学报(社会科学版),2009(20).

[19] 郭小聪,代凯.近十年国内公民参与研究述评[J].学术研究,2013(6).

[20] 张加春.网络运动:社会运动的网络转向[J].传播学研究,2012(4).

[21] 李德满.社会运动何以在中国产生——中国社会运动的海外研究及其发展[J].井冈山大学学报,2011,32(6).

[22] 蔡雯.公共新闻:发展中的理论与探索中的实践[J].国际新闻界,2004(2).

[23] 张羽,赵俊峰.我国公民新闻的发展现状与问题[J].西北大学学报(哲学社会科学版),

2007,5(37).
[24] 蔡雯.从媒介主导到公众分享[J].新闻记者,2005(2).
[25] 黄月琴.新媒介技术视野下的传播与赋权研究[J].湖北大学学报,2016(11).
[26] 陈树强.增权:社会工作理论与实践的新视野[J].社会学研究,2003(5).
[27] 强月新,罗宜红.慈善新闻的呈现现状分析:以《楚天都市报》《南方周末》为例[J].当代传播,2009(6).
[28] 查本恩.从报道者到组织者:公益新闻中媒体角色的转变[J].中国记者,2010(10).
[29] 戴远程.公益报道大有可为[J].南方传媒研究,2011(9).
[30] 唐嘉仪.意见领袖对微博公益传播的作用[J].传媒E时代,2011(8).
[31] 康思嘉.浅议如何利用微博参与公益事业[J].新闻世界,2012(3).
[32] 卢山冰.公共关系理论发展百年综述[J].西北大学学报(哲学社会科学版),2003(2).
[33] 华艳红.试论网络媒体对公共关系的影响[J].嘉兴学院学报,2003(5).
[34] 李华君.网络危机事件中非政府组织的新媒体公关策略——以"郭美美与红十字会危机"为例[J].电子政务,2013(1).
[35] 何宝庆.社会组织如何与媒体互动应对公共危机事件[J].科技信息,2013(9).
[36] 彭晓伟.近年来我国志愿者组织研究综述[J].西南交通大学学报(社会科学版),2009(5).
[37] 郑济飞,吴鸿芳,冯威.浅析手机媒体对传统传播格局的影响[J].科技传播,2011(3).
[38] 李理.2005—2010年中美公益广告主题对比研究[J].中国报业,2013(1).
[39] 张雪.新媒体现状和发展趋势探析[J].新媒体研究,2016(10).

专著

[1] 郭庆光.传播学教程[M].北京:中国人民大学出版社,2011.
[2] 严三九.网络传播概论[M].北京:化学工业出版社,2012.
[3] 郭良.网络创世纪——从阿帕网到互联网[M].北京:中国人民大学出版社,1998.
[4] 杜骏飞.网络传播概论[M].福州:福建人民出版社,2010.
[5] 叶琼丰.时空隧道——网络时代话传播[M].上海:复旦大学出版社,2001.
[6] 道·纽森,等.公共关系本质[M].于朝晖,等,译.上海:复旦大学出版社,2011.
[7] 邵培仁.传播学[M].北京:高等教育出版社,2000.
[8] 薛可,余明阳.公共关系学[M].北京:科学出版社,2010.
[9] 朱学勤.书斋里的革命[M].长春:长春出版社,1999
[10] 邓正来.国家与社会——中国市民社会研究[M].北京:北京大学出版社,2008.
[11] 何增科.公民社会与第三部门[M].北京:社会科学文献出版社,2000.
[12] 王名.非营利组织管理概论[M].北京:中国人民大学出版社,2002.
[13] 陈振明.公共管理学——一种不同于传统行政学的研究途径[M].北京:中国人民大学出版社,2003.
[14] 莱斯特·萨拉蒙.非营利部门的兴起[M]//何增科.公民社会与第三部门.北京:社会科

学文献出版社,2000.

[15] 奥利弗·博伊德-巴雷特,克里斯·纽博尔德.媒介研究的进路[M].汪凯,刘晓红,译.北京:新华出版社,2004.

[16] 潘泽宏.公益广告导论[M].北京:中国广播电视出版社,2001.

[17] 蒋宏,徐剑.新媒体导论[M].上海:上海交通大学出版社,2006.

[18] 宫承波.新媒体概论[M].北京:中国广播电视出版社,2012.

[19] 俞可平.公民参与民主政治的意义(代序)[M]//贾西津.中国公民参与——案例与模式[M].北京:社会科学文献出版社,2008.

[20] 李图强.现代公共行政中的公民参与[M].北京:经济管理出版社,2004.

[21] 杜骏飞.弥漫的传播[M].北京:中国社会科学出版社,2002.

[22] 师曾志,金锦萍.新媒介赋权:国家与社会的协同演进[M].北京:社会科学文献出版社,2013.

[23] 朱健刚.中国公益发展报告[M].北京:中国社会科学出版社,2012.

[24] 大卫·艾克.管理品牌资产[M].北京:机械工业出版社,2012.

[25] 黄静.品牌营销[M].2版.北京:北京大学出版社,2014.

[26] 徐永光.叩问天人之际:徐永光说希望工程[M].方立新,王汝鹏,编.北京:中国青年出版社,2001.

[27] 陈先红.现代公共关系学[M].北京:高等教育出版社,2009.

[28] 周志忍,陈庆方.自律与他律——第三部门监督机制个案研究[M].杭州:浙江人民出版社,1999.

[29] 彭建梅,刘佑平.2012年度中国慈善捐助报告[M].北京:中国社会出版社,2013.

[30] 康晓光,冯利.中国第三部门观察报告(2014)[M].北京:社会科学文献出版社,2014.

[31] 游昌乔.危机公关:中国危机公关典型案例回放及点评[M].北京:北京大学出版社,2006.

[32] 吴宜蓁.危机传播:公共关系与语艺观点的理论与实证[M].苏州:苏州大学出版社,2005.

[33] 任珺.从公众新闻、公民媒体到公益传播[M]//南方传媒研究.广州:南方日报出版社,2011.

[34] Jeff Howe. Crowdsourcing:Why the Power of the Crowd is Driving the Future of Business[M]. Crown Business,2008.

[35] Oliver Richard L. Satisfaction:A Behavioral Perspective on the Consumer[M]. New York:The McGraw Hill Companies,Inc,1997:74-81.

[36] Kathleen Fearn-Banks. Crisis Communications:A Casebook Approach[M]. New York:Lawrance Erlbaum Associate,1996.

论文

[1] 张晓黎.公益组织传播方式与传播效果研究——以中国红十字会为例[D].上海:上海外国

语大学,2014.
[2] 王颖.我国网络媒介中的公益传播现象研究[D].成都:成都理工大学,2010.
[3] 王勃.基于微博平台的公益传播研究[D].西安:陕西师范大学,2013.
[4] 陈志金.关于我国第三部门及其与政府关系的研究——"草根"、"官办"第三部门与政府的冲突和协调[D].太原:山西大学,2010.
[5] 苏智.绿色和平组织的传播机制、方式和策略研究[D].武汉:华中农业大学,2013.
[6] 邵浩浩.我国公民参与公共政策的现状及对策研究[D].济南:山东大学,2007.
[7] 陈清毅.当代中国公民参与问题分析[D].开封:河南大学,2009.
[8] 符婉.微博与当代社会运动的革新[D].呼和浩特:内蒙古大学,2013.
[9] 陈养凯.公民新闻的理念与实践——以我国的网络 BBS/BLOG 为中心[D].广州:暨南大学,2008.
[10] 郭媛.社会转型期的媒体公益传播[D].广州:暨南大学,2012.
[11] 王钏.中国公益活动的媒体策略和思路——以"免费午餐"公益活动为例[D].杭州:浙江大学,2012.
[12] 王晓芸.政府公信力建设背景下的新媒体公共关系研究[D].武汉:华中科技大学,2008.

报纸

[1] 杜悦英.公众倡导环保项目推进缘何艰难[N].中国经济时报,2009-7-9(09).
[2] 付涛,郭婷.公共倡导兴起,呼唤公众参与制度化回应[N].中国环境报,2013-9-18(03).
[3] 中国公益组织互联网使用与传播能力第五次调研报告发布[N].公益时报,2017-02-07.
[4] 张雪弢.创新语境下的社会变革[N].公益时报,2014-01-01.
[5] 潘光."文明的冲突"与文明的对话[N].文汇报,2006-06-05.
[6] 自媒体时代,公益组织拿什么拯救公关危机[N].晶报,2011-11-05.
[7] 行业政府完善引领慈善政策新格局[N].公益时报,2017-05-01.
[8] 李庆.2016年全国登记认定500家慈善组织[N].公益时报,2017-04-18.
[9] 中国公益组织互联网使用与传播能力第五次调研报告发布[N].公益时报,2017-02-07.
[10] 张雪弢.创新语境下的社会变革[N].公益时报,2014-01-01.
[11] 自媒体时代,公益组织拿什么拯救公关危机[N].晶报,2011-11-05.
[12] 行业政府完善引领慈善政策新格局[N].公益时报,2017-05-01.
[13] 李庆.2016年全国登记认定500家慈善组织[N].公益时报,2017-04-18.

后 记

在社会转型时期,中国的公益慈善事业发展迅速而蓬勃。与此同时,公益慈善领域的专业化程度仍有较大提升空间。笔者长期参与中国公益慈善实践之中,深感行业发展之迅速,亦深感行业发展相对于发达国家还有非常大的差距。因此,一本关于公益传播教材的推出,既是对高等院校公益慈善专业课程建设的推动,也是对传播学分支学科的一种丰富和补充,同时也期待着这本书能够为公益慈善事业的发展贡献绵薄之力。

历经近一年的筹备,笔者在已经出版的《公益慈善品牌管理》一书的基础上,推出了这本《公益传播》。《公益慈善品牌管理》和《公益传播》两本书在内容上都重点突出"公益"二字,但是在材料的组织上有很大不同。前者着重于慈善学领域,主要是从公益慈善机构的品牌战略角度出发的;后者着重于传播学领域,属于传播学的一个分支。读者朋友们可以把两本书互为参考,同时也期待着读者朋友们的批评指正,以便今后将内容完善。

周如南
于中山大学